教育部人文社会科学研究规划基金项目“全面预算绩效管理视域下PPP项目资产虚化诊治研究”（20YJAZH105）

新时代工程咨询与管理系列丛书

轨道交通PPP项目资产虚化诊治

吴绍艳 著

中国建筑工业出版社

图书在版编目（CIP）数据

轨道交通 PPP 项目资产虚化诊治 / 吴绍艳著．— 北京：中国建筑工业出版社，2024.1

（新时代工程咨询与管理系列丛书）

ISBN 978-7-112-29583-8

Ⅰ．①轨… Ⅱ．①吴… Ⅲ．①政府投资—合作—社会资本—应用—城市铁路—铁路运输管理—中国 Ⅳ．① F532.1

中国国家版本馆 CIP 数据核字（2024）第 012552 号

责任编辑：朱晓瑜
责任校对：姜小莲

新时代工程咨询与管理系列丛书

轨道交通PPP项目资产虚化诊治

吴绍艳 著

＊

中国建筑工业出版社出版、发行（北京海淀三里河路 9 号）

各地新华书店、建筑书店经销

北京点击世代文化传媒有限公司制版

建工社（河北）印刷有限公司印刷

＊

开本：787 毫米 × 1092 毫米 1/16 印张：14½ 字数：322 千字

2024 年 4 月第一版 2024 年 4 月第一次印刷

定价：**60.00** 元

ISBN 978-7-112-29583-8

（42343）

前 言 | FOREWORD

城市轨道交通（Urban Rail Transit，URT）项目因其污染小、运量大、运营快等优点发展迅速，但是巨大的投资金额、建设和运营经验缺乏，给政府带来了巨大的财政和监管压力。PPP（Public-Private Partnership）模式因其在提高公共资源利用效率、平缓财政支出压力等方面具有得天独厚的优势，被广泛应用于城市轨道交通项目开发中。

作为政府付费类项目和基础设施项目，城市轨道交通PPP项目（简称“URT-PPP项目”）具有公共属性突出、外溢性强，本身盈利性较低且运行时资金量巨大，支付保障体制缺失等特点，导致其在市场中形成的资产价值无法达到预期目标，每年产生大量与资产相关的低效无效投资，项目本身闲置或不能完全发挥功能，财政资金浪费严重。随着首批入库项目进入运营和移交阶段，政府支出价值与项目实际价值不符的资产虚化风险逐渐凸显。

根据全面实施预算绩效管理总体部署，如《中共中央 国务院关于全面实施预算绩效管理的意见》，政府付费类PPP项目（包括政府全部付费和政府部分付费的可行性缺口补助项目）应纳入预算绩效管理，以实现“花钱必问效，无效必问责”的预算管理理念。显然，资产虚化风险，即政府“花了不该花的钱”导致财政资金使用效率降低，与前述文件中的“花钱必问效，无效必问责”的精神相违背，需要引起足够重视。

基于公共物品理论和新公共管理运动，PPP项目的本质仍是政府投资项目，它的目的仍是为公众高效地提供优质的产品或服务，满足并保障公众需求。因此，在其全生命周期内无论是准备阶段还是执行阶段，都应该保证PPP项目资产的合理确定、准确生成以及运营移交阶段的保值、增值和可持续性。资产全生命周期管理（Asset Life Cycle Management，ALCM）将资产作为研究对象，其管理理念亦是以价值提升为导向，以保有资产的可持续发展能力。同时，资产虚化风险虽然是URT-PPP项目移交时最为突出的问题，然而凸显在移交阶段的价值错位却累积于项目移交前的各个阶段，因此，资产虚化风险的研究应基于ALCM视角展开。

综上，本书将资产全生命周期管理与PPP项目预算绩效管理相结合，在现有相关研究基础上，搭建基于ALCM的资产虚化风险管理框架，致力于识别URT-PPP项目全生命周期资产虚化影响因素，并探究各因素的影响机理，可为预防财政风险、提高资金使用效率提供参考。在教育部人文社会科学研究规划基金项目“全面预算绩效管理视域下PPP项目资产虚化诊治研究”（20YJAZH105）的资助下，本书获得了以下理论研究成果。

1.厘清了URT-PPP项目资产虚化的概念、维度和表现

资产虚化本质上是“政府花了不该花的钱”。根据PPP项目物有所值评价内容和价值工程理论，本书将资产虚化解构为成本性资产虚化和功能性资产虚化两个维度，并识别了其在资产全生命周期不同阶段的表现，在政府方可控原则的判定准则下，展开后续研究。

2.探究了资产管理不同阶段URT-PPP项目资产虚化的影响机理

将URT-PPP项目资产全生命周期划分为资产规划、资产形成和资产运营三个阶段。首先通过扎根理论分别识别出资产管理不同阶段影响URT-PPP项目资产虚化的风险因素；然后采用系统动力学或多案例研究方法，进一步遴选和甄别该阶段影响资产虚化的关键风险因素，并分别对关键风险因素展开分析。

3.构建了资产管理不同阶段关键风险因素间的网络

基于社会网络分析方法，整合资产全生命周期的关键风险因素，构建PPP项目全生命周期资产虚化风险网络，分析风险传递路径，得出了根本性风险源因素和根本性传导性因素。

本书由吴绍艳统筹策划、组织撰写和全文校稿，共七章，其中第四章由郭文清执笔，第五章由蒋伊诺执笔，第六章由刘学平执笔。感谢本科生潘越，硕士研究生苏庆香、刘伟、高缘、马思雨对本书所做的重要基础性工作。

本书的完成，离不开天津理工大学公共项目与工程造价研究所的大力支持。在此，特别感谢尹贻林教授提出的资产虚化概念，为本书提供了重要的启迪；感谢柯洪教授和陈伟珂教授在课题申请过程中的悉心指导，以及杜亚灵教授在课题开展过程中多次给予的宝贵意见。此外，还要特别感谢山东建筑大学沙凯逊教授长期以来对我的指导、培养与鞭策。正是他的关心与支持，使我能够不忘初心，潜心研究。本书的研究成果，哪怕只是概念的界定或原则的修正，都是在继承与发展该领域前辈研究成果的基础上取得的，绝非空中楼阁。在此，我要对所有参考文献的作者表示衷心的感谢。最后，在本书的出版过程中，朱晓瑜编辑付出了辛勤的劳动，促成了本书的顺利出版，谨致谢忱。

吴绍艳
天津理工大学
2023年11月

目　录 | CONTENTS

第一章 绪论

第一节　城市轨道交通PPP项目简介 | 002

一、城市轨道交通项目特点 | 002

二、城市轨道交通PPP项目发展历程 | 003

第二节　URT-PPP项目的预算绩效管理 | 005

一、URT-PPP项目纳入预算绩效管理的必要性 | 005

二、URT-PPP项目预算绩效管理不佳的现状 | 006

第三节　URT-PPP项目的资产管理困境 | 008

一、URT-PPP项目易产生资产虚化风险 | 008

二、URT-PPP项目资产虚化风险尚未引起政府足够重视 | 008

三、URT-PPP项目资产虚化风险累积于全生命周期各个阶段 | 009

四、URT-PPP项目应进行全生命周期资产管理 | 010

第四节　PPP项目资产虚化的判定 | 011

一、PPP项目资产虚化的判定标准 | 011

二、资产虚化在PPP项目资产全生命周期的表现 | 013

第五节　研究内容及技术路线 | 014

一、研究内容 | 014

二、技术路线 | 014

文献综述与相关理论

第一节 文献综述 | 018
一、PPP项目风险的文献分析 | 018
二、PPP项目资产管理的文献分析 | 025
第二节 基础理论 | 026
一、公共物品理论 | 026
二、风险管理理论 | 027
三、资产全生命周期管理理论 | 028
四、扎根理论 | 028

资产规划阶段URT-PPP项目资产虚化诊治

第一节 研究方法和研究框架 | 032
一、研究方法 | 032
二、研究框架 | 033
第二节 资产规划阶段URT-PPP项目资产虚化风险因素识别 | 034
一、风险因素的资料来源 | 034
二、风险因素的三级编码 | 041
第三节 资产规划阶段URT-PPP项目资产虚化模型构建 | 050
一、系统边界确定及因果关系分析 | 050
二、系统动力学模型建立 | 054
第四节 资产规划阶段URT-PPP项目资产虚化仿真模拟及结果分析 | 065
一、案例选取及选择依据 | 065
二、案例仿真模拟 | 065
三、案例模型结果分析 | 074
第五节 资产规划阶段URT-PPP项目资产虚化诊治方案构建 | 078
一、基于“保底不兜底”原则进行市场预测 | 078
二、约束与激励相结合进行实施方案交易结构回报机制测算 | 078
三、提高谈判能力，磋商让渡风险 | 078
四、掌握合同要点，加强关键内容审核 | 079

第四章 资产形成阶段URT-PPP项目资产虚化诊治

第一节 研究方法和研究框架 | 082

一、研究方法 | 082

二、研究框架 | 084

第二节 资产形成阶段URT-PPP项目资产虚化风险因素识别 | 084

一、风险因素的资料来源 | 085

二、风险因素的三级编码 | 089

第三节 资产形成阶段URT-PPP项目资产虚化模型构建 | 091

一、资产虚化风险因素评价 | 091

二、案例选取 | 095

三、案例内分析 | 097

四、跨案例分析 | 105

第四节 模型结果分析 | 107

第五节 资产形成阶段URT-PPP项目资产虚化诊治方案构建 | 108

一、精简行政审批程序 | 108

二、明确政府监管职能边界 | 108

三、建立长效监管机制 | 109

第五章 资产运营阶段URT-PPP项目资产虚化诊治

第一节 研究方法和研究框架 | 112

一、研究方法 | 112

二、研究框架 | 112

第二节 资产运营阶段URT-PPP项目资产虚化风险因素识别 | 112

一、风险因素的资料来源 | 112

二、风险因素的三级编码 | 122

第三节 资产运营阶段URT-PPP项目资产虚化模型构建 | 131

一、资产虚化风险因素评价 | 131

二、案例选取 | 134

三、案例内分析 | 135

四、跨案例分析 | 150

第四节　模型结果分析 | 152
一、成本性资产虚化风险因素讨论 | 153
二、功能性资产虚化风险因素讨论 | 154
三、边界因素 | 155
第五节　资产运营阶段URT-PPP项目资产虚化诊治方案构建 | 157
一、加强PPP法律建设，贯彻落实合同履约 | 157
二、完善PPP项目数据，实施项目运营动态监管制度 | 157
三、拓宽社会公众需求表达渠道，提升项目服务质量 | 158

资产全生命周期URT-PPP项目资产虚化风险关联研究

第一节　研究方法和研究框架 | 160
一、研究方法 | 160
二、研究框架 | 163
第二节　资产全生命周期URT-PPP项目资产虚化关键风险因素整合 | 163
第三节　基于社会网络分析的URT-PPP项目资产虚化风险网络构建 | 167
一、确定节点 | 167
二、建立网络关系 | 167
三、网络可视化 | 169
四、网络分析指标 | 170
第四节　URT-PPP项目全生命周期资产虚化风险传递路径分析 | 180
一、根本性风险因素判定 | 180
二、数据结果的验证 | 181
三、结果分析 | 182
第五节　全生命周期URT-PPP项目资产虚化诊治方案构建 | 184
一、重视监管责任，建立动态监管机制 | 184
二、提高自我能力认知，培养专业人才队伍 | 185
三、严格论证项目可行性，提高投资估算准确度 | 185
四、完善风险控制及分担机制 | 185
五、完善财政支出测算和责任识别 | 186
六、提高可研编制专业性 | 187

总结与展望

第一节　研究结论 | 190
一、资产规划阶段URT-PPP项目资产虚化的影响机理 | 190
二、资产形成阶段URT-PPP项目资产虚化的影响机理 | 191
三、资产运营阶段URT-PPP项目资产虚化的影响机理 | 191
四、全生命周期资产虚化的关键风险因素关联研究 | 191
第二节　研究创新 | 192
第三节　不足与展望 | 192

附录1　边界风险因素专家访谈表 | 196
附录2　G1法下专家打分表 | 197
附录3　资产虚化风险邻接矩阵 | 201
附录4　资产虚化风险线的中间中心度完整数据 | 203

参考文献 | 205

| 第一章 |

绪论

第一节 城市轨道交通PPP项目简介

一、城市轨道交通项目特点

现阶段，我国城市机动车的数量在不断上升，交通运输以及城市生产布局缺陷矛盾日益突出，以交通拥堵为典型的城市病突出，人类的居住与活动空间一再被压缩，不仅影响广大人民群众的生活质量，同时也制约了城市的进一步发展。城市轨道交通（Urban Rail Transit）因其污染小、运量大、运营快而进展迅速（Liu et al.，2021），不仅能很好地缓解拥堵问题，而且可以有效地降低大气污染营造绿色环境，因此城市轨道交通的建设对于提升城市综合实力和整体形象、消除城市结构缺陷具有显著的促进作用。由于经济飞速发展、城市人口数量急剧增加以及重要经济区聚集等因素，我国城市轨道交通需求日益增加（赵辉等，2022）。

（一）城市轨道交通项目是巨大的综合性复杂系统

城市轨道交通系统复杂，需要多方面考虑，如城市发展关系、轨道交通线网布局、建设次序、资源共享等。同时建设周期长与建设工程繁重也是城市轨道交通项目的典型特征。通常，一个城市的轨道交通单线建设从前期规划到落地运营最少要4～5年，线网建设更是达到30～50年之久。在此期间，城市轨道交通项目要面临大量的施工设计、准备、建设、通车运营等工作。从一定程度上来说，城市轨道交通项目相当于城市的生命线工程，在促进产业链发展、改善城市空间、带动城市内部结构升级等方面具有推动作用。

（二）城市轨道交通项目运营规模持续扩大

我国从21世纪起进入城市轨道交通快速发展新阶段，以五年为周期，线路规模连续成倍增长，从2016年起城市轨道交通运营里程跃居全球第一，已建成轨道交通的城市之多、线路之长位居世界前列。“十三五”时期，全国轨道交通新开设运营里程达4000余公里，发展迅速。依据中国城市轨道交通协会报告，截至2022年12月31日，中国内地累计55个城市开通运营城市轨道交通，运营线路308条，运营城市轨道交通线路超过1万km。中国城市轨道交通协会预计“十四五”时期后三年城市轨道交通仍处于快速发展期，其规模将接近1.3万km，运营城市有望超过60座，城市轨道交通运营规模将持续扩大。

（三）城市轨道交通项目投资规模巨大

截至2022年底，国家发展改革委共批复44个城市轨道交通建设规划，其中呼和浩特等5市获批的城市轨道交通建设规划项目已全部建成投运，其余39个城市总投资额约4.17万亿元。从可研批复总投资规模来看，北京、上海、广州、深圳建设规划在实施项目的可研批复总投资额均超2500亿元，一线城市的城市轨道交通投资计划仍处于高位。青岛、南京等18个城市的建设规划在实施项目的可研批复总投资均超1000亿元，中心城市的城市轨道交通投资计划也在持续发力。2022年当年，5所城市轨道交通建设规划项目获批，新增总投资额近2600亿元。新获批建设规划线路的长度和计划投资额相比2021年略有增加。根据中国城市轨道交通协会统计的城市轨道交通建设投资完成额来看，除2022年、2021年由于疫情等因素投资水平有所下降之外，整体而言，城市轨道交通建设投资规模呈逐年上升的势态，如图1-1所示。

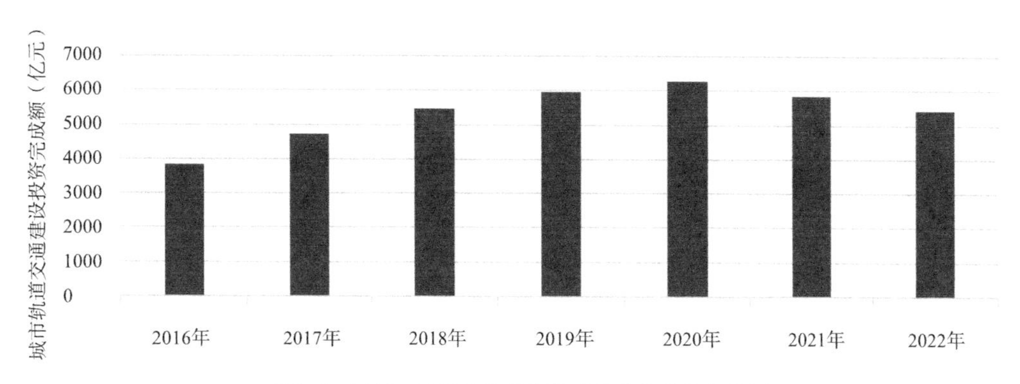

图1-1 2016—2022年城市轨道交通建设投资完成额

二、城市轨道交通PPP项目发展历程

城市轨道交通项目巨大的投资金额主要由地方政府承担，同时要求丰富的建设和运营经验，给政府带来了巨大的财政和监管压力。为应对这些挑战，PPP模式被广泛应用于有私营部门参与的城市轨道交通项目开发中。PPP模式在提高公共资源利用效率和平缓财政支出压力等方面都具有得天独厚的优势。根据历年正式发布的关于PPP项目或城市轨道交通的政策文件及相关统计资料，本书归纳了城市轨道交通PPP项目（下文可简称“URT-PPP项目”）的发展历程，大致分为探索阶段和发展阶段。

（一）探索阶段（2000—2014年）

在这一阶段，国务院有关部门和地方开始探索推进PPP领域立法。2004年，建设部颁布实施了《市政公用事业特许经营管理办法》（中华人民共和国建设部令第126号，以下简称“建设部126号令”）。建设部126号令及各地出台的特许经营规章制度是这一时期开展特许经营的基本法律依据。PPP投向则以支持基础设施建设为主。根据财政部数据披露，PPP投资项目数量最多的行业为市政工程、交通运输及生态环保。其中，城市轨道交通引入PPP模式较其他行业晚。北京轨道交通4号线作为第一个引入PPP模式的城市轨道交通项目，是我国城市轨道交通PPP项目发展史上的一个重要节点，对于我国轨道交通行业发展起到巨大的推动作用。

（二）发展阶段（2014年至今）

发展阶段又可以细分为推广、高质量规范发展等阶段。

第一阶段：推广。以2014年财政部发布的《关于推广运用政府和社会资本合作模式有关问题的通知》（财金〔2014〕76号）为标志，国内PPP模式进入了大规模推广阶段，聚焦引导和鼓励社会资本通过PPP模式参与相关领域的公共产品和服务供给。在此时期，国内PPP模式快速发展，2015—2017年PPP模式成交项目数量及项目规模迅猛增长（图1-2）。与此同时，城市轨道交通也得到了推广，比如2015年，北京轨道交通16号线的建设串联起北京市北部研发服务、中关村西区、丰台科技园区等重要城市功能区，如今成为北京线网中南北向骨干线路，推动和促进了北京南北城区的发展；2016年，青岛1号线的建设将青岛北站、汽车北站和流亭机场等大型交通枢纽串联起来，加强了各个城区的联系，成为国内最长的跨海地铁；2017年，台州市域铁路S1作为台州市建设的第一条轨道交通，对于台州提升综合交通水平和打造高能级城市具有重要意义，使台州城市发展也正式从“公路时代”迈向“轨道时代”。

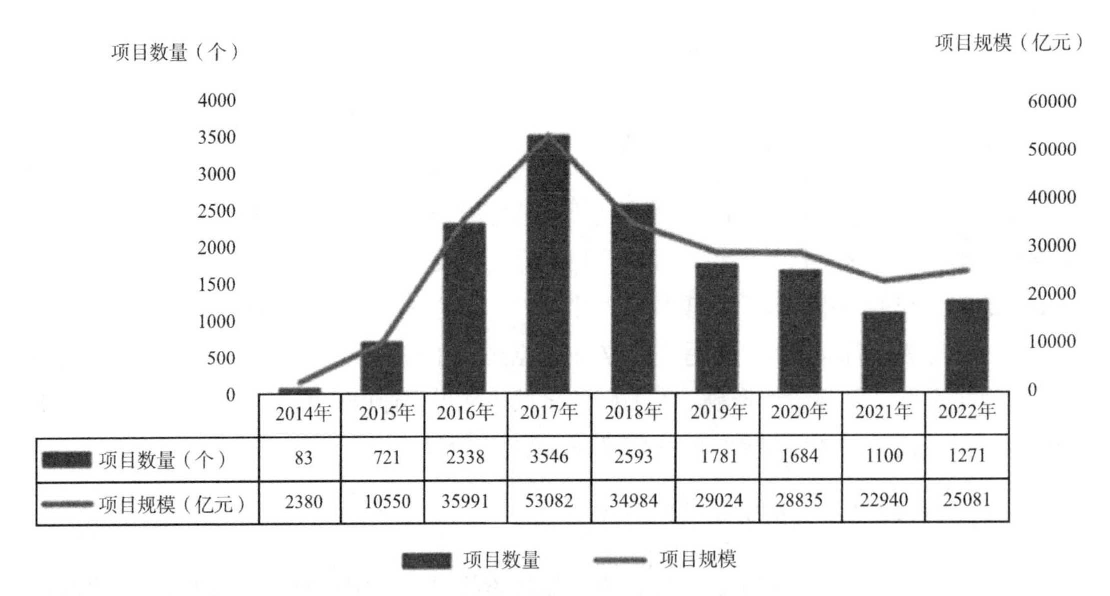

	2014年	2015年	2016年	2017年	2018年	2019年	2020年	2021年	2022年
项目数量（个）	83	721	2338	3546	2593	1781	1684	1100	1271
项目规模（亿元）	2380	10550	35991	53082	34984	29024	28835	22940	25081

图1-2　2014—2022年PPP项目年度成交情况

第二阶段：高质量规范发展。2017年起，《关于规范政府和社会资本合作（PPP）综合信息平台项目库管理的通知》（财办金〔2017〕92号）等系列政策文件发布，推动了对PPP实践中出现的问题进行纠偏，强调规范地方政府与PPP项目的合作关系，防止PPP项目过度挤占财政空间，开始大规模清理PPP项目库，PPP项目数量及项目规模开始呈下降趋势（图1-2）。2017年后，国家发展改革委也进一步收紧了城市轨道交通项目审批。2018年7月中旬，发布了《国务院办公厅关于进一步加强城市轨道交通规划建设管理的意见》（国办发〔2018〕52号，以下简称“52号文”），52号文实质不单是收紧城市轨道交通审批流程，而且要求各地按照经济适用原则，合理选择系统制式，控制工程投资，促使传统城市轨道交通制式（地铁及轻轨）从高速发展向高质量发展转变。自2018年后至2020年12月31日，仅4个城市获批建设城市轨道交通。“十四五”期间，国家发展改革委进一步细化城市轨道交通审批条件，同时规定开通运营三年后客流不达标的城市，不能上报新一轮建设规划。国家发展改革委也要求严控地方政府因城市轨道交通投资所带来的债务风险（盛迪，2022）。公开信息显示，至2022年12月31日止，全国共有37个城市、78条城市轨道交通线路（共78个项目）涉及PPP模式，总投资额超过15185.30亿元。

第三阶段：整顿又重启。2023年6月26日，审计署发布的《国务院关于2022年度中央预算执行和其他财政收支的审计工作报告》提到，抽查了18个省市本级及187个地区的408个PPP项目，计划总投资1.53万亿元。审计署发现，部分项目存在入库环节审理不严、履约环节不诚信、建设运营环节不当推责揽责、项目损失浪费等问题。这导致2023年上半年整个PPP行业陷入停滞的状态，财政部PPP中心官方网站也已不再更新。2023年11月8日，暂停了半年之久的PPP行业迎来了转机。《国务院办公厅转发国家发展改革委、财政部〈关于规范实施政府和社会资本合作新机制的指导意见〉的通知》（国办函〔2023〕115号，以下简称“115号文”），宣告了自2014年PPP模式实施以来，政策层面上力度最大的一次调整，对中国推广应用PPP模式影响深远。115号文的出台，意味着此前实施了近十年的政府和社会资本合作（PPP）模式，在建设实施、运营监管、政策保障等方面迈入了更加系统规范的新机制时期。

第二节　URT-PPP项目的预算绩效管理

一、URT-PPP项目纳入预算绩效管理的必要性

为破解当前预算绩效管理存在的重投入轻管理、重支出轻绩效等突出问题，让财政资金真正实现聚力增效，也为了提高公共服务供给质量，让政府公信力在公民心中不断增强，2018年9月，颁发了《中共中央 国务院关于全面实施预算绩效管理的意见》，以全面实施预算绩效管理为关键点和突破口，旨在实现“花钱必问效，无效必问责”。该文第三项（五）条指出实施政策和项目预算绩效管理。将政策和项目全面引入绩效管理工作中，从数量、质量、成本、效益等方面，综合衡量政策和项目预算资金使用效果。

PPP模式是指政府通过特许经营权、合理定价、财政补贴等事先公开的收益约定规则，鼓励社会资本参与城市基础设施等公益性事业投资和运营，以利益共享和风险共担为特征，发挥双方优势，提高公共产品或服务的质量和供给效率。上文中提到的“花钱必问效，无效必问责”的预算绩效管理理念与PPP模式“激励相容、物有所值”的精神高度相符。且根据全面实施预算绩效管理总体部署，政府付费类PPP项目必须纳入预算绩效

管理。

根据财政部全国PPP综合信息平台项目管理库统计，截至2022年底，超过90%的PPP项目（政府付费和可行性缺口补助）均需政府付费（图1-3）。作为政府付费类项目，URT-PPP项目也应纳入预算绩效管理范畴。

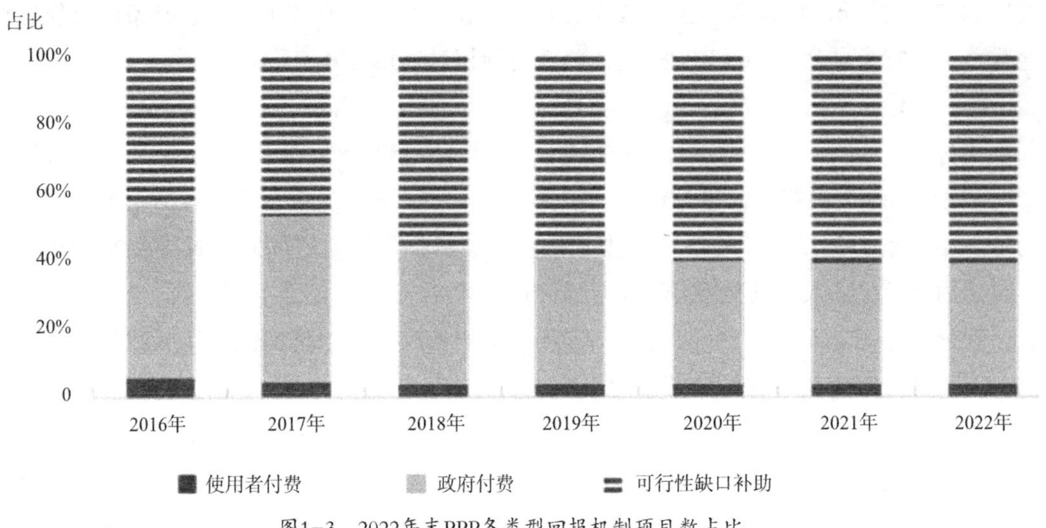

图1-3　2022年末PPP各类型回报机制项目数占比

二、URT-PPP项目预算绩效管理不佳的现状

城市轨道交通建设投资巨大，运营成本很高，而且涉及公众利益的票价一般由政府管制，因此在PPP合作期间项目全成本核算难以实现盈亏平衡，需要对其进行财政补贴（徐成彬，2018）。除此之外，政府在一定时期内还有对URT-PPP项目的税收减免等优惠政策。这样，在URT-PPP项目建设运营的过程中，就形成了政府财政的直接、间接的支出责任，而预算绩效管理的关键在于强化财政支出责任，强调“花钱必问效，无效必问责”这一预算绩效管理理念。然而，从现实情况来看，我国各级政府在PPP预算管理实践中仍然存在较多问题（温来成和孟巍，2017）。

（一）财政承受能力论证执行中漏洞较多

URT-PPP项目的最终所有权属于政府方，实际上是政府用未来财政预算来购买公共基础设施。PPP项目的财政承受能力论证是安排PPP项目预算支出责任的主要依据（柯洪和何妍，2019）。目前，PPP项目财政承受能力论证主要以财政部出台的《政府和社会资本合作项目财政承受能力论证指引》等作为政策依据，法律层级不高，而发展改革委相关文件当中没有针对财政承受能力提出明确要求，使论证机制的作用无法充分发挥。由于URT-PPP项目本身技术参数的复杂性和可变性较大，目前财政承受能力论证定量方面多采用估算值近似代替。这种相对笼统的论证方式，会对后续项目预算执行、管理、评估带来不利影响，也可能增加寻租的概率。此外，公私双方为了获得较为灵活的操作空间，也会产生“模糊财政承受能力论证”的激励，甚至导致财政承受能力论证机制形同虚设，使得URT-PPP项目政府预算管理和监督缺乏必要的依据。

（二）物有所值论证不足导致财政预算风险控制功能有限

根据财政部有关政策规定，PPP项目只有通过了物有所值论证，才能进入采购、建设、运营等阶段，其政府承诺支出才会纳入预算管理。即通过物有所值论证，是其支出纳入预算管理的前提。若物有所值论证把关不严，则会给URT-PPP相关预算管理带来隐患（温来成和孟巍，2017）。

（三）政府承诺支出预算绩效评价制度不健全

PPP项目财政支出责任，构成了政府财政预算支出的重要内容，也应纳入预算绩效评价的范畴。目前财政部公布了基本的绩效评价制度和一些通用的评价指标，但无专门评价URT-PPP项目政府预算支出绩效的指标体系，难以满足PPP项目预算绩效评价的要求。具体包括：

1. 财政预算支出绩效目标确定困难

为提高财政资金使用效益，财政部出台了《关于印发<中央部门预算绩效目标管理办法>的通知》（财预〔2015〕88号），文件中强调预算绩效目标是开展后续工作的重要基础（柯洪和何妍，2019）。城市轨道交通的运营收入主要依据是客流量，所以绩效目标的实质就是客流量。由于城市轨道交通票务收入不能完全平衡社会资本方的投入成本，需要政府对PPP项目进行补贴，保证财务可持续性。而根据目前国内已经开通的轨道交通客流情况来看（任兵杰等，2019），如果实际客流大幅偏离预测客流，就会严重影响PPP公司的财务可持续性，偏离最初制定的财政预算支出绩效目标。政府不得不接收项目，最终增加了政府的实际总投入。

2. 年度绩效目标与全生命周期绩效目标的衔接存在困难

在现行制度下，财政预算支出绩效是按年度考核的，而URT-PPP项目全生命周期长，就需要将年度考核目标和全生命周期目标直接进行衔接，既反映阶段性成果，又体现项目的最终目的。这在现阶段的绩效评价体系中，还存在一定困难。

第三节　URT-PPP项目的资产管理困境

一、URT-PPP项目易产生资产虚化风险

作为政府付费类项目和基础设施项目，URT-PPP项目公共属性突出、外溢性强（邱实和汪雯娟，2017），本身盈利性较低、运行时资金量巨大，且支付保障体制缺失；加之地方政府因自身角色特点难以对短期利益与长期利益进行规划，使得建设阶段与存量转化阶段出现问题（朱方伟等，2019），从而导致PPP项目在市场中形成的资产价值无法达到预期的目标，每年产生大量与资产相关的低效无效投资，项目本身闲置或不能完全发挥功能，财政资金浪费严重[①]。随着项目进入运营和移交阶段，政府支出价值与项目实际价值不符的现象逐渐凸显。换句话说，资金使用效率降低，政府“花了不该花的钱”。资产虚化风险与前文中提到的“花钱必问效，无效必问责”的精神显然相违背，需要引起足够重视。

二、URT-PPP项目资产虚化风险尚未引起政府足够重视

作为政府付费类PPP项目，URT-PPP项目资产虚化风险尚未引起政府足够重视，且相关研究匮乏，主要源于目前我国PPP项目财政风险管理的基本理念是流量管理，缺乏存量管理理念。随着我国PPP项目的大规模推进以及政府方和社会资本方的深度参与，PPP风险特别是PPP财政风险问题逐步凸显（陈少强，2017）。PPP项目的政府支出在法律和政策上虽未按照债务来管理，但视同于地方政府债务的“表外融资”，构成地方政府隐匿的财政风险（赵全厚，2018）。现有PPP财政风险管理虽考虑了政府财政支出流量的上限，较传统的融资平台公司管理有了很大的进步，但其缺陷是没有综合考虑PPP项目所带来的资产价值等存量（陈少强，2018），其结果是政府作为国有资产所有者的权益信息披露不全面、结果不确定以及各种机会主义和道德风险带来新的风险等问题。即便是在英国，有关报告显示，直到2010年英国仍有一半以上的私人融资项目没有体现在政府的任何财务报表之中从而招致许多批评。对于竣工验收合格已达建设可用性标准的PPP项目，属于存量资产的形式之一（陈华和王晓，2018）。存量和流量是事务的“一体两面”，PPP项目财政风险管理需要在既往流量管理的基础上兼顾资产负债等存量管理。

现阶段，URT-PPP项目的资产管理仍然处于建档立册、摸清家底、避免闲置的简单初级阶段。项目利益相关者对资产管理的概念、重要性认识不足，将其理解为单一的实物资产管理，无法与创造公共资产价值和预算绩效相关联。因此，及时关注URT-PPP项目资产价值的变化情况，对可能出现的资产虚化风险早发现、早诊断、早治疗，将项目移交阶段面临的资产评估与流失风险降至最低。

---

① 引自微信公众号济邦咨询《济邦观点 | 刍议公共基础设施资产管理——以轨道交通为例》（2022-01-12）中观点。

三、URT-PPP项目资产虚化风险累积于全生命周期各个阶段

资产虚化风险是PPP项目移交时最为突出的问题，然而凸显在移交阶段的价值错位却累积于项目移交前的各个阶段，因此，PPP项目在各个阶段因控制权让渡引致的资产价值管理困境有助于理解资产虚化风险产生的根源。

PPP项目前期控制权让渡易引发资产价值度量失真困境。政府付费类PPP项目大多属于“大建设小运营”项目（王守清等，2017）。根据目前市场成交情况统计，无论是成交额还是成交数量，建筑企业都是PPP项目中最主要的社会资本，使得“PPP+EPC”模式大量应用。该模式运用得当有助于优化项目全过程管理（赵周杰，2018）、避免二次招标（王迎发等，2018），但会带来“两标并一标”的弊端，如下浮率下降带来的资产虚化（高天等，2018）等问题。目前，对PPP项目前期政府责任的研究中，大多围绕政府支出责任，缺乏对建设质量和造价控制的监管责任。若PPP项目前期计算的工程造价过高且政府不对其进行审计监督，将造成PPP项目投资失控，从而加大政府财政支出责任。同时，相比依据图纸和工程量清单投标报价的传统项目，PPP项目由于招标时点提前、估算方法和估算依据不完善，使得工程总投资粗糙、不精准。有学者指出，如果前期投资估算不精确，激励机制设计下的投资金额会更有利于节约。可见，政府建设监管权力强弱和投资节约激励强度会影响资产价值度量的科学性。然而，目前PPP实践中对监管权配置最不重视、最缺乏针对性（王守清等，2017），且在避免设计冗余与节约收益共享间仍缺乏精准有效的激励机制。

PPP项目运营期控制权让渡和绩效考核标准模糊、约束弱化易带来资产价值折损困境。移交时产生的资产虚化风险的相关研究，大多聚焦于残值风险方面，如Yuan et al.（2015）从功能、性能、可运营性、可维护性、可持续性以及盈利性、再融资性等方面诠释了PPP项目残值风险的关键因素，且不同残值风险因素之间相互作用产生累积效应（Yuan et al.，2015），同时指出风险传导路径是解决风险因素产生累积效应的有效方法（Yuan et al.，2018），风险传导具有多米诺骨牌效应。基于此，决定功能和性能要素的工程可用性标准是否科学将直接影响后期可运营性和可维护性等风险的发酵和爆发。Lawther（2014）也指出政府可以通过可用性付费中可用性标准设置确保私人合作伙伴维持公共产品的高质量性能，因此，对于可用性付费最重要的问题是绩效考核标准，即如何判断是否达到可用的要求。不同于使用者付费类项目绩效体现比较清晰，政府付费类项目绩效的体现容易模糊（陈方平，2017）。目前对于可用性标准的设定虽没有统一的模式，但将建成时点的可用性作为整个运营期可用性的不规范做法，仅是PPP模式推广之初特定背景下的权宜之计（陈方平，2017；吴中兵和徐成彬，2018），项目可用性的重要激励手段是建立全生命周期绩效考核体系（吴中兵和徐成彬，2018）。但如果不能确立建设成本支付与运营绩效的关联关系，则全寿命周期的可用性标准就无法落到实处，从而弱化对社会资本方的机会主义行为约束。诚如PPP项目区别于传统项目预算绩效管理的目标，就在

于是否做到了激励相容、按效付费（王泽彩和杨宝昆，2018），因此，不论是可用性付费还是运营绩效付费，都应在运营期内持续评价，根据评价结论决定付费额度（吴中兵和徐成彬，2018）。《关于规范政府和社会资本合作（PPP）综合信息平台项目库管理的通知》（财办金〔2017〕92号）要求项目建设成本的30%以上参与绩效考核，这是强化绩效量化考核的重要约束指标。但是实践中不应局限于建设成本的30%，因为合理的可用性付费机制应突出绩效导向，显著提升可用性付费的支付金额与项目实际运营绩效的挂钩比例（吴中兵和徐成彬，2018），如陈方平（2017）设计了考核结果与可用性付费和运营性付费挂钩的支付公式，同时融入了可行性系数和运营绩效系数。由上述分析可知，绩效考核标准体现全寿命周期的程度以及建设成本支付与运营绩效的关联度不同，则对社会资本方运营期的履约行为约束力造成差异，进而影响可运营性、可维护性和可持续性等指标。

虽然资产虚化风险体现于PPP项目移交阶段，然而凸显在移交阶段的价值错位累积于项目移交前的各个阶段，因此遵循预算绩效管理理念，识别政府付费类PPP项目全生命周期资产虚化影响因素并探究各因素的影响机理，可为预防财政风险、提高资金使用效率提供参考。

四、URT-PPP项目应进行全生命周期资产管理

PPP项目的本质是政府投资项目（周晓杰等，2018），它的目的仍是为公众高效地提供优质的产品或服务，满足并保障公众需求（柯永建等，2008a）。因此，在其全生命周期内都应该保证PPP项目资产的合理确定、准确生成以及在运营移交阶段的保值、增值和可持续性。

由于URT-PPP项目全生命周期长、投资规模大，存在较多的不确定性，在项目的不同阶段均存在着成本超支或运营业绩不佳等问题，最终会对资产管理造成影响（Yuan et al., 2015）。比如，仅考虑资产规划阶段的资产管理，忽视后期建设成本和运营成本间的平衡（王江楠，2018）；项目建设过程中政府方为了加快PPP项目的落地，缩短工期致使工程质量达不到规定标准、成本超支等后果（周国光和江春霞，2015）；项目运营过程中存在着“重建设、轻运营”的现象（李启东和庞明宝，2020），导致运营期资产的使用效率降低，引发资产实物管理和账面管理脱节等问题。综上，如果各阶段风险未能有效识别且有效地解决，将在过程中不断发酵、积累，最终导致项目无法满足正常运营要求，并且政府需要在移交阶段投入大量资金进行维护，加剧财政负担。

上述传统项目资产管理方法已无法适应“设计—建设—运营”一体化的PPP项目运作模式。由于城市轨道交通项目有较强的专业性，其规划设计、投资、建设、运营、维保等环节对不同政府部门、企事业单位而言存在很强的专业信息不对称性，各部门长期以来在这类资产的全生命周期各阶段各自为政——“铁路警察、各管一段”，缺乏全生命周期成本降低和资产价值创造挖掘的意识与动力。而这也导致了各部门无法实现全面性、动态性资产管理，对于资产的整体效益也无法进行统筹及有效管理。而资产全生命周期管理

（Asset Life Cycle Management，ALCM）作为一种新的管理方法，将资产作为研究对象，对资产规划、资产形成和资产管理阶段进行全方位、全要素的管理。因此，破解URT-PPP项目资产价值管理困境，规避资产虚化风险，应遵循预算绩效管理理念，秉持系统观，立足资产全生命周期，搭建基于ALCM的资产虚化风险管理框架。

第四节　PPP项目资产虚化的判定

一、PPP项目资产虚化的判定标准

如前所述，PPP项目资产虚化的本质是政府支出价值与项目实际价值不符，即政府"花了不该花的钱"导致财政资金使用效率低下。下面，对PPP项目资产虚化表现和判定原则进行厘定。

（一）资产虚化维度界定

参考《关于印发政府和社会资本合作模式操作指南（试行）的通知》（财金〔2014〕113号，以下简称"113号文"）对PPP项目物有所值评价的约定，进行资产虚化表现维度的界定。113号文第二章第八条指出："财政部门……，从定性和定量两方面开展物有所值评价工作。……定性评价重点关注项目采用政府和社会资本合作模式与采用政府传统采购模式相比能否增加供给、优化风险分配、提高运营效率、促进创新和公平竞争等。定量评价主要通过对政府和社会资本合作项目全生命周期内政府支出成本现值与公共部门比较值进行比较，计算项目的物有所值量值，判断政府和社会资本合作模式是否降低项目全生命周期成本。"也就是说，PPP项目需通过定性评价实现项目预期的功能，通过定量评价实现项目预期的成本。同时，根据价值工程理论，物有所值也被认为是成本和功能的整合。

综上，PPP项目资产虚化的内容涵盖两个方面：①成本性目标虚化，表现为政府根据资产评估结果有偿移交时社会资本已经按照中标收益率获得回报，或政府根据资产评估结果无偿移交但是PPP协议期内政府付费超过预期；②功能性目标虚化，表现为项目提供功能超出公众合理需求形成功能冗余，或运营期内项目功能已不能满足公众需要，政府须对项目二次投资升级改造。总而言之，PPP项目移交时，政府支出价值远大于项目实际为公众提供的服务价值，则导致财政资金的浪费，形成PPP项目资产虚化。

（二）资产虚化判定原则界定

本书从导致资产虚化风险的主体和风险因素的可控性两个方面进行界定。

1. 主体判定原则

在PPP项目政府方和社会资本方合作过程中，在合同明确约定的前提下，社会资本方

若履约不善，政府方不应为此买单。但是若因政府方履约范围内或监管范围内的失责，导致政府支出价值与项目实际价值不符，则属于本书研究的范畴。因此，本书聚焦政府方这一主体展开后续相关研究。

2. 可控性判断原则

因为URT-PPP项目自身特性，如投资规模大、时间跨度长、参与方多、利益相关性大，实施过程存在很大的风险。而且就建设项目的特性而言，项目具体实施条件各不相同，常常是无先例可循，更增加了项目可能遇到的风险（叶晓甦和周春燕，2010）。Grimsey和Lewis Mervyn（2002）指出基础设施PPP项目在建设运营过程中面临的主要风险有技术风险、建设风险、运营风险、不可抗力风险、政策风险等。其中，不可抗力风险是指在PPP项目实施过程中，发生了合同方无法控制、在签订合同前就无法合理预防、特殊情况发生时也无法避免或解决的事故或情形，如天灾或事故、战乱、粮食禁运等（亓霞等，2009）。不可抗力风险发生时造成的资产减值是不能人为克服的，这种风险概率和风险后果难以预测（杨晓冰，2018）。从可控性来看，目前对于PPP项目风险因素的研究可分为两部分：一部分是可控因素；另一部分是不可控因素。就后果而言，对于不可控因素所造成的资产状态或价值变化是政府无法避免的，这并不属于财政资金的浪费或低效范畴。综上所述，在URT-PPP项目中，只有因政府方可控原因导致的财政资金使用低效或无效，即出现了成本性资产虚化或功能性虚化的表现特征，才是本书研究的PPP项目资产虚化。

（三）资产虚化与相关概念的区分

本书研究的PPP项目资产虚化风险区别于残值风险，也有别于PPP项目绩效评价内容。残值风险是指私营方希望以项目的价格远小于政府合同中原先估计的价格，重新转让给政府所产生的风险，此种风险一般发生在项目合同到期终止或提前结束时（陈恺文等，2017）。在英国PFI标准合同指南中也指出，PPP项目中的残值风险应当归属于资产所有权相关风险，其形成的原因主要为合同期内的管理不善（Victoria，2008）。《PPP项目资产评估及相关咨询业务操作指引》中提到PPP项目总体绩效目标是PPP项目在全生命周期内预期达到的产出和效果，主要通过后评价纠正实施偏差。可以看出，无论是残值风险管理还是项目绩效评价，都没有站在财政预算管理视角展开，且一般均假定合约估计的价值、项目预期的产出和效果是合理的，偏重实际结果的管理和控制，因此残值风险管理的重点集中在特许经营期内（熊伟，2011），项目绩效评价则集中在项目执行阶段，两者均弱化了全生命周期各个阶段的影响。

综合上述分析，本书将成本性资产虚化定义为因政府方可控因素导致的支付给社会资本超出合理值的金额。其中，合理值包括在实现PPP项目预期功能下合同约定价值及不可抗力等因素做出必要价格调整的和；功能性资产虚化定义为既定支出目标下因政府方可控因素导致的项目功能不足或功能冗余。无论是成本性资产虚化还是功能性价值虚化，均导致PPP项目资产价值的折损。

另外，据中国银行研究院报道，在PPP项目的所有运营方式中，BOT模式仍是主流，占所有PPP项目的81%。BOT模式因涵盖了项目融资、建设和运营等阶段，其应用面更广且操作更困难，由此带动的政府财政资金相较于其他运作模式更多，产生资产虚化的可能性更大。因此，本书主要选取BOT模式的项目作为研究对象。

二、资产虚化在PPP项目资产全生命周期的表现

依据113号文，PPP项目划分为项目识别、项目准备、项目采购、项目执行和项目移交5个阶段。PPP项目资产全生命周期虽然与PPP项目全生命周期是不同范畴的概念，但两者存在对应关系，具体如图1-4所示。

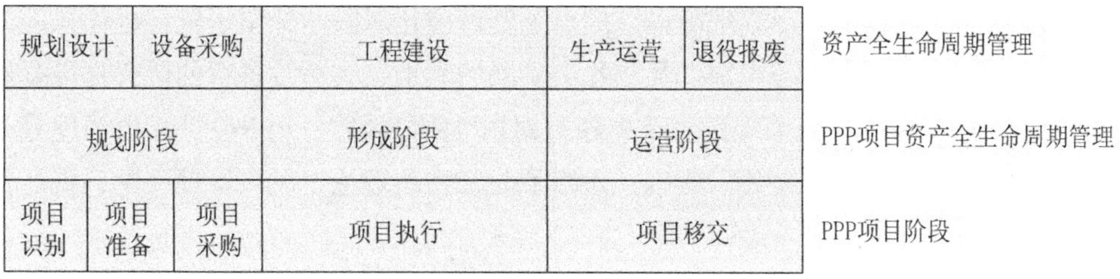

规划设计 | 设备采购 | 工程建设 | 生产运营 | 退役报废 — 资产全生命周期管理
规划阶段 | 形成阶段 | 运营阶段 — PPP项目资产全生命周期管理
项目识别 | 项目准备 | 项目采购 | 项目执行 | 项目移交 — PPP项目阶段

图1-4　PPP项目资产全生命周期阶段划分

在PPP项目资产全生命周期中，各个阶段中成本性资产虚化与功能性资产虚化各阶段的表现，如表1-1所示。

成本性资产虚化与功能性资产虚化的表现　　表1-1

阶段	成本性资产虚化	功能性资产虚化
资产规划	体现在合同中支出收入分担设定得不合理：①特许经营项目合同中支出收入费用分担不合理，造成项目总投资超过支出收入费用分担约定值；②特许经营项目实施方案中支出收入分担不合理，造成收益率低于支出收入费用分担约定值	体现在合同交易条件约定得不清晰：①合同约定的功能不能满足公众需求，需要二次投资进行升级改造，支付费用超出升级改造费用合理值；②合同约定的功能超出公众需求，导致部分设施闲置，造成功能冗余
资产形成	体现在绩效考核中投资控制指标的不合理：工程建设成本超支，导致项目实际投资超出实际批复的概算	体现在项目交付验收时未能满足相关质量控制标准：①项目建设功能冗余，部分设施闲置；②项目建设功能不能满足项目标准，工程质量存在缺陷，需要进行改扩建，支付费用超过改扩建费用合理值
资产运营	体现在绩效考核中政府补贴与收益的不合理：①项目实际支出费用超出预期合理支出费用；②项目的实际产出收益低于预期产出收益	体现在最终用户使用效用的折损上：①产品、服务质量的降低；②产品价格定位出现问题。票价低于测算票价，给予项目公司补偿；若票价高于测算票价，可能需要进行再谈判，支出的费用由政府方承担

第五节　研究内容及技术路线

一、研究内容

本书共分为七章，大致可以解构为四部分。第一部分（第一、二章）是问题提出、概念界定和基础理论介绍；第二部分（第三～五章）围绕URT-PPP项目资产全生命周期三个阶段（资产规划阶段、资产形成阶段和资产运营阶段）的资产虚化影响分别展开；第三部分（第六章）是对第三～五章研究内容的进一步整合和推进，探究资产管理不同阶段影响因素间的关联；第四部分（第七章）是对全书内容的总结与展望。每章具体内容如下：

第一章，绪论。在简要概述URT-PPP项目发展历程后，分析了URT-PPP项目面临的预算绩效管理不佳的现状和资产管理困境，提出了资产虚化风险。介绍了资产虚化风险的概念界定、维度划分、判定标准识别以及在各个阶段的表现，为后续各章的研究打下基础。

第二章，文献综述与相关理论。首先通过对PPP项目风险、PPP项目资产管理等相关文献梳理，挖掘本书可借鉴之处；然后，介绍了公共物品理论、风险管理理论、资产全生命周期管理等基础理论。

第三章，资产规划阶段URT-PPP项目资产虚化诊治。首先，运用扎根理论，通过对多源原始资料的分析，识别影响资产虚化的风险因素清单；其次，运用系统动力学对具体案例（北京地铁4号线）进行仿真模拟，由此确定关键风险因素；最后，基于研究成果，提出相应的风险诊治和预防建议。

第四章，资产形成阶段URT-PPP项目资产虚化诊治。首先，基于扎根理论识别该阶段影响资产虚化的风险因素清单；其次，通过多案例研究方法进一步遴选关键风险因素；最后，基于研究成果，提出相应的风险诊治和预防建议。

第五章，资产运营阶段URT-PPP项目资产虚化诊治。首先，利用扎根理论识别出运营阶段导致资产虚化的风险因素清单；其次，通过多案例研究方法遴选出关键风险因素；最后，根据分析结果得出资产虚化诊治和预防策略。

第六章，资产全生命周期URT-PPP项目资产虚化风险关联研究。为了进一步探究各阶段风险因素之间的关联关系，本章整合前述资产管理各阶段关键风险因素，基于社会网络分析方法，构建URT-PPP项目全生命周期资产虚化风险网络模型，分析风险传递路径，以便从整体上对资产虚化影响机理有更深入的理解。

第七章，总结与展望。本章对研究结果进行全面总结，并对研究不足和未来研究方向进行展望。

二、技术路线

本书各章研究内容的逻辑关系和技术路线如图1-5所示。

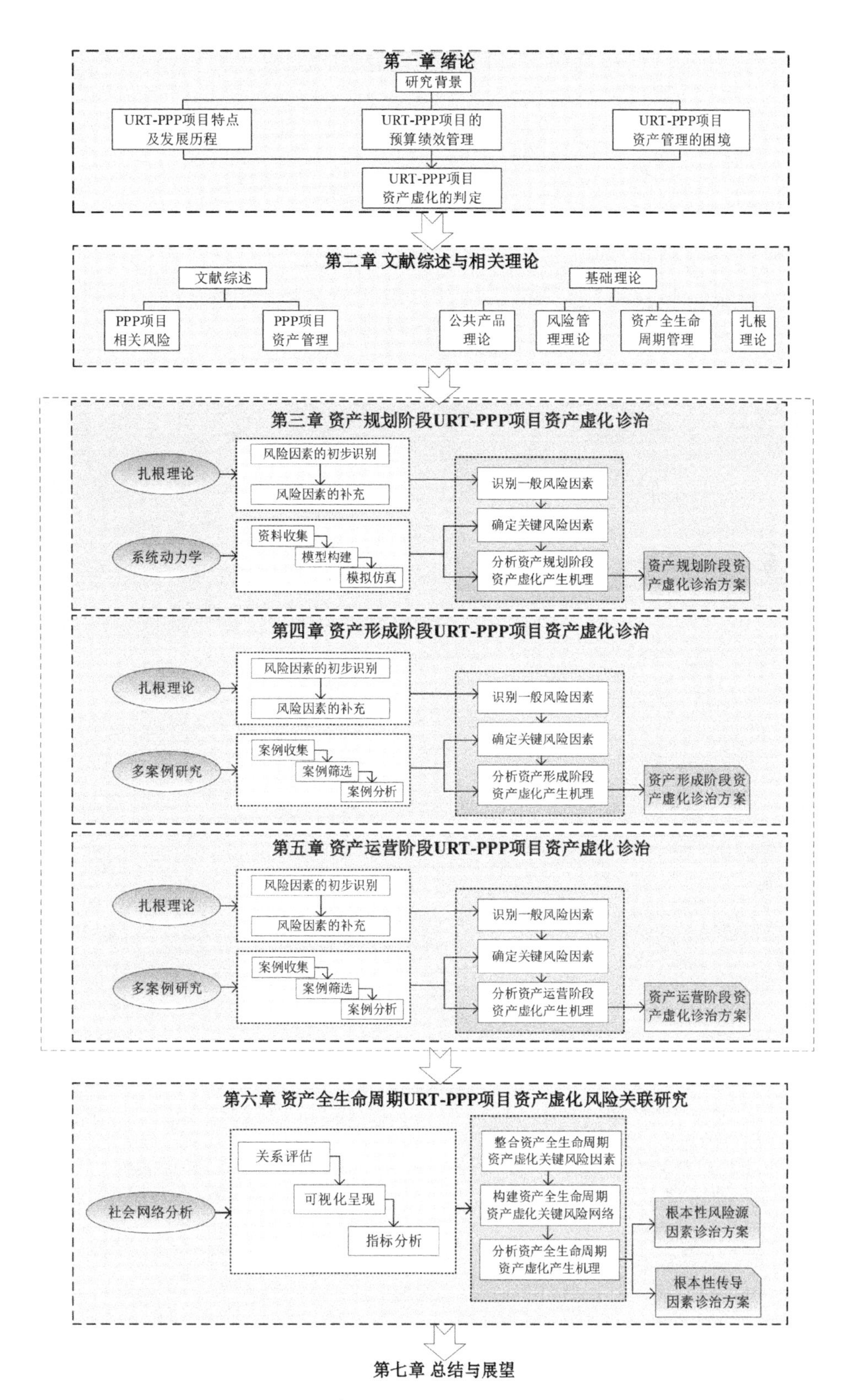

图1-5 各章研究内容的逻辑关系和技术路线

| 第二章 |

文献综述与相关理论

第一节　文献综述

鉴于现有研究中有关PPP项目资产虚化文献较少，考虑到PPP项目资产虚化也是一种风险，其与PPP项目风险具有一定相通性，因此本节整理了PPP项目风险的相关文献。同时，PPP项目资产虚化属于项目资产管理范畴，故对PPP项目资产管理的文献也进行了梳理。

一、PPP项目风险的文献分析

关于PPP项目风险的文献分析，本书将从风险研究视角、风险表现、风险分担、风险管理方法几个方面展开。

（一）PPP项目风险研究视角的文献分析

分析现有文献可知，关于PPP项目风险的研究视角可分为两类：一类是从预防PPP项目风险的角度出发，探究PPP项目过程中存在的风险；一类是从失败案例经验总结的角度出发，分析造成PPP项目失败的风险。

1. 基于风险预防的PPP项目风险相关文献分析

（1）PPP项目系统风险研究的文献分析

现有关于PPP项目系统风险识别的研究已经涵盖了多种行业的PPP项目，对于系统风险的相关研究如表2-1所示。

PPP项目系统风险的相关研究　　表2-1

序号	文献	所属行业	风险识别方法	研究视角	风险名称	关键风险
1	亓霞等（2009）	高速公路、桥梁、隧道、供水、污水处理等领域	多案例研究	—	法律变更、政治相关决策合理性、政府信用、政治限制、审批延误等	
2	王志刚和郭雪萌（2018）	道路、供电、供水、环保	多案例研究	政府方、社会资本方	资产征用、政策变化、配套设施缺乏、项目审批、项目建设、设计不足等	政府信用风险
3	王晓姝和范家瑛（2016）	交通基础设施	文献分析	—	建设风险、市场风险、项目融资风险、政府信用风险、政治风险、法律风险等	
4	Tamosaitiene et al.（2002）	污水处理	文献分析	政府方、社会资本方	技术风险、建设中工期延误风险、运营风险、融资风险、不可抗力风险、违约风险等	工期延误风险

续表

序号	文献	所属行业	风险识别方法	研究视角	风险名称	关键风险
5	Daniel et al.（2019）	基础设施	文献分析	政府方、社会资本方、市场环境	土地审批、环境污染、场地条件、经验不足、市场条件变化、不可抗力风险、风险分担问题等	风险分担不合理
6	赵辉等（2017）	环保项目	文献分析	—	经济风险、法律风险、技术风险、进度风险、信用风险、合同风险等	各阶段风险不同
7	刘继才等（2013）	未特定行业	文献分析	—	利率风险、市场需求风险、类似项目竞争风险、通货膨胀风险、运营成本风险、环保风险、产品损失风险等	利率风险、通货膨胀风险
8	王奕桥等（2016）	交通设施、资源环保、公共服务、市政设施等领域	文献与案例分析	政治风险、法律风险、金融风险、建设风险、运营风险、市场风险	环境风险、政策风险、融资风险、建设风险、运营风险、市场预测风险	建设风险、法律风险

分析现有文献可知，PPP项目系统风险识别的研究多基于政府方、社会资本方、市场环境等视角。即使有些文献没有明确具体的视角，但从识别出的风险类别可以看出均是基于以上几个视角展开研究的。本书研究的资产虚化主要界定为基于政府方视角产生的风险，因此上述涉及政府方承担的风险研究成果可成为本书的初始参考文献域。

（2）PPP项目特定风险研究的文献分析

现有研究中很多文献对某一特定风险展开详细研究，如财务风险、残值风险等。

财务风险来源于外部环境的不确定性，不确定性的多种路径传递使财务风险加速蔓延（Ahmadabadi and Heravi，2019）。现有对于PPP项目财务风险的研究主要侧重在其评价指标的确定：如刘骅和卢亚娟（2018）在进行文献分析后，基于项目融资结构等构建出项目财务风险评价指标体系；谢作凯和丁瑶（2019）基于SH小镇PPP项目实证案例，以净现值、回收期、内含报酬率三个非常常用的财务指标为视角，运用蒙特卡罗法评估了项目潜在财务风险，并据此提出了控制风险的措施。另有研究以评估项目某一阶段财务风险展开研究：如徐超悦（2021）设定高速公路PPP项目为研究对象，探究此类项目运营期间的财务风险，并据此提出了切实可行的财务风险管控方法。

残值风险是指工程项目固定资产在评价期末的剩余价值，其主要突出PPP项目移交阶段的风险管理，关于残值风险的现有文献主要分为三类：一类是残值风险概念构建：如陈恺文等（2017）在已有知识基础上，运用SWRL语言对残值风险的概念进一步推理，结合编辑软件Protégé构建了概念的本体知识库；熊伟等（2011）则基于大量文献和国内外现有PPP标准合同范本，对残值风险进行概念构建，同时也提出了应对残值风险的管理建议。第二类是对残值风险成因识别分析：如张亚静等（2014）对问卷调查所得数据进行描述性统计分析和因子分析后，最终提取出4个主成分因子；袁竞峰等（2013）则通过建立残值风险的评估模型，解构出各风险因素之间的关系。第三类是残值风险测量：如陈浩等（2012）利用贝叶斯网络直观反映出残值风险的形成过程，并建立起影响其功能实现的关键前兆风险关联模型；张亚静等（2019）则从经济价值和社会价值变化两个方面解构了PPP项目残值率风险，通过对比分析价值变化与不变两种情形下的项目残值风险状况，并通过构建的计算模式对我国香港西遂项目的残值率风险做出了预估。

本书所研究的资产虚化也可认定为某一特定风险，上述文献对某一特定风险的研究为探究资产虚化风险提供了启发。

2. PPP项目失败经验总结的文献分析

在中国知网（CNKI）数据库中主要以“PPP”“失败”为主题词进行搜索，发现关于PPP项目失败的现有研究主要集中在风险因素的识别方面。学者们多基于一个或多个案例对失败的PPP项目进行经验总结，如表2-2所示。

失败的PPP项目的相关研究　　表2-2

序号	文献	案例名称	案例个数	风险识别方法	研究视角	因素名称	关键因素
1	高雨萌等（2017）	印度德里机场快线	1	案例分析	—	合作关系、建造风险、运营风险、收益风险	合作关系、风险分担和监管体系
2	赵晔（2015）	青岛市威立雅污水处理项目、北京鸟巢项目、廉江中法供水厂	3	多案例研究	宏观因素和微观因素	政局稳定性、汇率政策变动、国家政策完整性、突发事件、地方政府意愿、地方政府能力、政策连续性、民众态度等	政府政策的完整性、持续性、稳定性
3	江春霞（2016）	交通基础设施	25	多案例研究	—	法律政策不完善、项目规划不合理、契约不完善、运行项目竞争、交通量预测不准确等	法律政策制度不完备
4	陈晓（2017）	交通运输行业	35	多案例研究	项目阶段，如前期阶段、投标阶段、建设阶段、运营阶段等	对未来预测不足、经济实力不足、准备不充分、成本超支、经济恶化、管理不善等	政府和企业对自身的合理定位、政企合作关系

续表

序号	文献	案例名称	案例个数	风险识别方法	研究视角	因素名称	关键因素
5	刘华和冯雪（2020）	能源、水利、交通运输、大型公共设施等行业	32	多案例研究	制度与环境、经济特征、组织特征	制度质量风险、社会环境风险、经济市场风险、企业性质等	一线城市政策变更、公共利益受损、国有企业经营失败
6	张兵等（2019）	多行业	30	文献分析	环境情境、组织情境、项目情境	社会环境风险、政治法律风险、企业性质、外部经济风险、市场供需风险、项目类型等	国企经济兜底失败、能力匹配失败
7	任志涛和武继科（2017）	未特定行业	—	文献分析	政治方面、建设方面、法律及合约方面、组织方面等	政治和政策、政府信用、审批和许可、政治不可抗力、技术能力、法律体系完善性、法律稳定性、合约合理性、风险分配等	法律及合同中的风险分担
8	任志涛等（2016）	未特定行业	—	文献分析	政治方面、建设方面、法律及合约方面等	政府信用、审批和许可、政治不可抗力、技术能力、法律体系完善性、法律稳定性、合约合理性、风险分配等	

PPP项目失败的表现与资产虚化的表现会有一定程度关联，同时风险因素也有交集，因此这些研究PPP项目失败的文献，可成为本书后续研究的初始文本资料域。但鉴于不可控因素造成的资产价值状态变化或财政资金支出增加是不可避免的，不属于资产虚化范畴，因此会在后续研究中据此进行风险因素的筛选。另外，本书界定的资产虚化源于政府方原因，因此在后续研究中也是资产虚化风险因素筛选的原则之一。

（二）PPP项目风险表现的文献分析

现有文献在研究PPP项目风险时，往往将造成项目某些具体表现的不足作为问题研究的出发点，现从成本方面和功能方面分别进行分析。

成本方面，主要包括投资超概、成本超支等。如许亚强（2020）分析项目各阶段的资金控制要点；张浩波（2020）分析PPP项目投资超概造成的负面作用，并基于此提出对策，提升PPP项目管理水平；杨端阳等（2022）根据超概算对PPP项目建设、规划及把控产生的影响，结合实际工程案例，分析PPP项目超概算原因；张萍和崔新坤（2020）分析PPP项目发生成本超支时点，并剖析成因。

功能方面，主要包括功能不足或冗余等。如张鑫旺等（2021）研究设计方案优化与投资控制之间的关系；张子超（2018）指出设计人员仅考虑项目功能的实现，忽视了项目建成后的运营成本，导致功能过剩；刘鹤冰（2022）针对高速公路PPP项目设计优化存在的诸多问题，在不降低使用功能和确保安全质量的前提下，提出针对性对策。

依据资产虚化的概念界定，可分为成本性资产虚化和功能性资产虚化两方面，上述关于成本和功能方面的文献为本书提供了借鉴，但是引起功能冗余、不足或投资超支的程度并不直接等同于资产虚化程度。PPP项目资产虚化的表现需要进一步厘清，导致PPP项目资产虚化的风险因素也仍须进一步甄选。

（三）PPP项目风险分担的文献分析

风险分担的确定对于PPP项目后续责任界定有重要影响，基于合理的风险分担可使政府更有目的地进行PPP项目资产管理。现有文献对于PPP项目风险分担的研究主要包含两类：一类是PPP项目风险分担原则；另一类是PPP项目风险分担方法的研究。

在研究风险分担原则时，刘新平和王守清（2006）经过案例分析，认为PPP项目中风险分担主要基于三个原则，即具备与风险对称的控制力、回报匹配、风险有限；柯永建和王守清等（2008a）基于基础设施项目案例，在上述文献前两个原则基础上，增加了愿意承担风险的第三个原则；王建波和刘宪宁等（2011）在研究城市轨道交通项目时，在控制有效、与收益相匹配和风险上限的基础上，提出应确定关键风险的原则；陶思平（2015）在研究北京轨道交通项目时提出，风险分担在收益相匹配、有效控制和分担的动态原则基础上，需坚持公平公正的原则。综上可知，各学者研究成果各有侧重，但控制有效、收益匹配是目前较为认可的风险分担原则。

在相应风险分担原则下，可对PPP项目具体风险分担方法进行研究。对于PPP项目风险分担研究方法的相关文献分析如表2-3所示。

PPP项目风险分担研究方法的文献分析　　表2-3

序号	分析方法类别	文献	具体分析方法	研究结论
1	案例分析法	柯永建等（2008b）	某一案例	风险应由对该风险最有控制力的一方承担
2		周和平等（2014）	多案例研究	对识别到的9个风险因素依据规律进行分担划分
3		Song et al.（2018）	多案例研究	指出使项目停滞的风险因素
4	层次分析法	Iyer et al.（2010）	解释结构模型	分析了各风险之间的关系及风险分担程度
5		孙荣霞（2010）	基于霍尔三维结构的结构模型	对利益相关方进行风险分担
6		邓斌超等（2020）	基于WSR理论构建模型	得出再谈判风险再分担框架

续表

序号	分析方法类别	文献	具体分析方法	研究结论
7	层次分析法	高健和郝佳莹（2016）	基于霍尔三维结构的结构模型	为私营资本风险分担管理提出建议
8	数学模型	Zhang et al.（2011）	人工神经网络模型	得出风险最优分担模型
9		林媛和李南（2011）	模糊控制系统	提出风险分担研究结论
10		杜亚灵等（2014）	SEM模型	项目全生命周期风险最优分担
11		梅建明和张宽（2021）	交叉影响矩阵相乘法	发现项目属性、风险类型等六个关键性因素
12	博弈论	李妍（2015）	讨价还价模型	划分了风险分担比例
13		常雅楠（2016）	随机合作博弈模型	
14		Li（2017）	参与者间的博弈模型	最优分配比例
15		董坤等（2019）	动态博弈模型	缔约阶段进行风险分担的比例应该与各自地位强弱程度等因素匹配
16	不完全契约理论	张水波和何伯森（2003）	FIDIC合同条件	应该依赖合同具体特点和合同双方对承担风险的态度
17		张羽等（2012）	不完全契约	分析了导致PPP项目契约不完全和影响PPP效率的因素

（四）PPP项目风险管理方法的文献分析

现有文献关于PPP项目风险管理的研究方法主要集中在风险因素识别、风险因素校正、影响机理研究三个方面。

1. 风险因素识别

在识别PPP项目风险因素时，现有研究可大致归纳为单一方法和组合方法两类。

（1）单一方法

①文献分析，如刘骅和卢亚娟（2018）在进行文献分析后，基于项目融资结构等构建项目财务风险评价指标体系，对长三角地区PPP项目财务风险状况实地调研后，提出了财务风险预警的可行性建议；②案例分析，如谢作凯和丁瑶（2019）在研究PPP项目财务风险时，以SH小镇PPP项目为例，以常用的财务指标为视角，评估了项目潜在财务风险；

③问卷调查，如叶晓甦等（2017）在分析PPP项目价值驱动机理时，采用五分制李克特量表（Likert Scale）设计调查问卷识别了相关风险因素。

（2）组合方法

大量文献综合运用多种方法进行PPP项目风险因素的识别：①文献调研和案例分析，如柴王军等（2022）通过文献调研、案例分析等方法，构建了社会资本参与公共体育场馆PPP项目风险评价指标体系，并提出我国社会资本参与公共体育场馆PPP项目风险分担建议。②文献分析和案例分析，如杜兴洋等（2022）从社会角色理论出发，通过分析文献，将PPP模式的风险因素归为宏观和微观两个层面，在此基础上通过类型分析将PPP模式划分为四种风险类型，并选取多个典型失败案例对其进行分析，最后从政府和社会资本两个维度提出风险规避策略。③文献分析、专家访谈、问卷调查、统计分析，如何楠等（2021）通过大量文献分析和专家访谈，识别出影响我国生态水利PPP项目的115项风险因素，并采用问卷调查和统计分析方法对各因素发生的概率、可发现的难易程度和影响进行评估。

由于资产虚化的概念仍属于理论探索阶段，对于其风险因素的识别需要根据大量原始资料进行逻辑推演。扎根理论往往适用于缺乏理论假设的情形，直接通过观察从最原始的资料中总结经验，最后上升为理论。例如，曲久龙和胡雪莹（2023）对政策文件、案例及文献进行整理形成95份初始文本资料，运用扎根理论对初始文本资料进行归纳汇总、逐级编码，确定了公共图书馆PPP项目风险清单。邓娇娇等（2015）通过半结构化访谈和文献资料等得到样本数据，再通过扎根理论对数据进行编码，探讨了中国文化背景下公共项目关系治理的内容结构，基于此设计开发出相应的测量量表。

因此，在风险识别方面，本书将结合文献、案例、政策等多种途径全面收集原始资料，通过原始资料的整理和归纳、推演，形成PPP项目资产虚化的影响因素清单。

2. 风险因素校正

在风险因素识别后进行校正时，现有文献大多采用案例分析、问卷调查和专家访谈等方法。①案例分析，如王松江和王东（2018）等依据赫兹伯格双因素激励理论，通过某供水工程的分析对指标进行了校正；②问卷调查，如代政和吕守军（2019）在研究PPP项目的关键因素时，采用相关文献对关键因素进行选取，之后经过向政府机构、社会资本分别投放问卷进行了指标的校正；③专家访谈，如顾湘等（2020）在研究基础设施建设PPP项目残值风险因素时，通过对10位专家进行访谈，确认同一阶段和不同阶段风险的因素相互作用对直接影响关系评价是否起到了不同作用；郭平等（2023）为保证PPP项目风险因素建立的可靠性，通过专家访谈对所建立的风险因素进行了补充与验证。由上述文献可知，专家访谈是对风险因素进行补充与验证的有效方法，因此本书在因素补充与验证时亦采用专家访谈的方法，确保因素的客观性与合理性。

3. 影响机理研究

在影响机理研究时，现有文献大致可分为以下几类方法：①QCA组态分析，如张兵等（2019）采用定性比较分析方法，利用QCA方法探究影响PPP项目失败的机理及因素作用路径，指出失败的PPP项目中政策法律层面的制度试错风险较高；②系统动力学，如任志涛等（2016）通过文献研究和专家访谈方法，在对识别出的23个风险因素进行系统动力学仿真模拟后，通过负反馈系统路径得出法律及合同中的风险分担是导致PPP项目失败的关键因素；③结构方程模型，如袁竞峰等（2013）运用结构方程模型解构通过文献研究识别出的因素，并通过因素间关系构建了残值风险的评估模型；④多案例研究方法，如石世英和傅晓等（2023）运用多案例研究方法，探索项目团队中合作主体目标相互依靠助推团队的良性互动与绩效目标的实现路径，可为PPP项目合作团队绩效提升提供新的思路；⑤社会网络分析，白新华（2023）以农村基础设施PPP项目全寿命周期的视角对残值风险因素进行识别，通过社会网络分析方法构建风险因素关系网络。在此基础上对残值风险网络进行特征测度与分析，筛选出重要残值风险因素和风险关系，并提出相关的防控策略。由上述可知，研究影响机理所运用的方法各不相同，对PPP项目资产虚化不同阶段的影响机理具体问题具体分析。因此本书在后续章节中对影响机理的研究，将根据问题的性质分别采用系统动力学、多案例研究、社会网络分析等不同方法展开。

二、PPP项目资产管理的文献分析

（一）PPP项目资产管理实务的文献分析

现有文献多基于数量型管理理念对PPP项目资产展开研究，主要基于某一具体会计实务的讲解，如投资估算、会计核算等的具体操作实务。李永生（2018）主要分析了PPP项目投资估算存在的问题，提出在具体实务中增设认证环节等解决措施；许亚强（2020）研究了初步设计概算控制，并给出运用考核手段增强概算控制的建议；David和George（2011）指出国际财务报告准则（IFRS）对我国PPP项目的会计核算具有重要意义，政府与项目公司可借鉴IFRS规定进行项目中的会计核算；董丽洁（2014）按照PPP项目的整体流程各个阶段中所对应的会计核算实务，在会计准则解释2号规定的基础上，对每个阶段的会计核算都进行了详细论述。

综上所述，现阶段对PPP项目资产管理基本理念主要基于传统的数量型管理体制，缺少全生命周期资产管理意识，较少与创造项目资产价值和预算绩效相关联。由财政部发布的《政府会计准则第10号——政府和社会资本合作项目合同》，创新性地提出“净资产”模式理念，已经初具存量管理思维。PPP项目资产虚化风险的研究，拓展了PPP项目财务风险管理的视角，融入全生命周期资产管理意识，更能全面客观地反映政府管理信息，为风险控制提供制度保障。

（二）PPP项目全生命周期资产管理的文献分析

资产管理的最终目的是获取资产全生命周期内的最大效益或回报，主要通过财务、管理、工程、运营维护等活动实现。为使资产管理向精细化方向发展，资产全生命周期管理模型应运而生。资产全生命周期管理能有效解决过程中成本低效的问题（Charles et al., 2005）。

PPP模式是当前提供公共产品与公共服务的重要模式，PPP项目的全生命周期同样分为多个阶段，大致为准备、采购、设计、建造、运营、移交。通过与资产全生命周期的对比发现，资产全生命周期管理理念与PPP模式服务的属性和阶段都具备相通性，其与PPP项目的嵌套是合理的。现有文献已对此有所涉猎。如周晓杰等（2018）将资产全生命周期划分为资产规划、资产形成及资产运营阶段，分析PPP项目中资产管理目前存在的问题及相应的控制措施；张子超（2018）从规划阶段、建造阶段、运维阶段和移交阶段四个阶段探讨PPP项目资产管理。另外，袁亮亮等（2020）通过将PPP项目视为“资产”，把PPP项目管理的各个阶段工作内容划分和资产全生命周期有机结合，从而得到了通过全生命周期的管理理念可以达到对PPP项目管理各方面综合目标最优预测的结论。

第二节　基础理论

公共物品理论、风险管理理论、资产全生命周期管理理论是本书进行URT-PPP项目资产虚化研究的理论基础。同时，本书在各个阶段均使用的扎根理论，既可以看作是一种理论也可认为是一种研究方法，下面一并进行梳理。

一、公共物品理论

公共物品理论中物品分为私人性质的物品和公共性质的物品。其中，公共物品满足社会公共需要，具备消费的性质（Samuelson，1954），其特征为非排他性、非竞争性。非排他性是指公共物品的供给者无法排除其他没有付费的个人享受公共物品带来的便利；非竞争性是指对于公共物品的消费，消费者不会互相影响。由于无法通过现有的市场规则提供公共物品，故为防止公共物品供给市场失灵，政府部门成为公共物品主要供给者。

依据公共物品的两大特征，可以将公共物品进一步细分为纯公共物品和准公共物品（于秋洁，2022）。其中，纯公共物品是由政府部门免费供给，而准公共物品是由公共部门与私营部门合作供给，无法同纯公共物品一样免费供给，可以向使用者收取合理的费用。一方面，实现公共物品的消费限度；另一方面，调节公共物品的需求量。PPP模式是通过政府方与社会资本方合作提供公共物品，涉及行使公共权力和保护公共利益，具有显著的公共性（郑卫国等，2008）。而URT-PPP项目是采用PPP模式提供交通服务的准公共物品，政府方与社会资本方按照项目规划阶段要求进行建设和运营，保证PPP项目资产的准确生成。

二、风险管理理论

风险管理（Risk Management）是经济单位通过对风险的识别和衡量，采用合理的经济和技术手段对风险加以处理，以最小的成本获得最大的安全保障的一种管理活动，是对风险进行认识、估计、评价乃至采取防范和处理措施等的一系列过程。根据现有研究，本书将风险管理分为单因素风险管理和多因素风险管理。单因素风险管理过程可分为五个步骤：风险识别、风险分析、风险评价、风险应对和风险监控。多因素风险管理是在单因素风险管理基础上，考虑多种风险因素间的相互作用，探究风险因素间的关联关系，属于风险传导理论的应用。风险传导理论的核心观点——风险具有传导性、方向性、动态性、耦合性。邓明然和夏喆（2006a）将风险传导的基本过程描述为：在风险传导促动机制的作用下，使原本存在于企业内部和外部环境中的风险因素汇集形成风险流，通过传导载体，经由传导路径在企业内部或企业间传递。风险传导理论适用于具有明显结构层次和流程次序的企业行为。URT-PPP项目资产全生命周期的各个阶段具有明显的层次，可以利用风险传导理论进行相关研究。多米诺骨牌效应、蝴蝶效应和耦合效应等均是与风险传导相关的效应。

1. 多米诺骨牌效应

多米诺骨牌理论又称海因里希因果连锁理论，是由美国安全工程师海因里希（W.H.Heinrich）在1931年提出的。多米诺骨牌理论被认为是一个微小的动作引发的连锁反应（叶建木，2009）。风险链或事件链形成过程往往体现多米诺骨牌效应，即某个初始风险因素（事件）会触发另外一个风险因素（事件），而这个新的风险因素（事件）又会继续诱发后面操作过程中新的风险因素，依次反复，最终形成一连串的风险（事件）。

综上，在URT-PPP项目资产虚化风险传导中，即存在着多米诺骨牌效应，前一阶段的风险因素可能会直接引发后一阶段的风险，如图2-1所示。风险在接续传递中，总有一些风险因素直接或间接地影响其他后置因素，或是受到其他前置因素的累积影响，而对整体产生影响。本书基于风险传导理论研究从项目前期到运营期（特许经营阶段）的风险因素间的相互关系及关键风险因素。

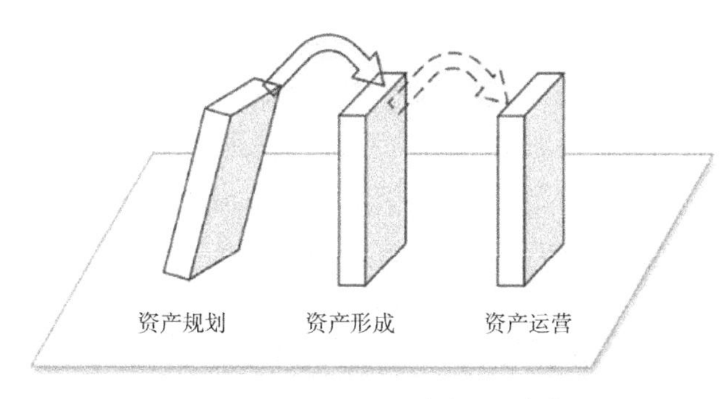

图2-1 URT-PPP项目风险传导多米诺骨牌效应

2. 蝴蝶效应

蝴蝶效应指在原始条件下微小的变化却引发的一系列反应，导致最终状态有巨大差异（费伦苏和邓明然，2007）。在PPP项目中，同一个风险发出者往往对应着多个风险接收者。其中一个风险的发生，可能面临更多风险的爆发。

3. 耦合效应

耦合是指两个（或两个以上）的系统通过交互胁迫而演化形成新的复合系统的过程（邓明然和夏喆，2006b）。风险在传导的过程中会发生耦合，如果系统中存在多条交叉汇聚的风险流，它们将在交会的节点处相互作用、交互胁迫，最终形成新的风险流。上述的交会节点可称为风险耦合节点。在PPP项目中，多个风险发出者可能作用于同一个风险接收者。如运营成本风险可能来源于税收风险、环境风险、通货膨胀风险、工程质量风险等。多个风险因素如果在同一个风险耦合效应上同时发生，可能产生纯耦合效应、强耦合效应或弱耦合效应。

三、资产全生命周期管理理论

资产全生命周期管理思想源于全生命周期成本管理这一概念，是全生命周期成本管理理念的丰富和发展。资产全生命周期管理在以资产为研究对象的基础上以整体的经济效益为出发点，通过采用多种技术措施，对资产从规划设计、设备采购、工程建设、生产运营到退役报废整个过程进行全面管理，在保证安全高效的基础上，对全生命过程中的费用进行控制，追求资产全生命周期成本的最优化，实现系统优化的科学管理理念。

PPP项目的全生命周期可划分为准备、采购、设计、建造、运营、移交几个阶段。PPP项目的整个实施过程与上文提到的资产全生命周期管理中5个阶段极为相似，且其最终目标均以价值提升为导向，提升资产、项目的可持续发展能力（袁亮亮等，2020）。因此，资产全生命周期管理理念与PPP项目的相互融合是合理的。以移交阶段的资产价值准确生成为导向，本书将PPP项目资产全生命周期划分为三个阶段，即资产形成之前的规划阶段、资产形成阶段和资产形成之后的运营阶段。故此，本书站在资产全生命周期的视角分析URT-PPP项目资产虚化，能够帮助政府方在项目不同阶段及时发现项目资产虚化风险，及时进行诊治和有效预防，进一步改善项目绩效、提升项目资产价值。

四、扎根理论

在定性分析中，扎根理论被学术界认定为相对权威和科学的研究方法，并且提高了定性分析的有效性，已在很多领域被广泛应用（Mansourian，2013）。

（一）扎根理论的研究方法

学者Glaser和Strauss在其著作*The Discovery of Grounded*中首次提出了扎根理论的概念（Glaser和Strauss，1967），认为扎根理论能将实践资料与质性理论建立关联，通过大量针对某一具体现象的详实研究资料，可以系统地归纳出质性的理论，因为植根于大量原始资料，所得结论更具信度。

扎根理论的具体流程如图2-2所示。其中，主要环节和核心特点是原始资料收集、整理与分析。

（1）研究问题确定。扎根开始后进行问题探讨，目的是确定研究主题。

（2）原始资料的收集。扎根理论要求所形成的概念必须来自原始数据，在理论形成后必须能够在任何时候找到对应的原始数据，并能找到多份数据作为论证的基础。例如，在面对面的访谈中所获取的视频、音频以及笔记资料，都能够成为研究素材。还要根据实际情况，确定是否需要补充材料。

（3）资料的整理与分析。扎根理论主要通过比较得出结论，例如原始数据之间比较、由原始数据提炼出的概念或范畴之间比较、通过范畴而提炼的理论之间比较、原始数据与所得理论之间比较等。这个过程主要依靠三级编码，即开放性编码、主轴编码以及选择性编码。开放性编码就是要将所有的原始资料平行在同一空间，通过重新的概念赋予，实现新的方式组合；主轴编码即在开放性编码的基础上发掘并形成概念和类别之间的交叉联系，并将它们整合、提炼；选择性编码，即对已出现的各种概念进行分析，最后通过共性的识别抽象出核心概念。

（4）理论构建。对资料分析阶段获得的初步理论，确定该理论的内涵和外延，将初步理论返回到原始资料进行验证；同时，不断地优化现有理论，使其变得更加精细，最终实现理论构建的目标。

（5）结论。对理论进行陈述，将所掌握的资料、概念类别、类别的特性以及概念类属之间的关系一层层地描述出来，最终构建理论概念。

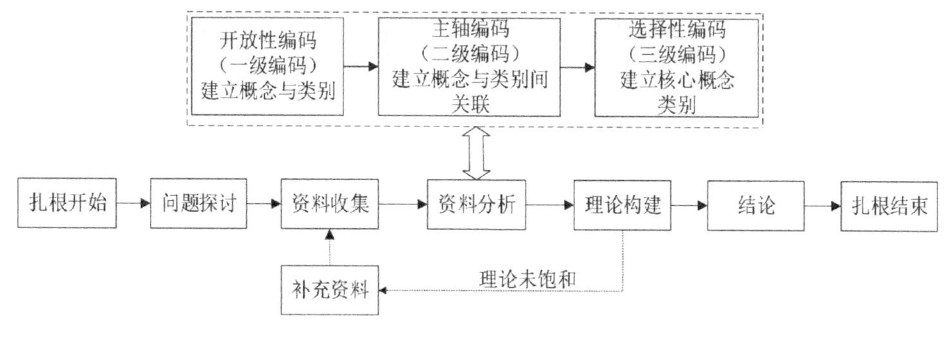

图2-2 扎根理论流程图

（二）扎根理论的研究工具

对原始资料进行编码时，有人工编码和软件分析两种方式。相比于人工编码，软件分析具有如下优点：①使用软件分析能大大提高分析效率，为研究争取更多时间；②编码的结果准确程度不会受到编码者受教育程度、科研经历等主观因素的影响，编码结果较为客观。本书选取Nvivo12质性分析软件进行分析。Nvivo12质性分析软件由QSR公司发行，可对文本资料（观察记录、访谈笔记、会议纪要等）以及非文本资料（图片、表格、音频资料以及视频资料等）进行质性研究分析。

采用Nvivo12质性分析软件进行分析时，可实现以下功能：①“自下而上”的编码方式。在收集大量原始数据后缺少假设，需要对其进行分析和编码，从中抽取相似节点，通过相似节点不断合并达到理论饱和，最终形成新的概念框架。②多功能分析：利用软件的“查询”功能对研究资料的重复性进行检查，可以防止重要节点的资料遗失；运用软件的“聚类分析”功能可对节点进行分类，然后再将分类结果与手动分类进行比较，查看是否存在错误，可以保证分析结果的客观准确性。

| 第三章 |

资产规划阶段 URT-PPP项目 资产虚化诊治

PPP项目资产规划阶段是指合同签订前对项目进行筹划的时间段，体现在项目识别、项目准备、项目采购三个阶段，具体包括项目的可行性研究、财政承受能力评估、实施方案审核、采购资格预审等工作。从PPP项目全生命周期来看，资产规划阶段包括的方案设计等成果对于整个PPP项目的建设和持续运营起着至关重要的影响。若在资产规划阶段不能进行有效的目标设定，将会直接影响政府后续项目支出，加剧资产虚化风险的产生。为此，需要围绕资产规划阶段，研究资产虚化风险的影响机理，并有效指导实践。

第一节　研究方法和研究框架

一、研究方法

本章基于PPP项目风险管理、资产全生命周期管理等领域的研究成果，结合PPP项目资产虚化的本质特征，综合扎根理论和系统动力学，研究资产规划阶段导致URT-PPP项目资产虚化的因素并进行识别，对影响机理进行研究。

（一）扎根理论

基于本书对PPP项目资产虚化的概念界定，本章利用扎根理论方法尝试建立影响资产规划阶段PPP项目资产虚化的风险指标集，并对其具体维度进行划分，为进一步甄别关键风险因素奠定基础。主要工作分为两步：第一步是原始资料的搜集，主要包括与本书内容相关的现有文献资料搜集、符合本书内容的案例资料搜集、基于本书内容的政策文本资料搜集、适用于本书内容的访谈资料搜集；第二步是基于原始资料的质性分析，主要使用符合当前研究情形的Nvivo12质性分析软件进行资料编码，通过开放性编码、主轴编码和选择性编码解剖资产规划阶段PPP项目资产虚化的风险因素。

由前文介绍可知，扎根理论的宗旨是通过原始资料的整理形成理论。现阶段，鲜有对于资产规划阶段URT-PPP项目资产虚化风险因素的研究，但可以肯定的是，现有研究中与本书存在着某些交叉的研究领域，因此本书可从庞杂的现有研究中得到一些启发。本书搜集关于PPP项目资产的绩效评价、残值风险、资产管理、投资管理、设计风险等方面的研究文献，结合具体案例、访谈资料等形成相对完整且庞杂的原始资料。对上述研究资料进行三级编码分析，可以归纳出资产规划阶段URT-PPP项目资产虚化风险因素集合。

（二）系统动力学

1. 系统动力学概述

系统动力学于1956年由麻省理工学院的Jay W. Forrester教授提出后沿用至今，被广泛应用于供应链管理、公司战略管理等多个领域，在近些年的研究中，系统动力学也越来越受到工程项目领域的重视。系统动力学模型是在系统论的基础上，融合控制论、信息论等多种相关理论，根据系统动力学理论搭建起的数学模型，通过定性与定量的结合，利用特定的计算机语言进行仿真模拟，在描述和解决复杂系统问题时具有很强的解释力。

系统动力学一般由以下三种主要理论构成：系统理论、反馈控制理论与决策过程理论。系统理论主要是把分析的对象作为一个完整的体系来研究，对整个系统中的基本结构和环境进行联动分析，并以此达到优化控制系统的目的。反馈控制理论主要表现在因果关系上，该理论指出存在前后关系的因素会相互作用，前者在整个关系链中影响后者，而后者则从此种关联中影响前者，此种反馈系统也是系统动力学中的经典部分。决策过程理论认为决策的过程会受到环境的影响，决策者只有充分认识和分析条件后，才能做出最优的决策方案，因此，也可以看出决策过程其实是基于系统做出的。

2. 系统动力学适用性分析

系统动力学较早应用于项目管理领域，用来解决过项目中资源和进度的分配问题（王其藩，2009）、项目成本和收益的关系问题、建设项目风险问题、质量问题等等。随着更进一步的深入研究，系统动力学在工程项目管理领域的应用也越来越广泛。在文献综述部分也已提到，目前已经有大量学者基于系统动力学研究了工程项目管理、工程项目风险等，且均有了较为成熟的研究结论。进行项目风险管理时，系统动力学方法主要是通过确定风险因素间的交叉关系和依赖性，并通过建立相关的模型，找出影响项目管理目标的关键风险因素和风险的传导途径。

资产规划阶段URT-PPP项目资产虚化本身也是一个复杂的行为系统，每个因素既可以独立发生作用，又存在相互关联，彼此推动着整体的发展。当前，研究暂无针对资产规划阶段URT-PPP项目资产虚化风险因素的量化研究，实际数据积累较少。在此情况下，应用对数据依赖性不强的系统动力学方法能够对此复杂系统中的关键因素作进一步的解析。

二、研究框架

本章研究思路如下（图3-1）：首先，运用扎根理论，通过对多源原始资料的分析，识别影响资产虚化的风险因素清单；其次，运用系统动力学对具体案例（北京地铁4号线）进行仿真模拟，由此确定关键风险因素；最后，基于研究成果，提出相应的风险诊治和预防建议。

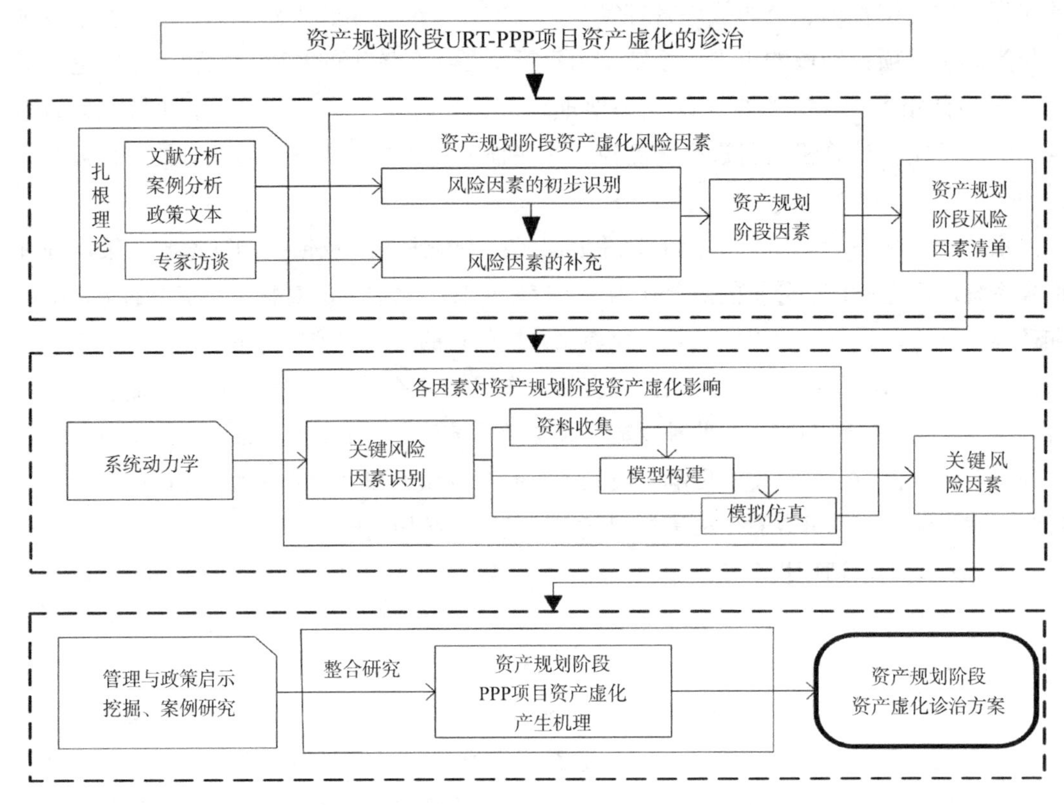

图3-1　URT-PPP项目资产规划阶段资产虚化诊治研究框架

第二节　资产规划阶段URT-PPP项目资产虚化风险因素识别

本节选用扎根理论的研究方法识别PPP项目资产规划阶段资产虚化风险。首先，通过文献研究、案例分析、政策文本以及专家访谈形成原始资料；其次，将收集的研究资料导入Nvivo12质性分析软件中进行三级编码，以此得到风险因素清单，为后文分析因素关联关系提供基础。

一、风险因素的资料来源

本书通过网络搜索和中国知网（CNKI）文献查找进行原始数据搜集，经过对案例资料的归类提炼和政策文本的框架支撑，最终形成文本资料，将其与基于文献和访谈资料的文本资料共同导入Nvivo12质性分析软件进行编码，具体过程如图3-2所示。

（一）文献资料

由于目前关于PPP项目资产规划阶段的资产虚化问题研究有限，本书将文献研究的范围扩大到对于PPP项目资产方面的研究。如文献综述部分分析所示，PPP项目风险研究与

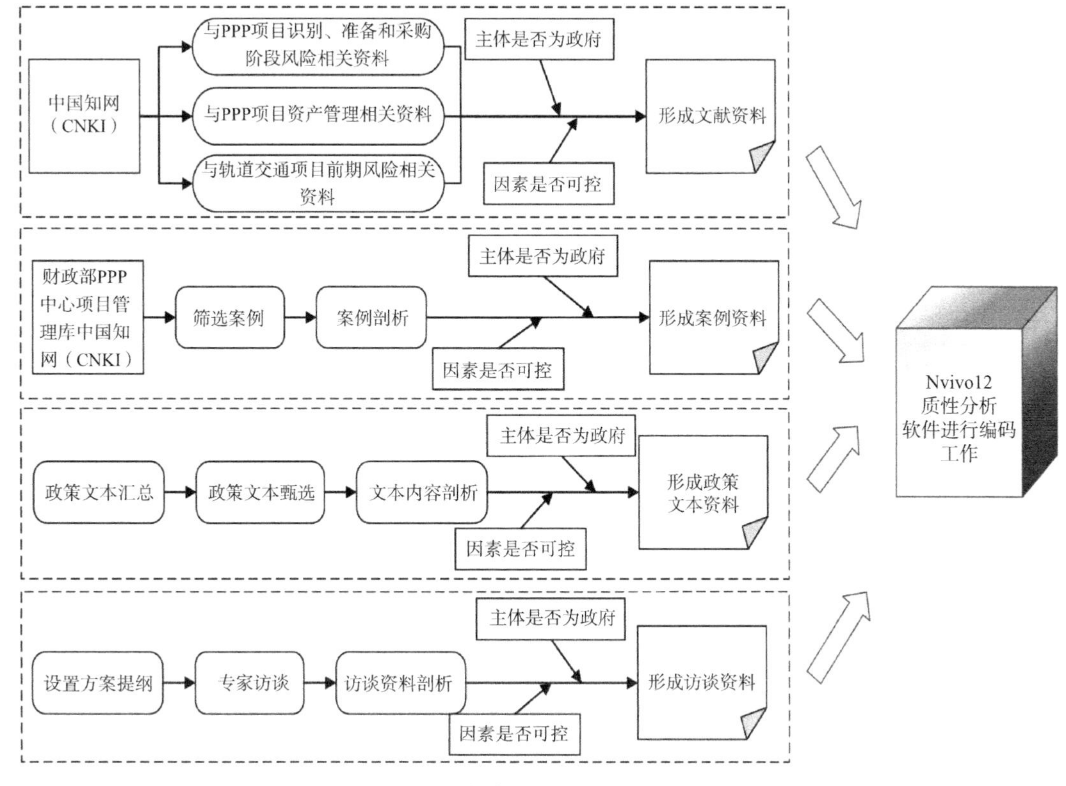

图3-2　资料收集与整理流程图

PPP项目资产管理研究均对本书研究资产规划阶段PPP项目资产虚化风险有所借鉴。其中，PPP项目风险研究中项目决策阶段的风险因素与PPP项目资产规划阶段的资产虚化风险因素有较大关联；PPP项目资产管理的研究内容可以部分表征资产规划阶段PPP项目资产虚化的原因。PPP项目风险研究的文献主要包括风险识别、失败教训、财务风险、残值风险、风险分担；PPP项目资产管理的文献主要包括合同约定、投资估算、会计核算、绩效评价、投融资管理、物有所值评价。

另外，由于本书研究URT-PPP项目的资产虚化风险，由此还添加了关于PPP模式下URT项目的相关文献，其中包括其风险分析、风险分担、绩效评价等研究。虽存在一部分并不是专门针对URT-PPP项目的，但从研究对象和研究结果来看，其是对各行业具有普适性的研究成果。从研究主题来看，此部分文献资料主要为风险和资产管理两个方面；从项目类型来看，此部分文献主要为城市轨道交通项目和虽未区分行业但具有普适性的研究成果。

基于上述分析，本书参考相关文献并从中选取与PPP项目资产规划有关的研究作为文献资料，基于政府方可控的原则，整理获取的文献资料结果具体如表3-1所示。

分析PPP项目参考文献的获取资料　　表3-1

序号	研究主题	归类	所属行业	来源
1	风险识别	风险研究	（1）城市轨道交通项目（2）虽未区分行业，但具有普适性的研究成果	叶晓甦和周春燕（2010）、Grimsey 和Lewis（2002）、亓霞等（2009）、杨晓冰（2018）、史玉芳和宋平平（2019）、王晓姝和范家瑛（2016）、Daniel et al.（2019）、赵辉等（2017）、刘继才等（2013）、王奕桥等（2016）
2	失败风险			周国光和江春霞（2015）、高雨萌（2017）、赵晔（2015）、江春霞（2016）、陈晓（2017）、刘华和冯雪（2020）、张兵等（2019）、任志涛和武继科（2017）、任志涛等（2016）、Wu（2018）
3	财务风险			刘骅和卢亚娟（2018）、Ahmadabadi和Heravi（ 2019）、谢作凯和丁瑶（2019）、徐超悦（2021）、叶晓甦和于娜莎（2009）、温来成等（2015）、王建波等（2018）
4	残值风险			张亚静等（2019）、陈恺文等（2017）、Victoria（2008）、熊伟（2011）、熊伟等（2011）、张亚静等（2014）、袁竞峰等（2013）、顾湘等（2020）、李荣平等（2011）、Yuan et al.（2015）
5	风险分担			王志刚和郭雪萌（2018）、柯永建等（2008a）、周和平等（2014）、Song et al.（2018）、Iyer et al.（ 2010）、孙荣霞（2010）、邓斌超等（2020）、Zhang和Jin（ 2011）、林媛和李南（2011）、杜亚灵等（2014）、梅建明和张宽（2021）、李妍（2015）、常雅楠（2016）、Li（2017）、董坤等（2019）、张水波和何伯森（2003）、张羽等（2012）、杜亚灵（2020）、张悦等（2020）、Ke（2010）、王玺（2016）
6	合同约定	资产管理		徐永顺等（2019）、王江楠（2018）、邓斌超等（2020）、何寿奎（2019）、曹堂哲和魏玉梅（2019）、王松江和王东（2018）、张云华（2020）、王守清等（2019）、尹贻林等（2019）、陈婉玲（2018）、王松江和徐佳乐（2020）、李士萍和毛星（2018）、Richard et al.（2020）、Marc和Andreas（2014）、Duc和Michael（2019）、赵振宇等（2020）
7	投资估算			李永生（2018）、崔晓艳等（2021）、李启东和庞明宝（2020）、刘佩（2018）
8	会计核算			许亚强（2020）、David和George（2011）、董丽洁（2014）、包晓丽（2021）、周靖（2019）、黄玉银（2021）
9	绩效评价			张恒等（2020）、蒋安和等（2020）、温来成和陈青云（2019）、袁竞峰等（2012）、有维宝等（2018）
10	投融资管理			王莲乔等（2018）、王朝才和樊轶侠（2017）
11	物有所值评价			高若兰等（2018）
12	资产管理			周晓杰等（2018）、张子超（2018）

（二）案例资料

1. 案例遴选标准设定

案例的选取需要具有代表性。案例如果失之偏颇，则会造成结果的不准确，甚至会导致研究失败。基于此，在遴选案例前应首先设定遴选标准，本书将基于以下标准遴选所需城市轨道交通案例。

（1）选取的PPP项目案例资料齐全、可靠、可获取

党的十八届三中全会在指导全面深化改革工作中指出，应将财政部作为国家实施政府和社会资本合作模式的第一责任部门。基于此，财政部政府和社会资本合作（PPP）中心（简称“PPP中心”）成立，其职责之一是建立PPP信息平台，完善统计制度，从中获取信息安全、可靠的案例。截至2021年11月，政府和社会资本合作（PPP）中心项目管理库中项目数量已达10120个，管理库项目金额达156772亿元，市政项目达4131个，占总体项目的40.82%。另外，鉴于财政部PPP中心于2015年才正式上线，但在此之前就有大量PPP项目作为成功案例被宣传和探究过，这些案例资料从新闻报道和中国知网（CNKI数据库）中均可搜索到，且资料相对齐全、可靠。基于上述分析，将选取PPP中心项目管理库中资料齐全的、学术界有深入研究并且被广泛关注的案例。

（2）选取的PPP项目案例已处于资产形成或之后的阶段

从项目的全生命周期来看，PPP项目资产管理应分为资产规划、资产形成（建设）、资产运营、资产退改等阶段。在研究资产规划阶段PPP项目资产虚化问题时，只有项目完成了资产规划阶段，才能评价所研究的案例在此阶段是否出现了此类问题。因此，应选取已经结束项目资产规划阶段的案例。

（3）选取的PPP项目案例应在项目资产管理中具有借鉴意义

财政部PPP中心项目管理库中，项目执行阶段的绩效评价报告、财务报告、PPP合同修订协议和补充协议，或多或少会总结项目存在的资产问题。如芜湖市轨道交通1号线、2号线的项目绩效评价报告中指出，PPP合同部分条款与实施方案部分条款存在不一致导致合同履约困难，由此产生了过多的成本。另外，在新闻报道和中国知网中查找的案例，已经完成移交或目前实施较为顺利的PPP项目的资产管理相对成熟，其对PPP项目资产规划阶段的管理具有成功经验，也对本书具有参考价值。基于上述分析，本书将选取在项目该阶段资产管理中具有成功经验或失败教训的PPP项目案例。

2. 案例遴选结果

遵循上述遴选标准，借助两类途径进行案例遴选。①在财政部PPP中心项目管理库中，输入“城市轨道交通”，由于很多案例尚处于刚刚执行阶段，项目即时公开资料并不完全，需要一一核对是否有可利用的资料。本书查找项目具体资料，确定其是否存在可进行深一步探究的资产管理问题，最终选取6个资料齐全的案例，其中3个为国家级示范项目，其他3个虽无项目示范级别，但在当地知名度很高。②由于城市轨道交通案例发展起

步较晚，在项目管理库中无法找到更多的典型案例，本书对中国知网中的案例进行研究，发现除了上述提到的项目以外，对成都地铁18号线和深圳地铁4号线PPP项目展开专项研究的文献很多，且资料比较齐全、可靠，因此选取这2个项目为研究案例。

基于上述分析，本书选取了8个城市轨道交通项目形成案例资料，具体如表3-2所示。

PPP项目案例遴选结果 表3-2

序号	项目名称	项目库编号	项目示范级别/批次	所在区域	获取途径
案例1	芜湖市轨道交通1号线、2号线项目	34020000016127	第三批次国家级示范	安徽省芜湖市	PPP中心项目管理库
案例2	北京市轨道交通14号线	11000000002734	第二批次国家级示范	北京市	
案例3	青岛市地铁1号线PPP项目	37020000016498	—	山东省青岛市	
案例4	乌鲁木齐市轨道交通2号线项目	65010000015227	第三批次国家级示范	新疆维吾尔自治区乌鲁木齐市	
案例5	大连地铁5号线PPP项目	21020000010333	—	辽宁省大连市	
案例6	杭州地铁5号线PPP项目	33010000005535	—	浙江省杭州市	
案例7	成都地铁18号线	—	—	四川省成都市	新闻报道和中国知网（CNKI）
案例8	深圳地铁4号线	—	—	广东省深圳市	

（三）政策文件

针对URT-PPP项目资产规划阶段，本书对现行的政策文件进行汇总，发现《国家发展改革委关于开展政府和社会资本合作的指导意见》（发改投资〔2014〕2724号，以下简称“2724号文”）和《关于规范政府和社会资本合作合同管理工作的通知》（财金〔2014〕156号，以下简称“156号文”）附件中的《PPP项目合同指南（试行）》对于合同签署阶段具有指导意义。另外，《关于印发〈政府和社会资本合作项目财政承受能力论证指引〉的通知》（财金〔2015〕21号，以下简称“21号文”）和《关于印发〈PPP物有所值评价指引（试行）〉的通知》（财金〔2015〕167号，以下简称“167号文”）分别对财政承受能力评价和物有所值评价工作提供指导。以上四个政策文本是经具有丰富PPP项目实践经验的专家和学者多轮讨论形成文件初稿，后又经过征求意见稿多次修改后最终颁布的。从专业性和权威性来看，其对于资产规划阶段PPP项目资产虚化的原因洞悉角度可见一斑。

本书对以上四份政策文件进行仔细研读，将符合以下条件的文本条款进行摘录：①在案例、文献中提及的相关内容对应的条款（句子），例如，通过案例可知在项目可行性研究报告中投资估算不合理会造成后续资金测算不准确，进而影响后续PPP项目资产规划阶段成本性目标资产虚化；②案例、文献中未提及的相关内容经过研究小组认定可以作为研究内容的条款（句子），例如，21号文附件第二章中多次提到的财政支出责任方面的内容，虽在已有资料中没有涉及，但经过研究小组讨论发现其对URT-PPP项目资产规划阶段成本性目标的虚化有所影响，因此也应该纳入研究范围。

政策文件对于PPP项目具有普适性，这其中也必然包括URT-PPP项目。在本书中，政策文件既起到了保证所识别的风险因素不跑偏的作用，又起到了框架作用，为风险因素提供了整体的思路框架，使因素的识别有据可依、有源可溯。

（四）访谈资料

受制于新冠疫情，本书中涉及的访谈主要是通过电话或线下进行的。访谈的形式多样，鉴于对指标的验证诉求，本书拟采用半结构化访谈的形式。半结构化访谈（Semi-structured Interviews）主要基于提前拟定好的粗线条式的访谈提纲，展开非正式的访谈。半结构化访谈时，访谈者可以根据访谈时的现实需要进行灵活调整。本书拟将上述途径得出的指标因素加入半结构化访谈内容中，并加之开放性问题，使指标因素从主观和客观角度更加科学、合理。

1. 设计访谈提纲

进行深度访谈时，访谈提纲的设计是访谈进行的前提。提纲设计的合理性会对访谈过程是否顺畅、访谈信息是否有效挖掘产生重要影响。在设计访谈提纲时，本书坚持的原则是：①设置的问题尽量不影响受访者的主观看法；②以文献和案例材料的分析结果为基础，对受访者没有提到的指标进行确认；③设定开放性问题，从主观角度出发确定指标是否有所增加。

基于上述原则，本书设计的访谈提纲如下：

问题1：在您所接触的PPP项目中，有没有您觉得支出收入分担和交易条件设定做得特别好的项目呢？有哪些方面让您觉得这个项目资产管理做得好呢？

问题2：同样，您有没有接触过在同类型项目中支出收入分担和交易条件设定做得不好的项目呢？有哪些方面让您觉得这个项目交易条件设定和支出收入分担做得不好呢？如果涉及隐私，您可以不具体提到项目名称。

问题3：从您的观点来看，我可以理解为它们在XX方面存在差异是造成您的评价产生变化的原因吗？（如果受访者还有不同意见，需进一步交流直至双方观点达成一致）

问题4：从您的经验来看，除了您提到的这几个因素外，当PPP项目在XX方面出现问题时，比如出现XX情况，会产生PPP项目支出收入分担和交易条件设定不合理吗？（主要针对已经做出的分析结果且并未被受访者提及的因素进行逐一询问）

问题5：除了我们刚才探讨过的因素以外，您觉得造成PPP项目支出收入分担和交易条

件设定不合理的因素还有哪些呢？（开放性回答）

2. 选择受访对象

本书从资产管理的角度探索PPP项目资产虚化，最佳访谈对象应为从事PPP项目资产管理的工作者或从事此项研究的学者。由于该方法的主观性，需要提高专家选取的标准，进行受访者的筛选。但现阶段对于PPP项目资产规划阶段资产虚化的研究较少，因此，本书设定如下原则进行受访者的筛选：①相关学者，主要为长期从事相关研究，主持过PPP项目主题的国家自然科学或国家社会科学项目；②技术咨询实务工作者，主要为在PPP咨询公司里参与过一定数量的PPP项目咨询服务的技术骨干；③管理类实务工作者，尽管没有参与过相关具体事务，但在PPP项目公司里就职累计超过5年的公司管理层。

课题组联系了多家企业、咨询公司、学校科研站点，经过质性研究抽样，最终拟对5位公司管理人员或知名学者进行半结构化访谈。为保证访谈的专业性和获得结果的科学性，本书在正式访谈前选取了3名受访者（其他研究室研究PPP项目的在读研究生）进行预访谈。通过预访谈，确定半结构化访谈的重心，有利于调整谈话氛围，确保整个访谈过程在轻松愉快的基调下进行，同时避免出现引导式语句。本书联系了若干个涉及PPP项目的咨询公司和高校，经过多次交流，最终确定了5位受访者，基本信息如表3-3所示。5位受访者均为硕士以上学位且具有多年PPP项目研究和实践经历，从专业角度和权威角度对将要获取的访谈资料提供了保障。专家访谈中，企业工作者采用的是电话访谈，学者采用的是线下访谈。

受访者资料　　表3-3

序号	受访者	性别	所属类别	学历	职位/职称	调研或参与PPP项目数量	电话/线下访谈时长
1	A	女	PPP学者	博士研究生	教授	>5个	60min
2	B	女	PPP学者	博士研究生	教授	>5个	56min
3	C	男	PPP学者	博士研究生	教授	>5个	61min
4	D	男	PPP项目公司实务工作者	硕士研究生	项目经理	参与某PPP项目管理工作5年以上	55min
5	E	男	PPP咨询公司实务工作者	硕士研究生	项目经理	>8个	55min

虽然本书所访谈的受访者并没有对PPP项目资产虚化这一主题展开直接研究，但对于PPP项目风险、政府项目绩效评价和政府财政预算管理等主题研究颇深。鉴于受访者对于URT-PPP项目管理均十分了解。在访谈前，对资产虚化的概念、研究目的进行详细说明，专家们可以深度参与到研究情境中，为本研究提供有用信息。

3. 访谈过程

进行访谈前，本书已与受访者互通过访谈提纲，这样可以确保访谈资料获取的广度和深度。在进行电话或线上访谈时，本书在受访者允许的情况下进行了电话录音，并且依据受访者的不同的关注角度进行了不同程度的资料挖掘。访谈结束后，本书基于政府方可控的原则，将访谈资料结合录音资料整合为文本内容。由于访谈资料较多，本书只列出某一位访谈者的内容进行示例，如表3-4所示。

访谈记录举例　　表3-4

内容提炼	访谈具体内容
区域政策问题	我国对应PPP模式法律法规确实还不健全，运作经验还很欠缺。政策标准不严会造成有些政府就好像为了自己的业绩做形象工程，而且很多政策其实是基于BOT模式的。也就是说，它其实不是完全适用于PPP模式的，这一点也要注意……
政府对项目所处环境认知问题	政府在PPP模式中的角色至关重要，也可以说是完全主导地位。政府身兼数职，既是投资者，又是经营者和监管者，但往往政府因为经验不足等，对需求的体量不清楚；另外，对质量也不清楚，就是说这个项目是存在就行还是必须要做到很好，有时自己并不清楚
采购方式的确定	从PPP项目的模式特征来说，其实大部分项目采用的是公开招标和竞争性磋商，有些条件特殊可能采用单一来源。可以看出采购方式选择是有所偏重的，这必然会对资产的形成有影响
合同中权利义务设定问题	社会资本存在机会主义行为，政府议价能力不足，稀里糊涂地被人牵着鼻子走了，比如竞争性磋商会比较明显
风险分担框架合理性	PPP模式在应用中，就项目的风险分担问题一直很难达成一致，这大大延长了政企双方的谈判时间；同时，期间的交易成本也会随之增加，这是互相影响的关系

如表3-4所示，本部分对访谈记录和内容进行了初步提炼，主要是将受访者的访谈记录进行书面整理，并根据内容归结为某一具体原因。本次访谈资料一方面在文献和案例、政策研究的基础上补充了相关因素（如补充了定性评价资料不齐全和采购方式设定不合理两个因素）；另一方面，也从实践的角度验证了前述研究结果。

二、风险因素的三级编码

三级编码是扎根理论中至关重要的一部分，对所收集原始资料需要进行开放性编码、主轴编码、选择性编码的资料整理。另外，三级编码的资料整理完成后，需进行信度检验，以保证编码结果的可靠性。

（一）开放性编码

开放性编码是将原始资料进行概念化和范畴化的过程，开放性编码分为三步：①对文献资料和案例资料中能够反映资产规划阶段PPP项目资产虚化问题原因进一步摘录及简单地进行概念凝练，由此形成一级节点。②探究所摘录的语句，经进一步分析比较后对关联性高的节点进行合并，由此形成二级节点。③经过资料的甄选和范畴化，对概念范畴的界定实行进一步的核查，以检查概念界定是否有失偏颇，此处用到的是Nvivo12质性分析软件中的“查询”和“复合”功能。

在一级节点合并为二级节点时，在软件中需要进行节点的复核，以二级节点“区域政策指导性不足”为例，以“政策缺失或制度设计不足”为关键词，设置此关键词与节点为“与非”（与此关键词存在包含关系，但不与节点存在归属关系）关系，之后运行发现其中符合搜索条件的节点中包括“投资估算制度设计不足”这一节点。其主要强调因为某些原因造成投资估算不准确，所以该内容应当属于可行性研究报告“投资估算不合理”中的内容，与所要复核的节点无关。因此，本书对每个二级节点均进行了复核，保证了节点的分类合理性。

基于上述操作，本书共获得37个副范畴，且对副范畴进行了内涵解释并提炼出相应的初始语句，具体内容可见表3-5。

（二）主轴编码

开放性编码将一级节点合并为二级节点后，由于涉及的资料较多，由此形成的副范畴也较多，概念之间虽有关联但界限较为模糊。因此，本书需进一步对照范畴解析，探究其中关联。基于此关联关系，整理形成更具凝练和包含意义的主范畴。在归纳为主范畴时，本书用到的是Nvivo12质性分析软件的“聚类分析”功能：第一步，将从众多一级节点中形成的副范畴进行聚类分析，主要是根据词语的相似性进行分类，概念的相似性经“Jaccard 系数”进行度量初步形成主范畴；第二步，对于分类结果进行分析，其间存在不合理的地方应进行调整；第三步，研究者将结果在课题组中讨论，力求最后达成一致意见。另外，本书的政策文本资料也起到了框架作用，其基本流程清晰有序，与积累分析的关键节点也一一对应。基于上述操作，本书最终形成了9个主范畴，具体结果如表3-5所示。

（三）选择性编码

经过主轴编码，为确保核心范畴的挖掘，需进一步进行选择性编码。选择性编码是对主轴编码的整合，主要通过原始资料信息脉络，构建出核心范畴与主范畴、副范畴之间的逻辑关系，通过阐述整体的资产规划阶段URT-PPP项目资产虚化风险现象、背景与正在逐步成型的因素分析构建出理论框架。本书在构建核心范畴框架时，同样采用了Nvivo12质性分析软件的“聚类分析”功能对9个主范畴进行归类。按照词句的相似性，出现最相似的往往是PPP项目的阶段成果性文件，如项目建议书、可行性研究报告、物有所值评价报告、财政承受能力评价报告、实施方案、响应文件等。受到政策文本的启发，PPP项目本身具有明确的操作流程，为了使风险因素框架便于理解，也为了验证识别的因素合理性，本书采用PPP项目的操作流程作为核心范畴。PPP项目资产规划阶段对应PPP项目操作流程为项目识别阶段、项目准备阶段和项目采购阶段，三个阶段与主范畴的工作内容也是完全对应的。

因此，本书确定的核心范畴为“资产规划阶段URT-PPP项目资产虚化原因”，并形成以下框架：资产规划阶段URT-PPP项目资产虚化为各个阶段多重因素共同作用的结果。项目识别阶段，“项目建议书编制不合理”“可行性研究报告编制不合理”“物有所值评价编制不合理”“财政承受能力评价编制不合理”是影响URT-PPP项目资产虚化的因素；项目准备阶段，“监管架构设置不合理”“实施方案编制不合理”是影响URT-PPP项目资产虚化的因素；项目采购阶段，“采购文件编制不合理”“评审响应文件谈判阶段不合理”“评审响应文件评审过程不规范”是影响URT-PPP项目资产虚化的因素。具体结果如表3-5所示。

（四）信度检验

通过开放性编码、主轴编码和选择性编码，本书最终得到如表3-5所示的三级编码结果，其中包括了影响资产规划阶段URT-PPP项目资产虚化因素的核心范畴、主范畴、副范畴。此外，为了保证研究结果的可靠性和理论饱和度，需对其进行信度检验，主要是要求抽取的两名成员对于将要进行的编码工作没有任何交流，分别在各自的Nvivo12质性分析软件中进行三级编码的操作。随后运行软件中的“查询”模块“编码比较”功能，得到结果显示PPP项目资产虚化的项目识别阶段因素、项目准备阶段因素和项目采购阶段因素的Kappa系数分别为0.812、0.764和0.785，由于其数值均大于0.75，故而本书的编码一致程度被认为是能够接受的。

资产规划阶段URT-PPP项目资产虚化风险因素文本资料分析（三级编码结果） 表3-5

核心范畴	主范畴	副范畴	内涵与表现	概念来源
项目识别	项目建议书编制不合理[①]	功能设计不合理 R1	项目建议书中交通线网规划与建设规划不合理，主要表现为：PPP模式包装；项目定位不合理；项目功能要求不合理；项目立项论证详细程度不够、信息公开度不够、预期项目成效不合理等	许亚强（2020）、亓霞等（2009）、江春霞（2016）、Wu（2018）、黄玉银（2021）、蒋安和等（2020）、王建波等（2018）；案例5[②]；访谈资料
		资金筹措方案不合理 R2	项目资金的筹措方案设置不合理，具体表现有：政府投资资本金占总投资比重设定不合理；其他资金来源设定不合理；政府未来财力预测不合理等	Song et al.（2018）、Wu（2018）、黄玉银（2021）、王建波等（2018）；《PPP项目通用合同指南》第四章第14条；案例5

① 项目发起人的界定：由于社会资本和政府发起PPP项目的程序不同，社会资本以项目建议书的方式向财政部门（PPP中心）推荐潜在政府和社会资本合作项目；财政部门（PPP中心）则通过向行业主管部门征集潜在项目，行业主管部门再从国民经济和社会发展规划及行业专项规划中遴选潜在项目。由于政府和社会资本合作项目以政府发起为主，结合项目建设的实际情况和本书的研究立场，本书暂不考虑项目建议书部分的影响因素。

② 本表中案例指本书表3-2中所列案例。

续表

核心范畴	主范畴	副范畴	内涵与表现	概念来源
项目识别	可行性研究报告编制不合理	区域政策指导性不足 R3	法律法规不健全、技术标准和规范不明晰，使政府在编制可研报告时缺少依据	刘骅和卢亚娟（2018）、周国光和江春霞（2015）、亓霞等（2009）、张兵等（2019）、王晓姝和范家瑛（2016）、张亚静等（2014）、袁竞峰等（2013）、江春霞（2016）；2724号文第五章第18条；案例3、案例4、案例5、案例7；访谈资料
		编制专业性不足 R4	可研报告编制的分工不明确和调查不深入，如主管部门没有统一制定编制原则；编制人员没有深入现场搜集工程所在地的相关资料	许亚强（2020）、周国光和江春霞（2015）、徐超悦（2021）、江春霞（2016）、陈晓（2017）、李永生（2018）；案例1
		市场预测不合理 R5	可行性研究报告对市场预测的不合理，主要表现为：合同期限设置、公共需求预测值准确性、财务可行性评价合理性、市场价格了解程度、是否存在同业竞争	亓霞等（2009）、张兵等（2019）、徐超悦（2021）、江春霞（2016）、陈晓（2017）、Song et al.（2018）、李永生（2018）、Li et al.（2005）；案例5
		投资估算不合理 R6	编制依据不全和编制分析不到位导致投资估算不合理，主要表现有：不熟悉工程所在地区人、材、机价格和造价指数；不熟悉国外初步询价资料及所采用的外汇汇率；不熟悉工程建设其他费用内容及费率标准；征地拆迁、供电供水、考察咨询等费用的计算不完全；没有明确分析影响投资的主要因素等	许亚强（2020）、周国光和江春霞（2015）、江春霞（2016）、陈晓（2017）、Song et al.（2018）、李永生（2018）、Li et al.（2005）；案例3；访谈资料
		方案设计不合理 R7	项目建设条件分析不合理、建设规模与产品方案不合理	江春霞（2016）、陈晓（2017）、Song et al.（2018）、李永生（2018）、Li et al.（2005）；案例2
		项目产出说明不合理 R8	主要指狭义的“项目产出”，主要指为满足项目需求的基础设施项目资产、公共产品和服务等主观产出的合理性，同时基本明确项目实施框架内容的不合理	张悦等（2020）、黄玉银（2021）；访谈资料
	物有所值评价编制不合理	定性评价资料不齐全 R9	为物有所值评价所准备的资料不足，主要包括政府关于当前项目建设的工作报告、区域经济发展的中长期规划、拟建项目区位图、政府关于PPP模式的专项政策及政府出资、拟建项目的投入产出说明等等	访谈资料

续表

核心范畴	主范畴	副范畴	内涵与表现	概念来源
项目识别	物有所值评价编制不合理	定性评价指标选择不合理R10	主要为定性评价中补充指标的选择不合理，如未明确将项目的特征涵盖在基本指标评价中；引入有利于调高定性评价分值指标等	张悦等（2020）、亓霞等（2009）；167号文附件第三章第十一条、十九条、二十一条；案例4；访谈资料
		定性评价操作过程不规范R11	评价前未进行制定评价标准、加强培训和引导等工作，对不宜从事定性评价的第三方机构和专家进行资格准入	黄玉银（2021）、亓霞等（2009）；167号文附件第三章第十一条、十九条、二十一条；案例6
		定性评价专家选择不合理R12	定性评价评审人员选择不合理，如专业不对口、与相关当事方存在利益关系等	167号文附件第三章第十一条、十九条；案例6；访谈资料
		定量评价参照项目选择不合理R13	定量评价以参照项目进行情景法和比例法等的测算，实际操作量化的精确性不高	张悦等（2020）、黄玉银（2021）；167号文附件第三章第二十二条、第四章第二十六条；案例6
		定量评价测算不合理R14	PPP项目物有所值定量评价的论证流于形式，在风险承担支出责任、竞争性中立调整值、折现率选取等方面设定不合理导致定量测算不合理	张悦等（2020）、亓霞等（2009）；167号文附件第三章第二十二条、第四章第二十六条；案例8
	财政承受能力评价编制不合理	部分财政支出责任未识别R15	股权投资、运营补贴、风险承担、配套投入支出责任识别不清，如只统计股权投入、政府补贴，未将风险承担、配套投入统计在内等	21号文附件第二章第十条、十一条、十一条、十二条、十三条；访谈资料
		财政支出测算不合理R16	股权投资、运营补贴、风险承担、配套投入支出测算不合理，如未对本级全部已实施和拟实施PPP项目的财政支出责任进行汇总，导致地方市县PPP支出责任已明显超过10%的上限	周国光和江春霞（2015）、张悦等（2020）、黄玉银（2021）、王玺（2016）；21号文附件第三章；案例6
		财政承受能力评估不合理R17	对当地财政承受能力评估不合理，如财政支出能力测定不清、行业领域的平衡性测定不清	陈婉玲（2018）、王玺（2016）；案例5、案例6
项目准备	监管架构设置不合理	授权关系不明R18	政府对项目实施机构的授权以及政府通过实施机构直接或间接对社会资本的授权关系不明确	李士萍和毛星（2018）、包晓丽（2021）；案例1；访谈资料
		监管方式不合理R19	对采用履约管理、行政管理、公众监督及后续措施设定不清	代政和吕守军（2019）、石世英等（2020）；案例2、案例5

续表

核心范畴	主范畴	副范畴	内涵与表现	概念来源
项目准备	实施方案编制不合理	经济技术指标设定不清R20	经济技术指标设定不清，主要是对明确的项目区位等基础建设内容或资产范围规定不清；对建设项目的投资规模或资产价格规定不清；对建设项目的产出说明和资金来源等建设标准不合理等	袁竞峰等（2013）、Wu（2018）、许强和应翔君（2012）、Song et al.（2018）、Yuan et al.（2015）、王莲乔等（2018）、赵振宇等（2020）；2724号文；案例7
		风险分担框架不清晰R21	未综合考虑政府风险管理能力、项目回报机制和市场风险管理能力等要素，未能根据参与方控制能力分配项目风险	代政和吕守军（2019）、石世英等（2020）；案例5；访谈资料
		交易结构回报机制测算不合理R22	主要为支出与收益测算的不合理，表现在总投资测算不合理；更新改造追加投资测算不合理；资本租金测算不合理；运营成本测算不合理；相关税费测算不合理；不考虑环境成本、票价收入、其他业务收入等	Yuan et al.（2015）、黄玉银（2021）、王莲乔等（2018）、赵振宇等（2020）；案例3、案例4
		交易结构、投融资结构设计不合理R23	项目资本性支出的资金来源界定不清；资金的性质和用途界定不清；项目资产的形成和转移设计不合理等	案例3、案例4；王江楠（2018）、袁竞峰等（2013）、陈晓（2017）、Song et al.（2018）；访谈资料
		项目运作方式选择不合理R24	未根据政府需求和财政承受能力确定项目运作方式	王志刚和郭雪萌（2018）、亓霞等（2009）、王晓姝和范家瑛（2016）、Song et al.（2018）、王玺（2016）、石世英等（2020）；案例1；访谈资料
		采购方式设定不合理R25	未根据政府需求和财政承受能力确定项目采购方式	访谈资料
项目采购	采购文件编制不合理	资格审查条件设置不合理R26	出现因条件设置标准过高而限制了企业参与的情况，比如价格分值过高、投标保证金过大	徐永顺等（2019）、王江楠（2018）、陈晓（2017）、刘华和冯雪（2020）、何寿奎（2019）、Liu et al.（2017）；案例4
		选择中介咨询服务机构的专业胜任能力不足R27	中介咨询服务机构未能弥补项目实施机构在项目招商中的经验不足	王江楠（2018）、熊伟等（2011）、张亚静等（2014）、高雨萌（2017）、杜亚灵（2020）、何寿奎（2019）、曹堂哲和魏玉梅（2019）、周靖（2019）、张恒等（2020）；案例1、案例5、案例7

续表

核心范畴	主范畴	副范畴	内涵与表现	概念来源
项目采购	评审响应文件谈判阶段不合理[①]	政府对自身项目管理建设能力认知不足 R28	技术配套、监督机制、人才储备、政府管理水平、政府激励能力、政府经验、政府谈判能力、政府引导和扶持、政府自身定位合理性、政绩需求、组建实施机构合理性	王志刚和郭雪萌（2018）、徐永顺等（2019）、刘骅和卢亚娟（2018）、王江楠（2018）、朱方伟等（2019）、亓霞等（2009）、王晓姝和范家瑛（2016）、Song et al.（2018）、梅建明和张宽（2021）、顾湘等（2020）、Wu（2018）、Yuan et al.（2015）、王松江和王东（2018）、Duc和Michael（2019）、王玺（2016）、石世英等（2020）；案例2、案例5、案例6、案例7、案例8；访谈资料
		磋商小组设置不合理 R29	评审小组人数和人员设置不合理；小组成员的专业胜任力不足	王江楠（2018）、黄玉银（2021）、有维宝等（2018）、Li et al.（2005）、石世英等（2020）；案例1；访谈资料
		政府谈判能力 R30	政府谈判能力不足导致处于劣势地位，如未能充分识别项目风险、转移风险、定价不合理等	徐永顺等（2019）、熊伟等（2011）、张亚静等（2014）、高雨萌（2017）、陈晓（2017）、刘华和冯雪（2020）、任志涛等（2016）、杜亚灵（2020）、陈婉玲（2018）、Liu et al.（2017）；案例2、案例5；访谈资料
		权利义务设定不合理 R31	政企双方权利义务的设定不合理，主要为政府监管内容界定不清晰、项目范围界定清晰度、社会资本投资控制责任约定不足、设计范围及分工约定不合理；政府提供的外部条件与实际不符；法律变更影响收益的触发条件、影响评估、处理程序设定不合理；政府没有唯一性承诺等	王江楠（2018）、熊伟等（2011）、张亚静等（2014）；2724号文、156号文；案例2、案例1、案例4、案例7、案例8
		交易条件约定不合理 R32	未能明确项目合同期限、回报机制、收费定价调整机制和产出说明，如项目建设标准约定不清；运营服务标准设定不准确；项目运营服务计量标准设定不合理；项目验收标准设置不合理等	王江楠（2018）、熊伟等（2011）、张亚静等（2014）、高雨萌（2017）、任志涛等（2016）、Song et al.（2018）、代政和吕守军（2019）、李荣平等（2011）、Yuan et al.（2015）、杜亚灵（2020）、张恒等（2020）、王建波等（2018）、石世英等（2020）、Liu et al.（2017）；2724号文

① 采购方式的选定：为使研究对于政府方更具参考价值，表 3-5 中采购阶段的分析是以竞争性磋商为例展开的。在实际项目中，竞争性磋商虽存在“叫好不叫座”的现象，但这种现象显然是由于竞争性磋商需要项目实施机构组成的磋商小组对项目情况深入了解，并且有能力与社会资本合作方进行磋商，并不是竞争性磋商这种采购方式的不合理。而在项目实践中，像轨道交通尤其是地铁项目的采购方式多为竞争性磋商，因此，采购阶段以竞争性磋商为例展开原因分析。

续表

核心范畴	主范畴	副范畴	内涵与表现	概念来源
项目采购	评审响应文件谈判阶段不合理	履约保障约定不清R33	未能明确强制保险方案；投资竞争保函约定不清；建设履约保函约定不清；运营维护保函约定不清；移交维修保函约定不清等	Yuan et al.（2015）、何寿奎（2019）、曹堂哲和魏玉梅（2019）；案例5、案例6
		支出收入分担约定不清R34	合同中与支出收入分担相关的合同条款约定不清，如前期工作经费分担不合理；双方付费机制约定不清；政府补偿比例过高；征地拆迁和安置费用分担不合理；社会资本运营支出收入范围和计算方法范围约定不合理；项目服务价格及调整机制约定不合理等	许亚强（2020）、王江楠（2018）、叶晓甦和周春燕（2010）、王晓姝和范家瑛（2016）、熊伟等（2011）、张亚静等（2014）、高雨萌（2017）、江春霞（2016）、袁亮亮等（2020）、温来成等（2015）、李荣平等（2011）、曹堂哲和魏玉梅（2019）、张云华（2020）、王守清等（2019）、尹贻林等（2019）、陈婉玲（2018）、Richard et al.（2020）、Marc和Andreas（2014）、周靖（2019）、张恒等（2020）、王玺（2016）、有维宝等（2018）；2724号文、156号文；案例4、案例6、案例7、案例8；访谈资料
		变更触发条件、程序、方法和处置方案设置不合理R35	工程变更的触发条件、程序、方法和处置方案设置不合理	曹堂哲和魏玉梅（2019）、王守清等（2019）、王建波等（2018）；2724号文、156号文；案例5、案例6
	评审响应文件评审过程不规范	评审方式设计不合理R36	磋商小组是否采用综合评分法对响应文件进行评审；评审操作过程不规范等	案例6；黄玉银（2021）、有维宝等（2018）
		评审标准设定不合理R37	评审标准不合理，具体表现为银行存款余额作为评分因素、母子公司的业绩互认、评审标准中分值设置与评审因素量化指标不对应等	王江楠（2018）、Song et al.（2018）、黄玉银（2021）、有维宝等（2018）、Mohsin and Zhang（2015）、石世英等（2020）；案例1

综上，本章运用扎根理论对134篇文献、8个相关案例、4份政策文件、5位专家的访谈资料进行梳理，最终提取并归纳出37个资产规划阶段URT-PPP项目资产虚化的风险因素，并逐一定义与诠释。由于处于资产规划阶段，URT-PPP项目出现资产虚化的原因均可归纳为各环节约定不合理、不清晰等问题。为了与后续系统动力学的分析衔接，本章将风险因素改为中性词，如“市场预测不合理”改为“市场预测合理性”。

由于政府和社会资本合作项目以政府发起为主，因此暂不考虑项目建议书相关的风险因素（即R1和R2）。最终，确定了35个风险因素，如表3-6所示。

资产规划阶段PPP项目资产虚化风险因素表 表3-6

阶段	工作环节	具体内容
项目识别	可行性研究报告编制	区域政策指导性
		可研编制专业性
		市场预测合理性
		可研投资估算合理性
		可研方案设计合理性
		可研项目产出说明合理性
	物有所值评价编制	物有所值定性评价资料完备性
		物有所值定性评价指标选择合理性
		物有所值定性评价操作过程规范性
		物有所值定性评价专家选择合理性
		物有所值定量评价参照项目选择合理性
		物有所值定量评价测算合理性
	财政承受能力评价编制	部分财政支出责任识别完备性
		财政支出测算合理性
		财政承受能力评估合理性
项目准备	监管架构设置	授权关系明确性
		监管方式合理性
	实施方案编制	实施方案经济技术指标设定清晰性
		实施方案风险分担框架清晰性
		实施方案交易结构回报机制测算设计合理性
		实施方案交易结构、投融资结构设计合理性
		项目运作方式选择合理性
		采购方式设定合理性
项目采购	采购文件编制	资格审查条件设置合理性
		选择中介咨询服务机构的专业胜任能力
	评审响应文件谈判阶段	政府对自身项目管理建设能力认知
		政府谈判能力
		磋商小组设置合理性
		合同权利义务设定合理性
		合同交易条件约定合理性
		合同履约保障约定清晰性
		合同支出收入分担约定清晰性
		合同变更触发条件、程序、方法和处置方案设置合理性
	评审响应文件评审阶段	评审方式设计合理性
		评审标准设定合理性

第三节　资产规划阶段URT-PPP项目资产虚化模型构建

为了进一步分析影响资产规划阶段URT-PPP项目资产虚化的关键因素，在前述得到的风险因素基础上，本节拟应用系统动力学分析方法对已经获得的各因素之间的关系及作用路径进行分析，并通过对风险因素赋权完成模型变量及方程的设定，形成资产规划阶段URT-PPP项目资产虚化的系统动力学模型。

一、系统边界确定及因果关系分析

（一）系统边界的确定

本节拟对前述分析得出的风险因素作用路径进行探讨，在数据缺乏的情况下抽象出各个风险因素的衡量指标，通过某一轨道交通具体案例进行实证分析，得出各衡量指标对URT-PPP项目资产规划阶段资产系统整体的影响，进而推导出关键风险因素。边界的确定主要以解决问题为目的进行取舍，建模流程如图3-3所示。

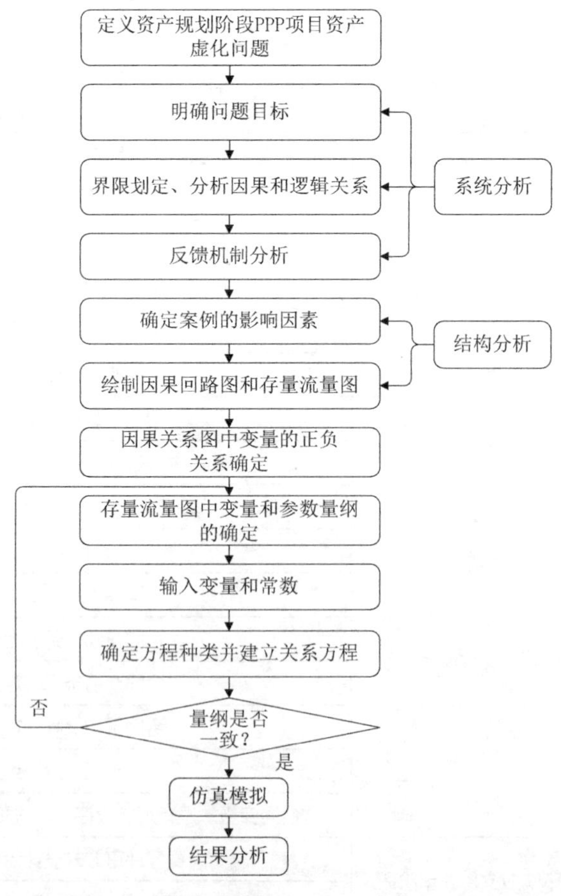

图3-3　资产虚化风险系统动力学建模流程图

具体来说，本书所建立的系统动力学模型，其变量主要可分为以下两类：一类是边界变量，在因果关系图上表示为该指标单向流动，仅该指标流向其他指标而无其他指标向该指标流动；另一类是非边界因素，是除上述变量之外的其他变量。

（二）因果关系分析

URT-PPP项目资产规划阶段造成资产虚化的原因有多种，分析其间的因果关系是建立资产规划阶段PPP项目资产虚化系统模型的基础。因果关系图是基于定性描述得出的变量之间的因果关系图示模型，即用图描述各变量之间的作用关系。

在系统边界的确定中，本书已经确定了研究的问题和目标。根据前述得出的35个因素，本书运用“环形思考法”①得出因素与结果间的关系。首先，因素纵向影响关系的识别。由于前述章节得出的因素分类范畴主要按照项目的流程分类，其在发生的时间节点上存在着先后顺序，据此延伸出的副范畴（风险因素）会存在着前一流程因素影响后一流程因素的现象，这为确定因素间因果关系奠定了理论基础。其次，因素横向影响关系的识别。本书将风险因素按照影响功能性和成本性目标的原因进行分类，对于同时影响两种目标的因素也进行分类，此步骤有利于进一步厘清因果关系。最后，本书结合访谈资料和政策文本资料，进一步佐证了因素间的因果关系。

在因果关系图中，“+”代表因果关系的正向反馈，也就是当前因素与指向因素呈同向变化，“-”代表因果关系的反向反馈，也就是当前因素与指向因素呈现相反方向变化。基于此，通过对资产规划阶段URT-PPP项目资产虚化的不同风险因素进行分析，最终建立资产虚化风险因素因果关系图，如图3-4所示。

根据因果关系图，基于覆盖流程全、风险因素关键两个原则分析出三条关键路径，其中一条指向功能性资产虚化，两条指向成本性资产虚化。

（1）可研市场预测合理性$\rightarrow^{+}$可研方案设计合理性$\rightarrow^{+}$物有所值定性评价指标选择合理性$\rightarrow^{+}$实施方案经济技术指标设定清晰性$\rightarrow^{+}$合同交易条件约定合理性$\rightarrow^{-}$功能性资产虚化

此条反馈路径主要集中在URT-PPP项目规划阶段的项目产出约定上，是URT-PPP项目资产规划阶段功能性虚化的主要关系链之一。囿于政府对市场的预测不足，如公共需求预测值、同业竞争等考虑不足，致使项目需求体量和质量不清晰。经济技术分析论证具有片面性，可行性研究报告在此基础上的充实和补充则不可靠，设计方案具有片面性，由此得到的线路和轨道设计存在偏差，造成项目产出设计的不合理。定性评价中合理的绩效考核标准是充分考虑了项目建设的标准和运营成果后确定的，若没有合理的项目产出设计，则物有所值评价中很难选择出合理的评价指标。在项目区位、建设内容等项目技术方案可行性完全保障的基础上，才能引入第三方专业咨询机构协助编制PPP项目实施方案，由此确定项目的技术经济指标。实施方案项目经济技术指标设定不清，导致要求合同条款与项目

---

① 由邱昭良博士在《如何系统思考》一书中提出。

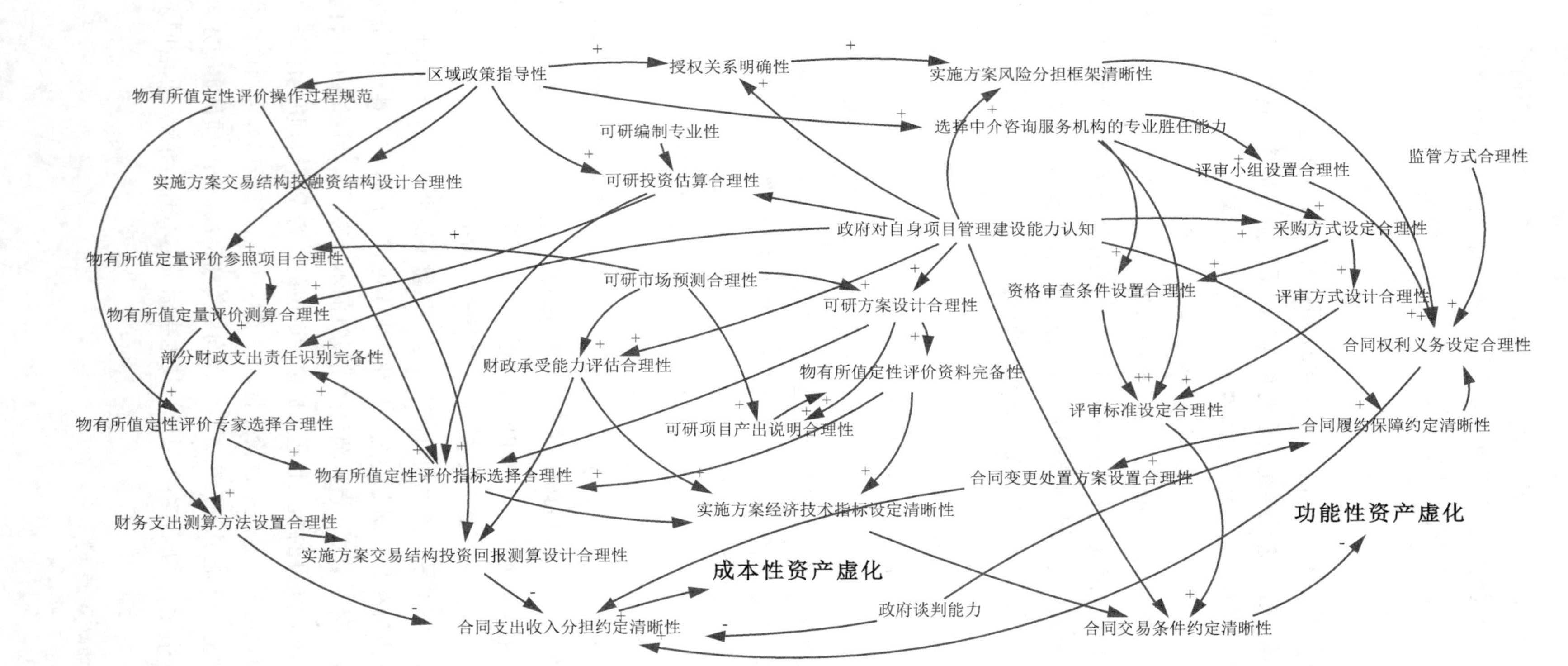

图3-4 资产规划阶段URT-PPP项目资产虚化风险因素因果关系图

实施方案相一致的项目区位、占地面积、建设内容等交易条件约定部分不合理。基于上述“滚雪球”式不合理的叠加，政府方认为自己的项目产出要求是准确的，由此和社会资本方签订的合同性质和内容中对内容条款的约束会更加偏向自己的预判，在合同中项目产出的设定会与合理的项目产出之间存在差值，即产生了功能性资产虚化。

（2）政府对自身项目管理建设能力认知$\rightarrow^{+}$授权关系明确性$\rightarrow^{+}$实施方案风险分担框架清晰性$\rightarrow^{+}$合同权利义务界定合理性$\rightarrow^{+}$合同支出收入分担约定清晰性$\rightarrow^{-}$成本性资产虚化

此条反馈路径主要集中在URT-PPP项目规划阶段的风险分担上，是URT-PPP项目资产规划阶段成本性虚化的主要关系链之一。因为政府对项目的管理建设能力有限，如缺乏技术配套、监督机制、人才储备、项目经验、相应的管理水平、激励能力、谈判能力等，导致政府的过度“自信”或“自卑”，导致政府对社会资本的授权会过高或过低。基于不明确的授权关系，政府识别风险较难，可能存在承担了与自己能力不匹配的风险，使得在其与社会资本间分配项目风险不合理。另外，如果在项目合同的拟定过程中，咨询公司或法务人员没有很好的转化能力，如未能及时把项目风险分担框架转换成适当的合同文本去落实项目风险分摊的框架，也就影响了项目特许经营协议中的支出收入分担条款。以著名的英法海峡隧道为例（柯永建等，2008b），项目的专业性强、投资大、持续时间长、合同结构复杂，项目建设也历经破产保护申请等艰难过程。其间英法海峡隧道之所以出现严重的成本超支，是因为合同中对此风险的设计没有合理配置，项目公司因此承担了更多的风险，最终因为风险的掌控力不足，导致出现了财务风险，最终面临着破产困境。因此，若没有合理的风险分担一以贯之，极易造成成本超支等资产问题，由此产生了成本性资产虚化。

（3）可研编制专业性$\rightarrow^{+}$可研投资估算合理性$\rightarrow^{+}$物有所值定量评价测算合理性$\rightarrow^{+}$部分财政支出责任识别完备性$\rightarrow^{+}$财政支出测算方法设置合理性$\rightarrow^{+}$实施方案交易结构回报机制测算合理性$\rightarrow^{+}$合同支出收入分担约定清晰性$\rightarrow^{-}$成本性资产虚化

此条反馈路径主要集中在PPP项目规划阶段的成本测算上，是PPP项目资产规划阶段成本性虚化的主要关系链之一。可行性研究投资估算的编制工作人员应当遵守我国的经济方针、政策以及相关法律规定，并深入现场，查阅工程项目所在地及相关的基本统计资料，包括人工工资、主要材料价格、运输条件和施工技术要求以及各种收费标准等，全面了解建设项目的资金筹措等相应情况。如果投资评价编制的专业性不够强，则无法实现高质量的投资评价。基于投资测算，部分咨询机构不愿费时费力做物有所值评价，更不愿搜集和积累数据，将“两评”当作“命题作文”，物有所值评价中定量采用不切实际的折现率、一般公共预算支出增长率等重要参数，影响了测算结果的准确性。基于操作流程，由于没有意识到物有所值评价中的不合理性，财政支出责任的认定并没有切实的测算依据。在财政支出责任认定过程中，以运营补贴的支出为例，不同付费模式下，政府承担的运营补贴支出责任不同。可行性缺口补助模式下，政府承担部分运营补贴支出责任。但运营补贴的支出不是事先的固定承诺支出，而是需要根据当期PPP项目的绩效考核结果予以支付的，运营补贴使社会资本尽量满足绩效考核指标，获取服务提供的相应支付，这期间若责任认定不清则会存在很大的隐患。基于责任认定的地方政府未来财政支出测算的过度乐观或依据不足，会导致财政承受能力测算超出预期支付能力。项目绩效是能够在合同约定状况下为社会资本方所控制的，这就会造成支出收入分担约定不合理。对于以绩效考核为支付基础的运营补贴，绩效结果就成了财政支出额度的调节器，由此产生了成本性资产虚化。

二、系统动力学模型建立

（一）系统动力学流图构建

基于图3-4的因果关系可以确定系统中各潜在风险因素之间的反馈路径关系，本节还构建了系统存量流量模型，可以直观地反映各潜在风险因素衡量指标之间的数理逻辑关系。界定以合同支出收入分担约定清晰性作为衡量状态变量成本性资产虚化的速率变量，以合同交易条件约定合理性作为衡量状态变量功能性资产虚化的速率变量，状态变量均以“流入”的形式表示。本书构建的存量流量模型如图3-5所示。

（二）系统动力学风险因素赋权

1. 赋权方法的选择

在资产规划阶段URT-PPP项目资产虚化的关键风险因素探究中，案例中风险因素的赋值是尤为关键的一环，其中每个参数都需要进行数值估算，权重的赋值准确性将影响最终的研究结果。

现有研究大多分为主客观两类赋权方法。主观赋权方法主要通过邀请权威专家根据自身经验打分，赋权权重越大则说明指标越重要。现有研究中主观赋权法研究较为丰富，方法也较为成熟，其中运用最为广泛的主观赋权方法有G1法、层次分析法、直接赋权法、德尔菲法等。主观赋权法主要参考的是访谈专家的意志，与个人主观因素相关性极大。与此相对应的客观赋权法则偏向于客观数据，因素的赋权大小往往是对各指标的客观数据进行测量的数值差异大小。现有研究中常常提到的客观赋权法有熵值法、方差法、变异系数法等。由于对客观数据的依赖性，客观赋权法对样本数据的要求较高，因为缺少了专家的打分，指标的权重可能与实际中的重要程度存在较大差异。

由于本章所分析的风险因素大部分没有对客观数据进行量化，基于目前研究测量现状，采用主观赋权更具操作性。层次分析法也属于基于“功能驱动”赋权法中的一种，但是与G1法相比，层次分析法在计算时首先需要构造两两判断矩阵，当指标较少时尚可进行，一旦指标数量较多时，构造判断矩阵的工作量将十分庞大。G1法只需要对指标进行排序及两两重要度判断即可，无须进行一致性检验，操作起来更加简便。因此拟采用基于“功能驱动”原理赋权法中的G1法来计算权重。

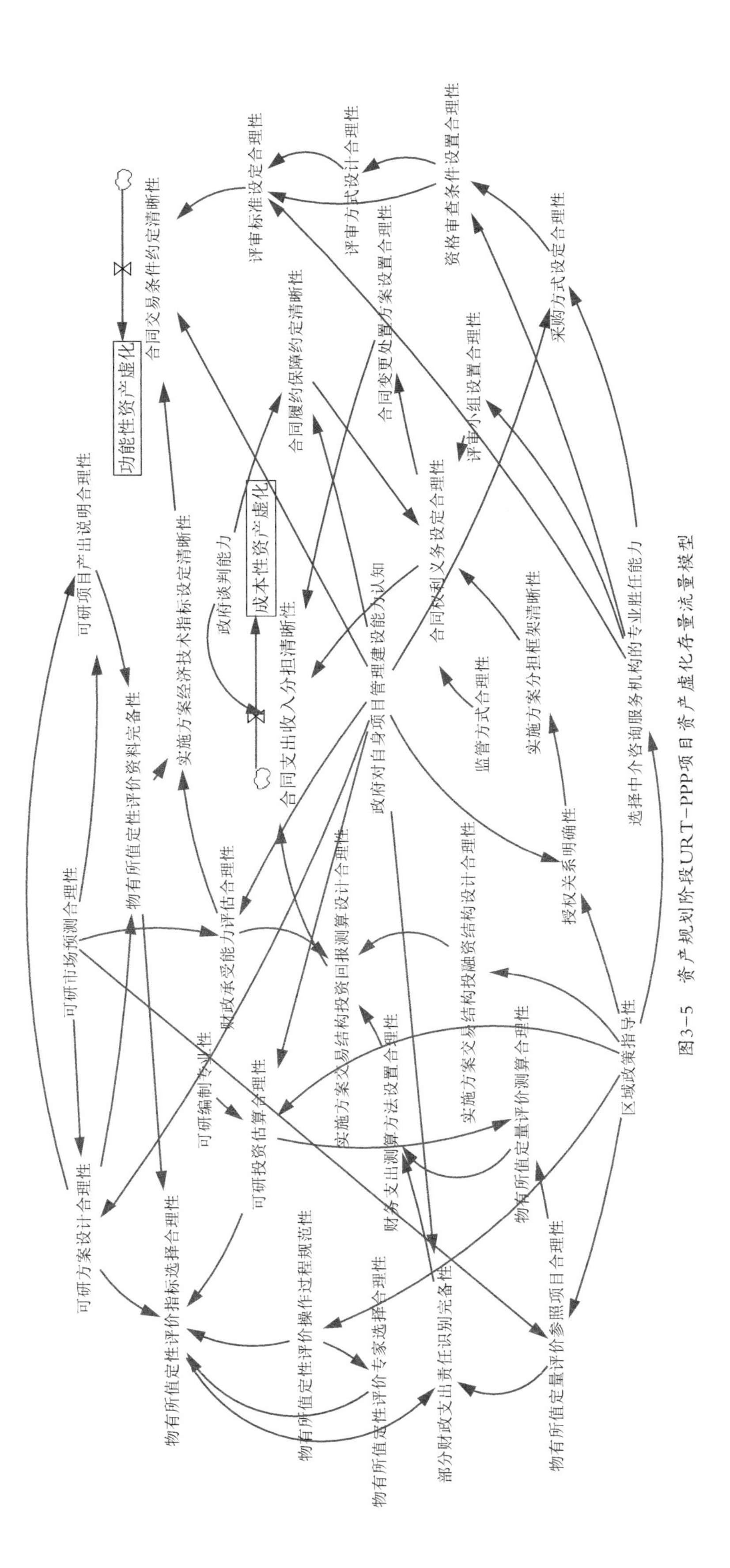

图3-5　资产规划阶段URT-PPP项目资产虚化存量流量模型

2.边界风险因素的赋权

（1）边界风险因素的赋权

构建资产规划阶段URT-PPP项目资产虚化风险因素风险存量流量图后，找出风险存量流量图的边界风险因素，这些边界风险因素只受外界环境的影响，内部环境不会对其产生影响。根据资产规划阶段URT-PPP项目资产虚化的因果图和存量流量图，可以看出影响资产规划阶段URT-PPP项目资产虚化的因素有：区域政策指导性、市场预测合理性、监管方式合理性、估算编制合理性、政府对自身项目管理建设能力认知、政府谈判能力，共6个边界风险因素。由于这些边界风险因素专业性较强且难以用客观数据衡量，在根据案例资料打分后，需通过问卷调查形式的专家打分法进行打分的验证，边界风险因素专家访谈表见附录1。

为了保证数据的一致性，在0～1的范围内对世界风险因素进行赋值，0表示风险发生的概率为零，1表示风险发生的概率为100%。边界风险因素指标一般分为两种：极小型指标和极大型指标。极小型指标是指在0～1范围内取值越大越有利，对PPP项目资产造成的损失越小；极大型指标是指在0～1范围内取值越大越有弊，对PPP项目资产造成的损失越大。为了增强系统稳定性和便于量化，本书将这两类指标一致化处理，根据公式$\chi_{ij}^{*}=1-\chi_{ij}$将极小型指标转化为极大型指标。

（2）非边界风险因素的赋权

非边界风险因素典型的量化方法是转换为线性函数关系。线性函数关系是系统动力学模型中最基本的函数关系，需通过确定权重来量化指标。G1法的计算过程如下：

设有 m 个经过指标一致化处理的极大型指标，分别为y_1，y_2，…，y_m（$m\geqslant2$）。

1）确定序关系

此处需先行明确两个定义。

定义一：若指标 y_i 相对于某评价准则而言，重要性程度不低于y_j，则记为$y_i\geqslant y_j$。

定义二：若指标 y_1，y_2，…，y_m 相较于评价准则有$y'_1\geqslant y'_2\geqslant\cdots\geqslant y'_m$，则称评价指标根据“≥”确立了序关系。其中 y'_i 表示根据序关系排序之后的第 i 个评价指标。

确定序关系是逐个选择指标之后进行标记的过程，方法如下：

由专家在上述 m 个指标中选择出最重要的一个指标，将其标记为y'_1；

在剩余 $m-1$ 个指标中选择出最重要的一个指标，将其标记为y'_2；

在剩余 $m-(k-1)$ 个指标中选择出最重要的一个指标，将其标记为y'_k；

经过 $m-1$ 次选择之后，剩余的最后一个指标标记为y'_m。

2）给出y'_{k-1}与y'_k的重要性程度判断依据

将专家关于y'_{k-1}与y'_k的重要性程度之比记为γ_k，$\gamma_k=y'_{k-1}/y'_k$（$k=m$，$m-1$，…，2），γ_k 的取值参考表3-7。

指标重要性程度之比参考取值　表3-7

γ_k	含义
1.0	指标 y'_{k-1} 与指标 y'_k 同样重要
1.2	指标 y'_{k-1} 比指标 y'_k 稍微重要
1.4	指标 y'_{k-1} 比指标 y'_k 显然重要
1.6	指标 y'_{k-1} 比指标 y'_k 强烈重要
1.8	指标 y'_{k-1} 比指标 y'_k 极端重要
1.1、1.3、1.5、1.7	上述相邻赋值的中间值，如1.1表示指标 y'_{k-1} 与指标 y'_k 相比的重要性介于同样重要和稍微重要之间

3）权重系数ω_k的确定

根据专家给出的γ_k的理性赋值，确定各指标的权重系数，公式如下：

$$\omega_m=\left(1+\sum_{k=2}^{m}\prod_{i=k}^{m}\gamma_i\right)^{-1} \tag{3-1}$$

$$\omega_{k-1}=\gamma_k\omega_k(k=m,\ m-1,\ \cdots,\ 2) \tag{3-2}$$

使用G1法确定指标权重时，通常会选择多位专家排序打分，因此很容易出现专家排序结果不一致的情况，此时需要进行数据处理，方法如下：

假设邀请了n（$n>1$）位专家进行排序打分，其中有n_0（$1\leqslant n_0\leqslant n$）位专家对于$y_1$，$y_2$，…，$y_m$（$m\geqslant 2$）的排序一致，将其排序结果记为$y'_1\geqslant y'_2\geqslant\cdots\geqslant y'_m$，将专家给出的关于$y'_{k-1}$与$y'_k$的重要性程度之比记为$\gamma_k$，对排序一致给出的重要性程度之比求平均得到

$$\gamma_k^*=\frac{1}{n_0}\sum\gamma_{ak}(k=m,\ m-1,\ \cdots,\ 2) \tag{3-3}$$

$$\omega_m=\left(1+\sum_{k=2}^{m}\prod_{i=k}^{m}\gamma_i^*\right)^{-1} \tag{3-4}$$

$$\omega_{k-1}=\gamma_k^*\omega_k^*(k=m,\ m-1,\ \cdots,\ 2) \tag{3-5}$$

由此可以得到给出的各指标权重ω_k^*。另外还有$n-n_0$位专家给出的排序结果不一致，假设其中专家a给出的排序结果为$y'_{a1}\geqslant y'_{a2}\geqslant\cdots\geqslant y'_{am}$，其中$y'_{ai}$表示$a$专家对于$y_1$，$y_2$，…，$y_m$（$m\geqslant 2$）按照序关系排序之后第$i$个评价指标。将专家$a$给出的$y'_{ak-1}$与$y'_{ak}$的重要性程度之比记为$\gamma_{ak}$，根据专家$a$评审结果和G1法则求出指标$y_k$的权重为$\omega_{ak}$（$k=m$，$m-1$，…，2），对于每一个指标$y_k$，将$n-n_0$个$\omega_{ak}$进行算术平均即可得到综合之后的权重指标$\omega_k^{**}$。

$$\omega_k^{**}=\frac{1}{n-n_0}\sum\omega_{ak}(k=1,2,\cdots,m) \quad (3\text{-}6)$$

综合上述结果可得：

$$\omega_k=k_1\omega_k^{*}+k_2\omega_k^{**}(k=1,2,\cdots,m) \quad (3\text{-}7)$$

式中$k_1=n_0/n$；$k_2=1-k$。

3. 具体操作过程

基于上述步骤，本节通过专家问卷调查的方法，对5位专家进行调查分析，确定风险因素的排序和权重，G1法下专家打分表见附录2。由于该方法的主观性，访谈中对于受访专家要求较高。考虑到研究的连贯性和专家对本研究内容的了解程度，依旧沿用上述提到的专家。专家们既符合此处研究的专家选择标准，又有利于研究信息的深入挖掘。

以影响资产规划阶段URT-PPP项目资产虚化的合同履约保障约定清晰性为例。由图3-5可知，影响权利义务设定不合理的因素有3个，设χ_1为政府对自身项目管理建设能力认知、χ_2为合同变更处置方案设置合理性、χ_3为政府谈判能力，5位专家给出的序关系中有四位排序相同，另有一位排序不同，现将5位专家关于合同履约保障约定清晰性的排序及重要性程度打分结果汇总，如表3-8所示。

合同履约保障约定清晰性评价结果　　表3-8

专家	序关系（按照$\chi_1'\geqslant\chi_2'\geqslant\cdots\geqslant\chi_m'$的关系排列）	重要性程度打分
专家1	$\chi_1\geqslant\chi_2\geqslant\chi_3$	γ_2=1.8；γ_3=1.2
专家2		γ_2=1.6；γ_3=1.2
专家3		γ_2=1.6；γ_3=1.1
专家4		γ_2=1.8；γ_3=1.1
专家5	$\chi_2\geqslant\chi_1\geqslant\chi_3$	γ_2=1.6；γ_3=1.4

根据公式（3-3）可知，先求序关系一致专家的重要性程度平均值：

$\gamma_2=(1.8+1.6+1.6+1.8)/4=1.7$

$\gamma_3=(1.2+1.2+1.1+1.1)/4=1.15$

根据公式（3-4）：$\omega_3=(1+\sum_{k=2}^{3}\prod_{i=k}^{3}\gamma_i^{*})^{-1}=0.24$

根据公式（3-5）得到前四个指标的权重：

$\omega_2=\gamma_3^{*}\omega_3^{*}=0.24\times1.15=0.28$

$\omega_1=\gamma_2^{*}\omega_2^{*}=0.28\times1.7=0.48$

综上所述，可以得到前三位专家给出的各指标权重：

$\omega_1^*=0.48$；$\omega_2^*=0.28$；$\omega_3^*=0.24$

接下来处理另外一位序关系排列不同专家的数据。根据专家5给出的重要性程度打分及公式（3-1）可知：

$$\omega_3=(1+\sum_{k=2}^{3}\prod_{i=k}^{3}\gamma_i)^{-1}=0.22$$

根据公式（3-2）：

$\omega_2=\gamma_3\omega_3=0.30$

$\omega_1=\gamma_2\omega_2=0.48$

综上所述，专家5对于各指标的权重赋值：

$\omega_{51}=0.30$；$\omega_{52}=0.48$；$\omega_{53}=0.22$

如若出现两位排序关系不一致的专家打分结果，需根据公式（3-6）将排序关系不一致的专家打分结果综合，得到各指标权重（此因素因不存在多位不一致结果，故略去此步骤）。

根据公式（3-7）综合所有专家重要性程度结果，得到各指标权重：

$$\omega_3=k_1\omega_3^*+k_2\omega_3^{**}=\frac{4}{5}\omega_3^*+\frac{1}{5}\omega_3^{**}=0.44$$

$$\omega_2=k_1\omega_2^*+k_2\omega_2^{**}=\frac{4}{5}\omega_2^*+\frac{1}{5}\omega_2^{**}=0.32$$

$$\omega_1=k_1\omega_1^*+k_2\omega_1^{**}=\frac{4}{5}\omega_1^*+\frac{1}{5}\omega_1^{**}=0.24$$

其他关键风险因素的边界风险因素经上述步骤计算得出的各风险因素权重如表3-9所示。

（三）系统动力学模型变量及方程

对URT-PPP项目资产虚化系统动力学模型进行计算机仿真时需要提前输入各风险因素的函数关系，即上文构建的流量图需要输入计算机语言才能进行仿真分析，因此遵循已有量化结果对流量图中各风险因素编辑计算机语言。

根据表3-9和已经确定的函数关系，可整理出如下方程进行资产规划阶段PPP项目资产虚化的系统动力学分析：

功能性资产虚化＝INTEG（–合同交易条件约定合理性增加量，0）

成本性资产虚化＝INTEG（–合同支出收入分担约定合理性增加量，0）

合同交易条件约定合理性＝0.51×（1–实施方案经济技术指标设定清晰性）+0.10×（1–评审标准设定合理性）+0.39×（1–政府对自身项目管理建设能力认知）

合同支出收入分担约定合理性＝0.09×（1–财政支出测算方法设置合理性）+0.31×

各风险因素权重表

表3-9

关键因素	因素j	ω_j
可研投资估算合理性	区域政策指导性	0.14
	政府对自身项目管理建设能力认知	0.25
	可研编制专业性	0.61
物有所值定性评价资料完备性	可研方案设计合理性	0.67
	可研项目产出说明合理性	0.33
物有所值定量评价测算合理性	物有所值定量评价参照项目合理性	0.75
	可研投资估算合理性	0.25
部分财政支出责任识别完备性	物有所值定性评价指标选择的合理性	0.17
	物有所值定量评价参照项目选择合理性	0.32
	政府对自身项目管理建设能力认知	0.51
评审标准设定合理性	资格审查条件合理性	0.22
	选择中介咨询服务机构的专业能力	0.55
	评审方式设计合理性	0.23

关键因素	因素j	ω_j
可研方案设计合理性	可研市场预测合理性	0.63
	政府对自身项目管理建设能力认知	0.37
物有所值定性评价指标选择的合理性	物有所值定性评价资料完备性	0.28
	可研投资估算合理性	0.11
	物有所值定性评价操作过程规范性	0.29
	物有所值定性评价专家选择合理性	0.13
	可研方案设计合理性	0.19
财政支出测算方法设置合理性	部分财政支出责任识别完备性	0.68
	物有所值定量评价测算合理性	0.32
实施方案经济技术指标设定清晰性	财政承受能力评估合理性	0.33
	物有所值定性评价资料完备性	0.57
	物有所值评价指标选择合理性	0.10

关键因素	因素j	ω_j
可研项目产出说明合理性	可研市场预测合理性	0.57
	可研方案设计合理性	0.43
物有所值定量评价参照项目选择合理性	区域政策指导性	0.26
	可研市场预测合理性	0.74
合同履约保障约定清晰性	政府对自身项目管理建设能力认知	0.42
	政府谈判能力	0.58
财政承受能力评估合理性	政府对自身项目管理建设能力认知	0.62
	可研市场预测合理性	0.38
实施方案风险分担框架清晰性	授权关系明确性	0.58
	政府对自身项目管理建设能力认知	0.42
授权关系明确性	区域政策指导性	0.45
	政府对自身项目管理建设能力认知	0.55

续表

关键因素	因素j	ω_j
合同权利义务设定合理性	实施方案风险分担框架清晰性	0.44
	评审小组设置合理性	0.12
	监管方式合理性	0.24
	合同履约保障约定清晰性	0.20
采购方式设定合理性	政府对自身项目管理建设能力认知	0.48
	选择中介咨询服务机构的专业胜任能力	0.52

关键因素	因素j	ω_j
实施方案交易结构回报机制测算设计合理性	财政支出测算方法设置合理性	0.29
	财政承受能力评估合理性	0.31
	实施方案交易结构、投融资结构设计合理性	0.40
合同支出收入分担约定清晰性	财政支出测算方法设置合理性	0.09
	实施方案交易结构回报机制测算设计合理性	0.38
	合同变更处置方案设置合理性	0.09
	合同权利义务设定合理性	0.13
	政府谈判能力	0.31

关键因素	因素j	ω_j
资格审查条件设置合理性	采购方式设定合理性	0.39
	选择中介咨询服务机构的专业胜任能力	0.61
合同交易条件约定合理性	实施方案经济技术指标设定清晰性	0.51
	政府对自身项目管理建设能力认知	0.39
	评审标准设定合理性	0.10

（1–政府谈判能力）+0.38 ×（1–实施方案交易结构回报机制测算设计合理性）+0.13 ×（1–合同权利义务设定合理性）+0.09 ×（1–合同变更处置方案设置合理性）

可研投资估算合理性=0.14 ×（1–区域政策指导性）+0.25 ×（1–政府对自身项目管理建设能力认知）+0.61 ×（1–可研估算编制专业性）

可研方案设计合理性=0.63 ×（1–可研市场预测合理性）+0.37 ×（1–政府对自身项目管理建设能力认知）

可研项目产出说明合理性=0.57 ×（1–可研项目产出说明合理性）+0.43 ×（1–可研方案设计合理性）

物有所值定性评价资料完备性=0.67 ×（1–可研方案设计合理性）+0.33 ×（1–可研项目产出说明合理性）

物有所值定量评价测算合理性=0.75 ×（1–物有所值定量评价参照项目选择合理性）+0.25 ×（1–可研投资估算合理性）

部分财政支出责任识别完备性=0.17 ×（1–物有所值定性评价指标选择的合理性）+0.32 ×（1–物有所值定量评价参照项目选择合理性）+0.51 ×（1–政府对自身项目管理建设能力认知）

授权关系明确性=0.45 ×（1–区域政策指导性）+0.55 ×（1–政府对自身项目管理建设能力认知）

评审标准设定合理性=0.22 ×（1–资格审查条件合理性）+0.55 ×（1–选择中介咨询服务机构的专业能力）+0.23 ×（1–评审方式设计合理性）

合同权利义务设定合理性=0.44 ×（1–实施方案风险分担框架清晰性）+0.12 ×（1–评审小组设置合理性）+0.24 ×（1–监管方式合理性）+0.20 ×（1–合同履约保障约定清晰性）

采购方式设定合理性=0.52 ×（1–选择中介咨询服务机构的专业胜任能力）+0.48 ×（1–政府对自身项目管理建设能力认知）

选择中介咨询服务机构的专业胜任能力=区域政策指导性 × 0.5

评审方式设计合理性=资格审查条件设置合理性 × 0.22

评审小组设置合理性=选择中介咨询服务机构的专业胜任能力 × 0.5

物有所值定性评价指标选择值合理性=0.28 ×（1–物有所值定性评价资料完备性）+0.11 ×（1–可研投资估算合理性）+0.29 ×（1–物有所值定性评价操作过程规范性）+0.13 ×（1–物有所值定性评价专家选择合理性）+0.19 ×（1–可研方案设计合理性）

实施方案交易结构回报机制测算设计合理性=0.29 ×（1–财政支出测算方法设置合理性）+0.31 ×（1–财政承受能力评估合理性）+0.40 ×（1–实施方案交易结构投融资结构设计合理性）

财政支出测算方法设置合理性=0.68 ×（1–部分财政支出责任识别完备性）+0.32 ×（1–物有所值定量评价测算合理性）

实施方案经济技术指标设定清晰性=0.33 ×（1–财政承受能力评估合理性）+0.57 ×

（1–物有所值定性评价资料完备性）+0.10×（1–物有所值评价指标选择合理性）

合同履约保障约定清晰性=0.32×（1–政府对自身项目管理建设能力认知）+0.44×（1–政府谈判能力）

物有所值定量评价参照项目选择合理性=0.26×（1–区域政策指导性）+0.74×（1–可研市场预测合理性）

财政承受能力评估合理性=0.62×（1–政府对自身项目管理建设能力认知）+0.38×（1–可研市场预测合理性）

实施方案风险分担框架清晰性=0.58×（1–授权关系明确性）+0.42×（1–政府对自身项目管理建设能力认知）

资格审查条件设置合理性=0.39×（1–采购方式设定合理性）+0.61×（1–选择中介咨询服务机构的专业胜任能力）

物有所值定性评价专家选择合理性=0.5×物有所值定性评价操作过程规范性

实施方案交易结构投融资结构设计合理性=0.5×区域政策指导性

（四）系统动力学模型检验

建立好模型变量方程后，需将所有计算机语言方程输入Vensim软件中，但此时尚不能进行仿真分析。为确保模型的有效性，需对资产规划阶段URT-PPP项目资产虚化的系统动力学模型进行检验，否则会造成程序错误以致不能出现准确的结果。

系统动力学模型检验方法有直观检查、模型运行检查、参数极端化、模型的参数灵敏度检验等，通常组合运用这几种方法使检验模型有效性效果最好（刘润秋和黄志兵，2021）。本节将上述方法综合运用，尽量确保模型的有效性。

1. 直观检查

在整个建模过程中对现有政策文件（如前文提到的2724号文、156号文等）及财政部PPP中心进行了深入研究，对模型中各风险因素的名称界定、关系、方程进行了较为深入的检查，在研究者的能力范围内确保了所要建立的资产规划阶段URT-PPP项目资产虚化模型的有效性。

2. 模型运行检查

在软件操作界面选择“Model Check”，软件显示合同支出收入分担约定清晰性、合同交易条件约定合理性在模型中没有使用。这些未使用因素均未影响PPP项目资产规划阶段资产成本性或功能性虚化的评估结果。这些因素并未参与到模型的反馈中，即这些因素会受到其他因素的影响，但它们并未指向其他因素。因此，这类错误是警告性错误，不会影响模型的有效性，不会阻止模型运行，不会对下一步测试造成影响，可以忽略。

除此之外，还需对模型进行积分误差测试。积分误差测试的原理是选取变量，改变时间间隔，观察变量函数曲线的吻合程度。本模型设置一个时间步长为8个月，情境一、情境二、情境三分别表示1个时间步长、1/2个时间步长和1/4个时间步长，即时间间隔分别为8个月、4个月和2个月。积分误差测试结果如图3-6所示。

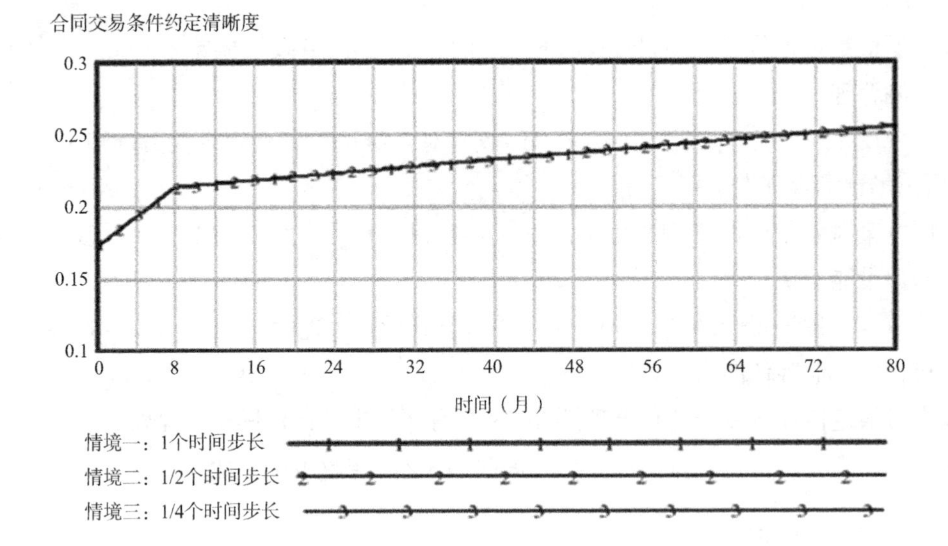

图3-6　合同交易条件约定合理性积分误差测试结果

由图3-6可以看出，改变步长后积分曲线几乎重合，由此可以说明模型积分误差很小，几乎可以忽略不计，模型是有效的。

3. 极端情况检验

在进行极端情况检验时，本书考虑当政府对自身管理项目能力认知为最低（取值为0）或最高（取值为5）时，合同支出收入分担清晰性积分误差测试结果如图3-7所示。

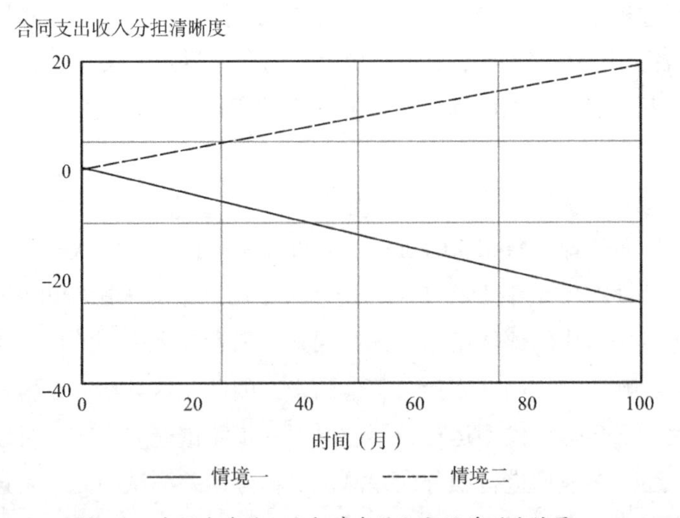

图3-7　合同支出收入分担清晰性积分误差测试结果

第四节　资产规划阶段URT-PPP项目资产虚化仿真模拟及结果分析

根据前述章节建立的资产规划阶段URT-PPP项目资产虚化系统动力学模型，本节利用案例数据进行仿真模拟，通过对模拟结果的分析提出相应的诊治和预防策略。

一、案例选取及选择依据

选取对全国轨道交通项目有着积极示范意义的北京地铁4号线特许经营项目作为本章所要研究的典型案例。北京地铁4号线是我国PPP轨道交通项目发展史上的一个重要节点，对于推动我国轨道交通行业的发展具有巨大的推动作用。

北京地铁4号线既通过行政区又通过繁华的街区，纵贯北京市南北，成为南北方向交通的主要干线。北京地铁4号线全线设正线车站24座，其中23座地下站、1座地面站、10座有道岔车站、14座无道岔车站。另外，在马家堡设置1座车辆段，其中包含综合维修中心、培训中心、备用控制中心；在龙背村设置了1座停车场；在小营设置控制中心。北京地铁4号线于2003年底正式开工，2009年9月30日开始试运营，2011年正式运营。

北京地铁4号线资产规划阶段准备十分充分，在编制可行性研究报告之前，北京市人民政府已经耗时近一年左右时间对其开展了研究和咨询工作。在研究了是否可以使用PPP模型之后，从2004年2月起，北京市政府又聘用了多名专门的法律和金融市场等方面的专家顾问，开展了客流和收入方面的大数据分析研究与预测。此外，还邀请技术顾问对北京地铁4号线路口设计方案进行技术评审；并多次组织项目推介会等招商引资活动，主要根据项目有合作意向者的社会融资状况。

虽然北京地铁4号线项目具有时代节点意义，在资产规划阶段准备也较充分，但由于建设时间较早和北京市政府经验不足，依旧出现了客流预测不合理、区域政策指导性不足等问题（周裕倩，2006）。因此，从案例的典型性和研究的目的性来看，将北京地铁4号线项目作为本部分仿真案例是合理的。

二、案例仿真模拟

（一）案例仿真模拟计算机语言编辑

按照系统动力学方法的一般习惯，边界风险因素往往用常函数或表函数表示，因此本节将结合北京地铁4号线轨道交通项目的公开资料，对边界风险因素打分，用打分结果来输入常函数。但是研究开展过程中存在多次考察打分，每次计分规则都不尽相同，本节为导入Vensim软件仿真模拟计算机语言，将统一换算成5分制，0分是指此种因素在本案例中完全不存在影响力，5分是指此种因素在本案例中起到了非常重要的作用。另外，在案例资料中，若能考虑某一边界因素的作用，此因素就不会出现完全没有影响的情况。就影响力而言，3分即代表此因素对资产规划阶段URT-PPP项目资产虚化影响程度为中。对于边界因素的打分除了基于案例资料，还通过专家打分法进行了资料确认，对于不能达成一致的打分又做了进一步的资料分析，使打分结果更加准确。

针对商业合约的高度保密性问题，本书目前尚无法获取有关合约的内容，所以下面分析主要以新闻报道和各种媒体报道材料为主要资料来源。

1. 区域政策指导性

评价区域政策，主要通过价值观、政策目标、政策手段、政策预期效果来进行（刘润秋和黄志兵，2021）。据新闻报道，北京地铁4号线项目实施前，北京市政府已经明确了北京地铁4号线的价值立场和政策目标，即解决当前南北交通不便的问题。政策手段主要是出台了《关于深化本市城市基础设施投融资体制改革的若干意见》等操作政策，同时也制定了相关扶持政策，上述政府举动使项目实施初期有法可依。据新闻报道，北京地铁4号线PPP项目的持续运转，得益于项目具备相对完备的监管体系和制度规范，通过制度规范的完备，清晰确定了政府与市场的边界（刘用铨，2020），政策预期效果较明确。从政策评价本身来看，区域政策指导性较高。但是由于北京地铁4号线在轨道交通项目中首次使用PPP模式，致使一些优惠政策与一般法规之间存在部分冲突（王守清和刘婷，2014），存在重复征收营业税、印花税等问题。结合相关资料和专家打分综合来看，本书编辑计算机语言：区域政策指导性=3。

2. 市场预测合理性

项目初期，北京市发展改革委经过充分调研和详细论证才将此项目作为PPP模式的试点工程。香港铁路有限公司（简称“港铁”）在对照北京市政府的客流预测后，担心北京市政府有高估客流量、项目经济效益、项目社会效益的倾向。2004年2～4月，为了避免出现“乐观偏见”，双方同意聘请独立第三方香港弘达顾问公司（简称“香港弘达”）进行客流量预测（周裕倩，2006）。预测的结果可见表3-10。通过数据可以看出，双方对于项目初期和远期的客流预测差别较大，政府估计的客流量相对于香港弘达偏高。然而，在之后的运营中表明，香港弘达预测的客流量水平偏低，甚至北京市政府“乐观偏见”下的预测也偏低。据新闻报道，北京地铁4号线开通至2011年5月（项目初期），日均客流量近70万人次；2016年（项目近期）北京地铁4号线日均客流量为116万人次，年累计客流量为4.26亿人次。可见北京地铁4号线的市场预测并不合理，实际客流量甚至远远高于市场预测值。从当时的资料、之后的实际数据以及专家打分，本书编辑计算机语言：市场预测合理性=2。

北京地铁4号线客流预测表（万人次/d）　　表3-10

来源	项目初期（2010年）	项目近期（2015年）	项目远期（2034年）
北京市政府可研报告	71	82	99
香港弘达客流预测	58.8	81.8	88.4

3. 监管方式合理性

北京地铁4号线项目主要采用政府的一般行政监管和行业监管。监管主体较广，也很多。具体对北京地铁4号线项目进行监管的主体有北京市规划和自然资源委员会、北京市市政市容管理委员会、北京市生态环境局等六个部门，对社会资本进行监管的有北京市市场监督管理局、北京市审计局、北京市税务局等六个部门。总体来说，监管的分工明确，但缺少了公众监管，导致出现因价格问题再谈判的情况（张泓，2007）。因此本书基于项目资料和专家打分，编辑计算机语言：监管方式合理性=3。

4. 估算编制专业性

相关审计报告显示，北京地铁4号线在项目前期规划投入成本占项目总投资的2.2%，项目初步设计概算约为153亿元，其中，土建部分是由政府投资完成，占总投资的70%；相关设备与系统部分由社会资本完成，占总投资的30%。另外，对外部成本、内部收益、外部收益也有明确的分析（朱晶晶，2015；杨敏芝，2017）。由此可见，审计部门对北京地铁4号线的投资估算较精确、全面。因此本书基于项目资料和专家打分，编辑计算机语言：估算编制专业性=4。

5. 政府对自身项目管理建设能力认知

北京地铁4号线项目建设的整个过程都体现了政府的管理建设能力。北京地铁4号线项目内部分工明确，行业监管主要由国家发展改革委、财政部、交通运输部、重大项目建设指挥办公室、北京市基础设施投资有限公司等负责。其中，国家发展改革委负责拟定战略规划、价格监管、投融资项目统筹协调；财政部负责票价补偿相关事宜；交通委员会负责相关计划的审查事宜；交通运输部负责拟定相关规范和行政许可相关事宜；路政局负责制定道路养护标准和安全监管事宜；重大项目建设指挥办公室负责协调监督管理项目建设；北京市基础设施投资有限公司负责投融资管理和资产管理。各单位分工明确，内部协调性良好。2004年4～6月，北京市发展改革委以北京地铁4号线为重点，召开了一系列大型招商推介会，进行了广泛深入的招商活动。由此可见，北京地铁4号线项目中的技术配套、监督机制、人才储备、政府管理水平、政府谈判能力、政府引导和扶持、政府自身定位合理性等均有体现。因此，本书基于项目资料和专家打分，编辑计算机语言：政府对自身项目管理建设能力认知=4。

6. 政府谈判能力

据新闻报道，北京地铁4号线采用了竞争性谈判的采购方式。在谈判阶段，北京市政府针对北京地铁4号线成立了专业的谈判小组，与多家社会资本进行了谈判，如港铁首创联合体、西中联合体等。在谈判过程中，北京市政府做了大量相关准备工作，对融资模式的要求、技术和质量方面的要求以及风险预案等进行了深入磋商。同时，北京市政府对参与谈判的社会资本综合能力进行了考察，如财务资金情况、管理水平、PPP项目经验、行业口碑等方面，最终选定港铁首创联合体。但相对之后的项目来说，北京市政府对谈判的内容认知仍存在不足，未能充分识别项目风险。因此，本书基于项目资料和专家打分，编辑计算机语言：政府谈判能力=4。

（二）不同情境下案例仿真模拟

1.案例情境下仿真模拟

完成前文的风险因素函数设置后，应用Vensim软件进行因素影响过程的仿真模拟。此部分主要分为两步：第一步是将资产规划阶段URT-PPP项目资产虚化风险因素模型初始时间（Initial Time）设为0，考虑到北京地铁4号线项目中，PPP项目资产规划阶段时间较短，为接近一年半的时间，故模型中的结束时间（Final Time）设为18，单位为月，为使研究更清晰，案例中模拟步长（DT）设为0.5。第二步是将分析案例材料得出的资产规划阶段URT-PPP项目资产虚化的边界风险因素输入建立的系统模型中。基于以上两步的系统模拟仿真，系统的合同支出收入分担清晰性模拟结果和合同交易条件约定合理性随时间变化如图3-8和图3-9所示。

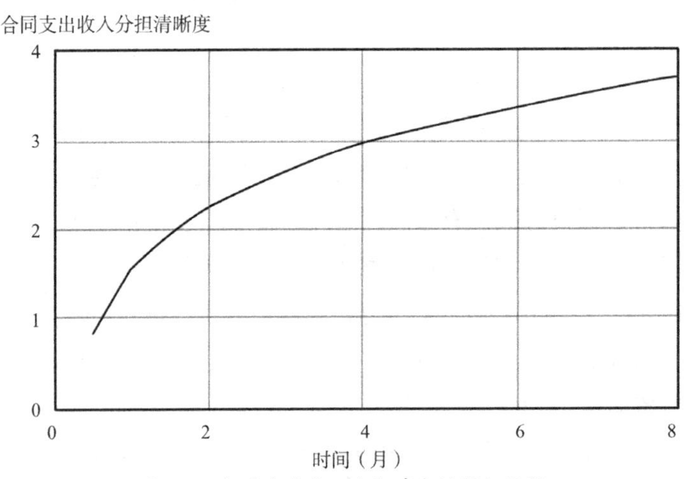

图3–8　合同支出收入分担清晰性模拟结果

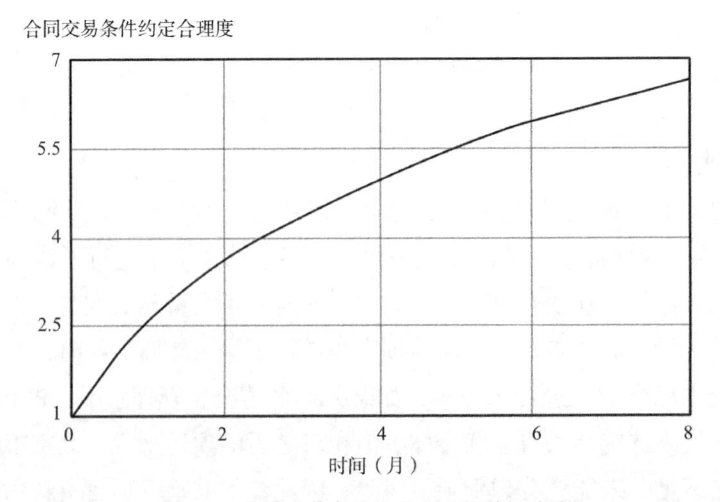

图3–9　合同交易条件约定合理性模拟结果

由上述模拟仿真结果可知，在北京地铁4号线项目中，合同支出收入分担清晰性和合同交易条件约定合理性是随着时间不断提高的，因为变化幅度较小，从总体来看，这种提高是“有限的”。但明显的是，当前的项目相关情境是有助于合同交易条件约定合理性的，即有利于预防URT-PPP项目资产虚化。

2. 模拟情境下仿真模拟

（1）边界风险因素灵敏度分析

经过当前案例的模拟仿真，可以看出当前情形下的变化趋势，但在某一情形下并不能分析出本案例在合理情境下的重点控制目标。因此，下面将借助系统动力学中的灵敏性分析对模型参数的变化进行比较。灵敏性分析是系统动力学中常见的判断单因素对系统目标影响程度的分析方法，其中，灵敏性越大，说明此因素对系统目标的影响程度越大，是要重点关注的分析对象。从研究内容分析部分和系统动力学存量流量图可知，在资产规划阶段URT-PPP项目资产虚化风险因素的系统动力学模型中，将合同中支出收入分担清晰性作为研究成本性虚化的状态变量、将合同交易条件约定合理性作为研究功能性资产虚化的状态变量。

本书将边界风险因素赋值分别提升20%，将此情况设定为情境一，在此状态下观察边界风险因素对状态变量的影响。边界风险因素对状态变量灵敏度测试结果如表3-11所示。

由表3-11中灵敏度分析可知，政府谈判能力、可研编制专业性对合同中支出收入分担清晰性的影响最大；其次，政府对自身项目管理建设能力认知对合同支出收入分担清晰性的影响次之。同样的，市场预测合理性、政府谈判能力对合同交易条件约定合理性的影响最大；其次，政府对自身项目管理建设能力认知对合同交易条件约定合理性的影响次之。

边界风险因素对状态变量灵敏度测试结果　　表3-11

边界风险因素	对合同中支出收入分担清晰性灵敏度测试（%）	对合同交易条件约定合理性灵敏度测试（%）
区域政策指导性	2.740	5.548
市场预测合理性	5.651	13.715
监管方式合理性	1.589	2.486
可研编制专业性	9.346	9.438
政府对自身项目管理建设能力认知	8.604	8.263
政府谈判能力	10.466	9.614

其中，谈判能力对于虚化的两个表现形式都具有重要影响，因此对谈判能力赋值提升20%（情境一），观察合同支出收入分担清晰性的仿真模拟图，如图3-10所示。显然，北京市政府针对北京地铁4号线项目成立的谈判小组是有效且合理的，其大大提高了政府的

谈判能力，对融资模式、技术、质量、风险预案的谈判使政府减少了资产规划阶段的资产虚化。

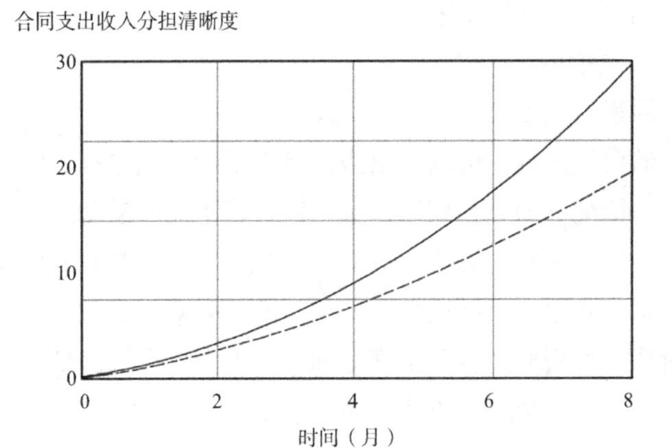

图3-10　谈判能力赋值提升下模拟结果

（2）非边界风险因素灵敏度分析

由于本书所要分析的非边界风险因素的衡量均可由线性函数表示，所以无须再对非边界风险因素是否进行灵敏度分析进行筛选。从系统动力学存量流量图和模拟方程中不难看出，非边界风险因素形成的线性函数均由边界风险因素构成并受其影响，因此分析非边界风险因素时仍可采用将边界风险因素的赋值分别提升20%的方法（情境一），通过边界因素的赋值提升观察非边界风险因素对合同中支出收入分担清晰性、合同交易条件约定合理性的灵敏度，结果如表3-12所示。

非边界风险因素对状态变量灵敏度测试结果　　表3-12

非边界风险因素	对合同中支出收入分担清晰性灵敏度测试（%）	对合同交易条件约定合理性灵敏度测试（%）
可研投资估算合理性	10.763	6.728
可研方案设计合理性	4.935	10.645
可研项目产出说明合理性	4.453	10.532
物有所值定性评价资料完备性	3.776	3.535
物有所值定性评价指标选择合理性	8.661	6.063
物有所值定性评价操作过程规范性	3.652	4.009
物有所值定性评价专家选择合理性	5.357	4.945
物有所值定量评价参照项目选择合理性	5.632	2.934

续表

非边界风险因素	对合同中支出收入分担清晰性灵敏度测试（%）	对合同交易条件约定合理性灵敏度测试（%）
物有所值定量评价测算合理性	9.348	2.537
部分财政支出责任识别完备性	8.653	7.157
财政支出测算合理性	9.435	6.730
财政承受能力评估合理性	6.256	3.406
授权关系明确性	6.354	8.624
实施方案经济技术指标设定清晰性	3.258	10.247
实施方案风险分担框架清晰性	8.357	9.483
实施方案交易结构回报机制测算设计合理性	11.689	5.328
实施方案交易结构投融资结构设计合理性	8.186	4.532
采购方式设定合理性	3.346	5.438
资格审查条件设置合理性	8.763	8.728
选择中介咨询服务机构的专业胜任能力	4.935	4.645
磋商小组设置合理性	10.453	10.532
合同权利义务设定合理性	10.776	8.535
合同履约保障约定清晰性	7.684	6.009

由表3-12中灵敏度分析可知，对合同中支出收入分担清晰性的影响最大的因素有：实施方案交易结构回报机制测算设计合理性、合同权利义务设定合理性、可研投资估算合理性、磋商小组设置合理性；其次是物有所值定性评价指标选择合理性、物有所值定量评价测算合理性、部分财政支出责任识别完备性、财政支出测算合理性、实施方案风险分担框架清晰性、实施方案交易结构投融资结构设计合理性以及采购方式设定合理性。

同样的，可研方案设计合理性、可研项目产出说明合理性、实施方案经济技术指标设定清晰性、磋商小组设置合理性对合同交易条件约定合理性的影响最大；其次，授权关系明确性、实施方案风险分担框架清晰性、采购方式设定合理性、合同权利义务设定合理性对合同交易条件约定合理性的影响次之。其中可以看出，磋商小组设置合理性、可研编制专业性对两个目标的影响重要且灵敏度差不多，以下仅以磋商小组设置合理性赋值提升下对合同交易条件约定合理性灵敏度测试为例展示（图3-11）。

根据仿真模拟的灵敏度数值结果，还不足以直接判断风险因素对资产规划阶段URT-PPP项目资产虚化的影响程度，因此本书对风险因素进行了影响程度的划分。借鉴刘佩（2018）对城市地下管廊PPP项目风险的研究成果，本书将风险因素灵敏程度最大值设为

χ_{max}，将灵敏度值在[0，χ_{max}]之间划分为五个等级，按照影响程度划分为低影响、中低影响、中影响、重要影响、核心影响，具体划分原则见表3-13。

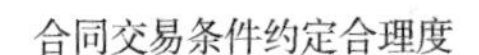

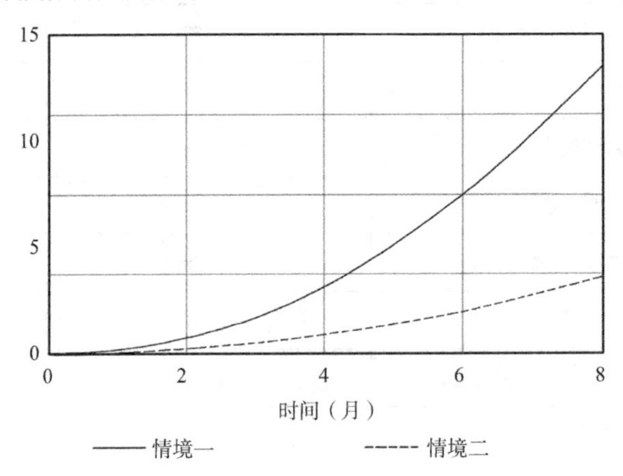

图3-11　磋商小组设置合理性赋值提升下模拟结果

资产虚化风险因素影响程度等级划分原则　　表3-13

影响程度等级	灵敏度值
低影响	[0，$1/5\chi_{max}$]
中低影响	[$1/5\chi_{max}$，$2/5\chi_{max}$]
中影响	[$2/5\chi_{max}$，$3/5\chi_{max}$]
重要影响	[$3/5\chi_{max}$，$4/5\chi_{max}$]
核心影响	[$4/5\chi_{max}$，χ_{max}]

基于上述影响程度的划分原则，对案例中各风险因素灵敏度值进行划分。从表3-11和表3-12可以看出，风险因素中市场预测合理性灵敏度最大，值为13.715%。因此可以得出，在[0，2.743]区间内为低影响、在[2.743，5.486]区间内为中低影响、在[5.486，8.229]区间内为中影响、在[8.229，10.972]区间内为重要影响、在[10.972，13.715]区间内为核心影响。为使观察更加直观，影响程度以“+”表示，低风险因素+、中低风险因素++，中影响+++，重要影响++++，核心影响+++++。基于此原则，可得资产规划阶段URT-PPP项目风险因素对资产虚化影响程度仿真模拟结果，如表3-14所示。

鉴于核心风险因素和重要风险因素影响程度均较高，都属于影响资产虚化的关键因素，因此在后续研究中，将其统一命名为关键风险因素。

风险因素对资产虚化影响程度仿真模拟结果 表3-14

风险因素	对成本性资产虚化影响程度	对功能性资产虚化影响程度
区域政策指导性	+	+++
市场预测合理性	+++	+++++
监管方式合理性	+	+
可研编制专业性	++++	++++
政府对自身项目管理建设能力认知	++++	++++
政府谈判能力	++++	++++
可研投资估算合理性	++++	+++
可研方案设计合理性	++	++++
可研项目产出说明合理性	++	++++
物有所值定性评价资料完备性	++	++
物有所值定性评价指标选择合理性	++++	+++
物有所值定性评价操作过程规范性	++	++
物有所值定性评价专家选择合理性	++	++
物有所值定量评价参照项目选择合理性	+++	+
物有所值定量评价测算合理性	++++	+
部分财政支出责任识别完备性	++++	+++
财政支出测算合理性	++++	+++
财政承受能力评估合理性	+++	++
授权关系明确性	+++	++++
实施方案经济技术指标设定清晰性	++	++++
实施方案风险分担框架清晰性	++++	++++
实施方案交易结构回报机制测算设计合理性	+++++	++
实施方案交易结构投融资结构设计合理性	+++	++
采购方式设定合理性	++	++
资格审查条件设置合理性	++++	++++
选择中介咨询服务机构的专业胜任能力	++	++
磋商小组设置合理性	++++	++++
合同权利义务设定合理性	++++	++++
合同履约保障约定清晰性	+++	+++

（3）模型行为适合性检验

模型仿真模拟后，对模型行为进行适合性检验。此步操作的目的主要看模型行为对参数值在合理范围内的变化大小，是否符合合理变化范围。由上述分析可以看出，本节模型对参数在合理范围内呈现相应合理变化，模型具备相应信度；在结构灵敏度上未出现过高的灵敏度变化，具有可参考性。

三、案例模型结果分析

通过对典型案例北京地铁4号线的仿真模拟结果的整理和城市轨道交通项目实践中的具体情况，现对影响资产规划阶段URT-PPP项目资产虚化因素进行如下分析。

1. 成本性资产虚化的关键风险因素分析

（1）实施方案交易结构中回报机制测算设计合理性是核心风险因素

对于URT-PPP项目的投资成本控制和回报机制的测算，我国其实并没有明确的规定。因此，超设计、超功能或者超需求的投资浪费屡见不鲜，一般的方法就是按照各行业普遍认同的标准，基本原则大致为“项目预算—财政评审、适当下浮—审计确定”，国家相关标准规范与地方实际的结合是需要从优选择的，这就造成实施方案交易结构中的回报机制测算的设置不合理。再加上PPP项目合同中的支出收入分担多基于实施方案中的测算而定，在方案通过的情况下，一般会以此为依据作为竞争性磋商的谈判资料，实施方案交易结构回报机制测算设计的合理性与否严重影响着成本性资产虚化。从普通施工项目来看，项目投资估算往往是最重要的，其是一切价格测算的基础，若投资估算合理，那么实施方案中的回报测算相应也就合理。但在PPP项目实际操作中，往往存在把“投资估算往高了报”的现象，这也就造成了投资估算的不合理。

北京地铁4号线项目的投资回报测算由案例介绍可知，投资回报较全面，但设计是否真的合理应从之后项目的投资收益成本比进行对比分析。相关研究结果显示（刘亚梅，2016），北京地铁4号线给北京市确实带来了较大的社会经济效益，主要表现为国民经济的增加等。但项目本身的经济效益其实是处于亏损状态的，需要政府的补贴和其他来源的资本支持。也就是说，项目的外部经济效益是正的，而项目的内部经济效益是负的。由此可以证明，实施方案交易结构回报机制测算设计的合理性直接影响了资产规划阶段成本性资产虚化。

（2）可研投资估算合理性、物有所值定性评价指标选择合理性、物有所值定量评价测算合理性、部分财政支出责任识别完备性、财政支出测算合理性是影响成本性资产虚化的重要因素

①可研投资估算合理性在一般施工项目中往往是最重要的，但在PPP模式下，为了通过物有所值评价，此处的估算往往是偏高的，具体原因已在（1）中解释，此处不再过多赘述。②物有所值定性评价指标选择合理性主要指定性指标的界定和补充指标的选择是否合理。在项目实践中，往往存在指标界定不清的现象，举例来说，有些项目的物有所值评价报告中会将可融资性与融资风险相混淆，具体的表述不是项目本身是否可以吸引融资，而是更偏向于风险管理。某些项目物有所值评价补充指标的选择也存在故意偏重，将有利于定性评价评分高的指标引入，而没有考虑对于轨道交通项目而言合理的指标偏重。③由于定量评价本质其实是财务评价，测算基础是指标的可量化，但PPP项目的特殊性导致项目在实际建设中存在很多不可量化的风险、公众享受公共服务等不可量化指标，这些因素

的无法测量或测算不合理最终会导致PPP项目出现资产虚化。④在实际财政承受能力论证报告中，部分财政支出责任识别不完备，通常只将股权投入和政府补贴计入报告中而忽视了风险分担配套收入等，这显然会造成后续测算的不合理。⑤实际项目在进行财政支出责任测算时往往会存在方法不当等错误，如同一行政区内采用不同公共预算支出数据计算PPP项目的预算支出、错误地使用不切实际的折现率进行测算等，上述错误做法极容易造成政府对自身财政能力认知的偏差，从而影响后续的项目投融资。

2. 功能性资产虚化的关键风险因素分析

（1）市场预测合理性是核心风险因素

在实践过程中，许多项目往往存在市场预测合理性不足的问题，分为两种情况：市场需求高估的有上海南浦大桥项目等；市场需求低估的有深圳沙角B电厂、武汉长江三桥等。对于轨道交通项目，车流量等的市场预测会经常出现不合理的情况。这种预测的不合理性主要源于两个方面。首先，主观原因在于之前对市场的研究不够充分，市场研究未能真实反映区域人口、交通资源、经济发展水平等因素，因而对这些要素的判断不够准确。其次，客观风险主要在于PPP轨道交通项目所面临的市场影响风险较多，并且项目合约期限较长，导致难以准确预测需求情况。若政府方面出于迫切需要推进项目而刻意高估市场需求，也会进一步加剧市场预测的偏差。

北京市政府在北京地铁4号线项目中也充分使用了市场测试环节，这种做法不仅为项目财务指标的确定奠定基础，也为合同中的关键边界条件起到框架作用。但显然市场预测的合理性不足，由于北京地铁4号线最先采用的是政府定价的形式，即政府在项目初期运营时决定采用全程票价2元的政策，此价款的设置远低于签订合同时的协议价，而且并不能覆盖运营成本。直到2014年12月，认识到此问题后，政府才实行按里程计价的制度。以上约定都会造成政府所获收入的减少或对社会资本补偿的增加，也就造成了因前期市场预测不合理产生的资产虚化。

（2）可研方案设计合理性、项目产出说明合理性、授权关系明确性、实施方案经济技术指标设定清晰性是影响功能性资产虚化的重要因素

①可研方案设计合理性和项目产出说明合理性是重要风险因素，项目产出说明的合理性和项目的市场预测息息相关，在轨道交通项目中，线路规划、站点设计等工程建设标准尤为重要。可行性研究报告应在深入调查的基础上，对项目背景和建设模式进行认真研判。若方案和产出要求不合理，极易造成项目功能的偏差，由此产生功能性资产虚化。②政府对项目实施机构或通过实施机构直接或间接对社会资本进行授权是政企双方权利义务设定的基础，基于不明确的授权关系，政府方无法明确自己应承担的费用范围，因此造成了项目的资产虚化。③实施方案经济技术指标设定主要为明确项目区位等建设内容、项目投资规模、项目产出等建设标准设定不合理，此阶段工作的不足引发PPP项目实施过程中的风险（岳昱博，2019），即设计风险，从而造成项目功能性的资产虚化。

3. 对成本性和功能性资产虚化均影响较大的因素分析

（1）政府谈判能力、磋商小组设置合理性是同时影响成本性和功能性资产虚化的重要因素

从PPP项目自身的特点来看，最适合的采购方式为公开招标和竞争性磋商。通过模拟仿真分析可知，政府的谈判能力和竞争性磋商小组设置的合理性对于资产规划阶段URT-PPP项目资产虚化的预防至关重要。同时，实施机构对于项目的了解不够深入，遇到问题因为经验不足不敢拍板、不愿质疑。当面对技术复杂、专业性强的采购项目时，此种项目的界定较难，与之对应的磋商小组人员配备可能存在不合理，另外，小组成员的专业胜任力不足更是会降低政府方的谈判能力。

在北京地铁4号线谈判阶段，北京市政府成立了专门小组与多家社会资本进行磋商，包括港铁首创联合体和西中联合体等。政府在谈判前做了大量准备工作，涵盖了融资模式、技术质量标准以及风险管理等方面的深入研究。同时，政府也对参与谈判的社会资本进行了财务状况、管理水平、PPP项目经验以及行业口碑等多方面的考察。最终，他们选择了港铁首创联合体作为合作伙伴。尽管如此，在后续项目中，北京市政府在对谈判内容的认知方面仍存在一些不足，未能充分识别到项目的潜在风险。在项目中，税法变动导致项目相关优惠政策取消的法律风险和客流预测风险是由项目公司承担的，这显然是不合理的。虽然这在制定协议内容时看起来是对政府方有利的，但从后来重谈成本和后续的持续补偿（郭添悦，2019）来看，是得不偿失的。

（2）政府对自身项目管理建设能力认知、可研编制的专业性是同时影响成本性和功能性资产虚化的重要因素

政府对自身能力的认知贯穿于PPP项目的整个资产规划阶段。如在物有所值评价阶段，若对于自身能力认知不准确，则很难对项目的定性指标进行有效描述，举例来说，政府机构的能力指标、政府部门操作人员的能力指标等等。若未能对政府能力进行有效刻画，相应的评价指标将会因为缺乏依据而成为空中楼阁，这无不与政府对自身项目管理能力的认知密切相关。在采购阶段，政府可能会过分依赖咨询机构。这种做法在一定程度上缓解了政府自身认知能力不足的负面影响，但也意味着咨询机构在很大程度上主导了PPP项目资产全生命周期的质量。这种情况在潜移默化中增加了资产虚化的风险。

北京地铁4号线中政府方对自身权利义务的界定均是基于对自身项目管理建设能力认知而来的。由于北京市政府信息不全，尤其是对北京京港地铁有限公司（简称“京港公司”）的信息缺失，政府根据北京地铁4号线项目的特点设置了相应的收益分配机制。这种做法有助于项目监管，并能激发社会资本更积极地参与。在产权结构中，作为政府方的北京基础设施投资有限公司持有京港公司2%的股权（刘丽云，2010），这种设置既能保障政府立场，又能实现对各参与方的牵制。北京市政府在项目资产规划阶段对自身管理建设能力的清晰认知有效降低了该项目在后期可能出现的资产虚化程度。

（3）资格审查条件设置合理性是同时影响成本性和功能性资产虚化的重要因素

在采购阶段，采购文件对社会资本资格条件的设置很难把握。在项目实践中，尤其是对专业性要求极高的行业来说，这种条件的设置难度更大。政府方为避免出现不合格的企业中标，往往会将条件设置得偏高，这种做法其实也限制了企业的参与，尤其是民营企业的参与。但有些条件应当满足项目所必需的要求，与项目无关的“特殊要求”是不合理的。《关于在公共服务领域深入推进政府和社会资本合作工作的通知》（财金〔2016〕90号）要求，不得以不合理的采购条件（包括设置过高或无关的资格条件、过高的保证金等）对潜在合作方实行差别待遇或歧视性待遇。因此，针对轨道交通项目，应按照行业类别设定采购标准和条件，才能选到“性价比”最高的社会资本，从而减少资产虚化。

（4）实施方案风险分担框架清晰性、合同权利义务设定合理性是同时影响成本性和功能性资产虚化的重要因素

实施方案风险分担框架的清晰性和合同中权利义务设定的合理性均是对项目风险分担的界定，这里放在一起分析。两者不同的是，合同的权利义务包含风险分担部分。在实践中，部分项目的实施方案风险分配较为粗略，并不是根据轨道交通项目自身特性而具体设计的，这就造成了实施方案中风险分担不合理，政府若多承担了本不该承担的风险，势必会产生对应的支出，通过影响政府的风险分担范围达到影响成本性资产虚化的效果。在PPP合同中，权利义务设定的主要目的是明确项目资产权属、社会资本承担的公共责任、政府支付方式和风险分配结果等，这和实施方案中的风险分担框架其实是一脉相承的。

4.对资产虚化影响力较弱的因素分析

本书的研究中，区域政策指导性、监管方式合理性、物有所值定性评价资料完备性、物有所值定性评价操作过程规范性、物有所值定性评价专家选择合理性、物有所值定量评价参照项目选择合理性、财政承受能力评估合理性、实施方案交易结构投融资结构设计合理性、采购方式设定合理性、选择中介咨询服务机构的专业胜任能力对资产虚化的影响力并不高。大抵原因如下：一是可能受限于行业和特定项目的选取，结果的普适性有待进一步验证；二是本研究结果只代表了单因素的影响，多因素的组合效应尚不清晰；三是在资产规划阶段各项具体工作中，预防资产虚化的关键点可能有所侧重，比如本书表3-2中案例1芜湖市轨道交通1号线、2号线项目，在绩效评价报告中指出，物有所值评价报告评价指标的选择并不合理，它的不合理所引起的资金投入大大增加。因此，相对来说，评价资料、操作过程、专家选择、参照项目则影响较弱。因此，政府预防资产规划阶段PPP项目资产虚化时，在精力和能力允许的情况下，也应该适当关注此类因素。

第五节　资产规划阶段URT-PPP项目资产虚化诊治方案构建

基于仿真结果，本章遴选出影响资产规划阶段URT-PPP项目资产虚化的关键风险因素，据此提出如下诊治方案和预防建议。

一、基于“保底不兜底”原则进行市场预测

在市场预测方面，政府方应考虑将保底的流量预测设置为多少时，可以使项目的自有内部收益率与所处区域的长期银行存款利率相近，这样的考虑不仅能基本满足投资人对投资机会成本的要求，而且能对社会资本方起到鼓励作用。除此之外，政府方还需考虑是否引入咨询机构和融资机构对市场预测合理编制的反向推进作用。对于咨询机构的引入，应建立咨询机构库，主要通过完善对于咨询机构完成服务的后评价以及评比淘汰机制使咨询机构自我提高，避免出现因想要获得项目而不中立、不独立的行为。对于融资机构的引入，应改变现有的依靠母公司无限连带责任担保或政府兜底的现状，让PPP项目实现真正的项目融资，才能提高贷款方对项目尽职调查的积极性，从而提高项目市场预测的合理性，避免PPP项目资产虚化。

二、约束与激励相结合进行实施方案交易结构回报机制测算

在进行实施方案交易结构回报机制测算时，应同时注意投资估算合理性的问题，坚持“约束与激励相结合”的原则。约束是指基于盈利但不暴利的原则，适当调整现有的价格调整机制；激励是指预留社会资本通过技术创新和管理进步促进超额收益的增加部分。当然，方案编制部分也可以引入咨询公司，但应当注意的是，政府方与咨询公司签订咨询合同时应明确双方的权利义务，积极为咨询服务工作提供便利条件，使咨询公司能够对项目经济技术指标、投资回报方式、价格调整机制、可行性缺口补助及风险划分等情况进行全面系统分析。政府方应打破对投资估算的固有观念，使投资回报测算从投资估算开始就已经合理。

三、提高谈判能力，磋商让渡风险

对于政府谈判能力不足和磋商小组设置不合理的问题，一方面可以通过自身能力的提高实现对项目相关基础数据缺乏、信息不对称等问题的改善，委派专员进行相关资料的确认，使采购阶段有实质性的谈判内容；另一方面可借助第三方的力量，即通过聘用第三方咨询机构的方法发挥外脑的参谋作用，改善政府在谈判中的不利地位，并且形成更有力的磋商小组。但应当注意的是，随着PPP模式的不断深入推进，对于第三方咨询机构的专业胜任能力要求也就更高，因此，要想第三方咨询机构实现更大价值，也需要政策的引导和扶持。

四、掌握合同要点，加强关键内容审核

在PPP项目建设中，合同是政企双方权责利界定的重要依据，更是项目在全生命周期内得以健康发展的重要保障。作为合同参与一方，政府应对合同审核严格把关。合同审核关注的要点应和本书得出的响应文件评审阶段的风险因素相关联。对合同审核时，应重点关注：风险分配方案的合理性，社会资本方应承担的风险是否实现了有效转移，项目的产出标准与绩效是否密切相关，项目是否设定了基准成本，项目的补贴或收费定价标准是否基于基准成本以及调整程序的合理性等等。除此之外，还应关注合同变更提出的时间是否合规可行，约定变更是否经政府批准等。

| 第四章 |

资产形成阶段 URT-PPP项目资产虚化诊治

PPP项目资产形成阶段指的是在项目执行阶段从设立项目公司到项目建设竣工验收之间的时间段，贯穿项目施工建设的整个过程。PPP项目建设阶段是将预期产出形成资产实体的关键阶段，且项目建设过程具有动态性，易面临由于建设成本超支导致的资产虚化风险。研究此阶段的资产虚化问题，可为项目后期运营和移交提供基础。

第一节　研究方法和研究框架

一、研究方法

本章主要研究资产形成阶段导致URT-PPP项目资产虚化的风险因素，用到的方法为扎根理论和多案例研究。扎根理论的内容可详见前述章节。下面主要对多案例研究方法进行分析。

1. 多案例研究的适用性分析

（1）选择案例研究方法的原因

本章旨在分析资产形成阶段PPP项目资产虚化的风险因素作用机理，该类研究属于假设验证类，验证类研究包括量化研究、质性研究及实验研究三种方式。下面对本书选用案例研究的适用性进行分析。

1）量化研究方法

本书需要获取项目样本，并从项目中得到关于不同项目的绩效考核评价报告、项目合同等相关信息。倘若采用定量的研究方法，则需要获得多于200份样本数据信息。鉴于本研究团队个人能力及获取资源的来源有限，并且在现实中从事PPP行业的项目工作人员日常事务较为繁忙，采用定量研究方法难以获得足量的样本数据。

2）实验研究方法

研究者根据所要研究的问题设计研究实验，在实验过程中控制外界条件的变化，操作条件相比现实较为简便，可以通过多次重复实验观察研究结果。但是，由于人为有意识创造实验环境，导致外部效度降低，受试者也会受到外界条件和自身状况变化的影响，从而导致研究结果的准确性较低（陈晓萍和徐淑英，2008）。因此，未采取实验研究方法。

3）质性研究方法

质性研究是用来验证变量之间相互关系的一种方法，较为常见的是案例研究法。财政部颁布的《政府和社会资本合作项目政府采购管理办法》中要求项目实施机构应当在中标确定后规定的时间范围内将项目合同文本及其他相关信息在政府相关部门网站上公示，可以在相关政府部门官方网站上得到具体的PPP项目合同信息，这种方式获取的资料较实验研究方法所获得的资料信息更加完善。因此，本部分选取案例研究法。

（2）进一步选择多案例研究的适用性分析

案例研究法是一种实地研究的方法，这种方法主要用来研究在现实条件变化时某一种问题的发展情况，能够对现实中复杂的现象和问题进行深入探究和全面探讨，通过案例分析可以归纳分析出问题的发展趋势和背后的规律。此外，通过案例研究的方法可构建新的理论，或者对已有的理论进行检验、补充完善与发展。Robert（2010）提出案例研究法适合对“怎么回事”以及“为什么”方面的问题进行回答。案例研究法可以使用单个案例，也可以将多个案例合并使用（Robert，2010）。

单案例研究法是用作核实或质疑一个理论或者是用作提出一个独特的案例（Robert，2010）。单案例研究法是将单个案例作为独立的整体进行分析，仅能够用来分析某类问题，缺乏从整体全面的角度进行分析，因此，单案例研究法具有片面性。

多案例研究法从横向视角出发，相较于单案例的纵向视角更具有说服力，在不同程度上解决单案例分析出现的逻辑推演误差缺陷的可能性（李茂源，2020）。因此，本章将选用对研究结论阐述更丰富、解释更全面详细的多案例研究法。

2. 多案例研究法的步骤

多案例研究法包括两个阶段：案例内部分析和案例之间交叉分析。多案例研究法是在单案例研究法的基础上进一步分析案例之间的相互关联。以实际中的工程项目作为案例，系统性收集相关资料展开研究，用作探讨分析特定现象以及事件在现实情境下的状况。具体实施步骤如图4-1所示。

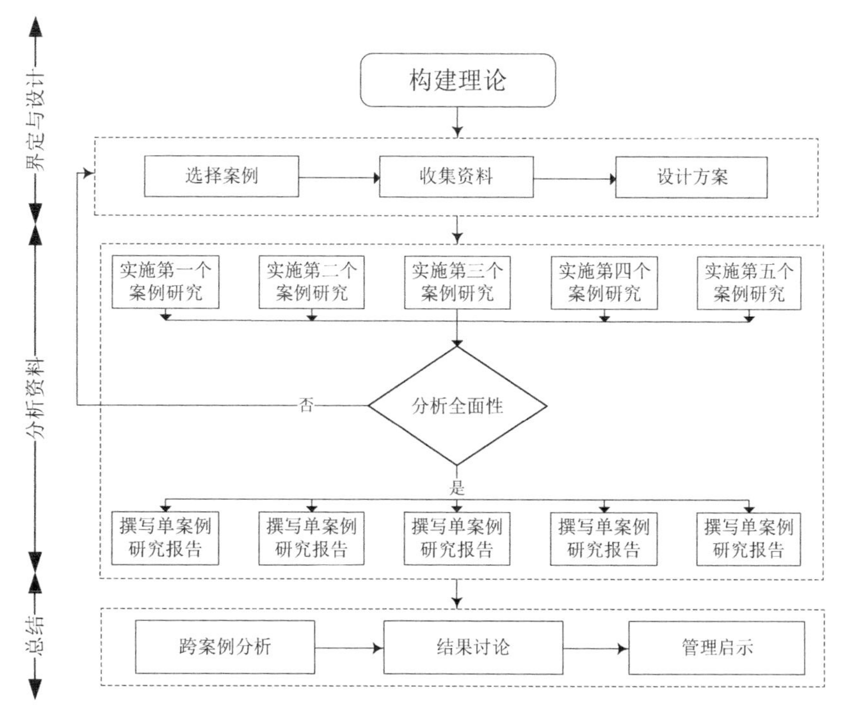

图4-1　多案例研究方法实施步骤

二、研究框架

本章主要研究资产形成阶段URT-PPP项目资产虚化的风险因素，具体过程如下：首先基于扎根理论识别影响资产虚化的风险因素清单；其次通过多案例研究法进一步遴选关键风险因素；最后，基于研究成果，提出相应的风险诊治和预防建议，研究框架如图4-2所示。

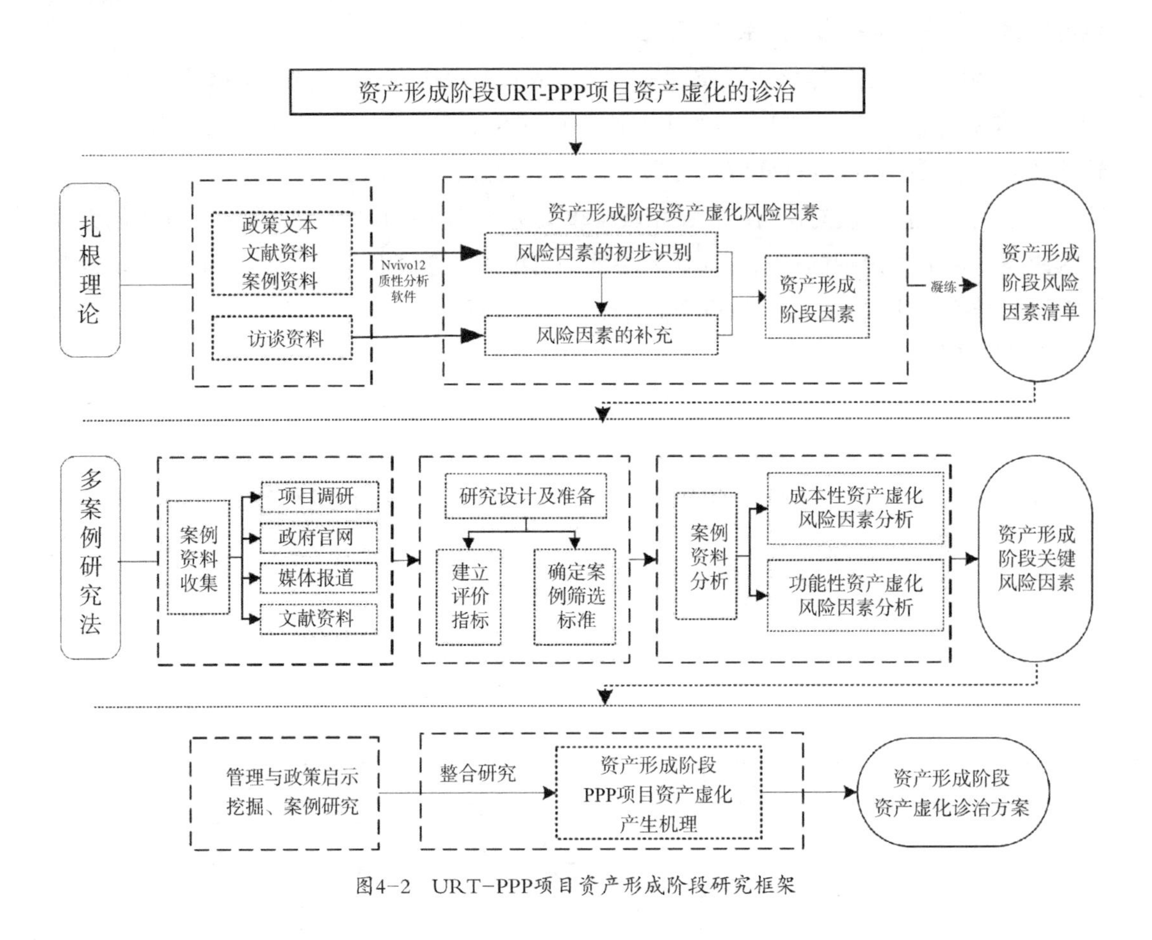

图4-2　URT-PPP项目资产形成阶段研究框架

第二节　资产形成阶段URT-PPP项目资产虚化风险因素识别

本节选用扎根理论的研究方法构建PPP项目资产形成阶段资产虚化风险因素模型。首先，通过整理政策文件、文献资料、案例和访谈初步识别出资产虚化的风险因素；其次，将收集的研究资料导入Nvivo12质性分析软件中进行编码，以此得到PPP项目资产形成阶段资产虚化风险因素模型，并对其进行评价指标的建立和度量；最后，依据研究结果得到维度划分的具体标准，并作为资产虚化风险因素识别的研究基础。

一、风险因素的资料来源

（一）政策文件

本章的政策文件沿用第三章提到的2724号文、156号文、21号文和167号文，因为这些文件对于PPP项目的发展具有重要的指导意义，对于资产形成阶段的具体工作同样适用。

（二）文本资料

本章的文本资料主要有两个来源：文献资料和网络资料。

1. 文献资料

在知网查阅文献，搜索关键词“PPP项目风险”“资产管理”“PPP项目建设阶段”“风险管理”等。通过对相关文献进行汇总可知，现有关于PPP项目资产形成阶段管理的文献论述主要从三个方面展开：项目资产形成过程中的管理、建设过程中投资费用的管理以及项目建设阶段的风险控制。

2. 网络资料

通过网络搜索获取研究资料的途径主要有2条：微信公众号和新闻报道。在与PPP相关的微信公众号中（如PPP知乎、道PPP、大岳咨询等）搜索并收集有关实践人员或者学者专家在相关PPP会议论坛上的发言记录或者访谈资料，从获取的资料中提取其中因政府方原因影响PPP项目投资超概的因素；在网页上搜索近期有关PPP项目的新闻动态，将PPP行业知名专家在接受采访过程中提到的关于PPP项目资产管理中政府管理不合理的文字提取出来。PPP项目的资产形成主要是指通过对项目进行投资建设而形成的项目实际固定资产。基于政府方可控的原则对上述文献资料进行汇总和分类，整理结果如表4-1所示。

（三）访谈资料

本部分的访谈沿用第三章提到的半结构化访谈方式，选用同样的原则设计访谈提纲，具体内容如下。

1. 访谈提纲

问题1：请您回忆一下，在您做过的PPP项目中有没有关于资产形成阶段资产管理做得非常好的项目？您觉得这个项目做得非常好的方面有哪些？（或者为什么您觉得这个项目做得非常好？）

问题2：在您做过的项目中有碰到过在资产形成过程中做得较差的PPP项目吗？这些项目在资产形成过程中存在哪些方面的不足导致上述问题？

问题3：从您对这两种类别的项目评论来看，主要是哪些方面的区别导致产生的结果不同，您觉得我这样分析的观点与您的看法是否一致？（若不一致需要进一步交流，直到双方的意见观点达成一致）

通过文献分析获取的资料 表4-1

序号	风险因素	风险因素描述	来源
1	设计变更	项目前期政府对建设方案考虑不周，在项目建设过程中要求增加相关设施内容； 项目施工过程中政府方提出增加功能设施或提高标准； 因政府方要求项目建设遵循高标准使得原定的项目建设设计内容发生变化	白芙蓉等（2020）、许亚强（2020）；道PPP；专家观点
2	投资监管	跟踪审计未能及时掌握隐蔽工程施工及工程量复核，工程量审计滞后导致很难对隐蔽工程施工中出现的造价变动不合理做出预判； 政府方为及时招标项目匆忙编制投资估算，未进行项目调查和评估，实施过程中以投资估算为限价依据编制预算，造成项目投资估算不足； 在项目的建设阶段，政府实施机构无法核实项目建设的实际成本，无法推动项目建设的良性发展；政府监管有效性不强、监管方法落后； 政府对提供资金的计算方法不合理、预算支出不准确； 项目检查机构无法有效控制大量工程变更、忽视施工过程中的经济管理	陈少强和郭骊（2020）、周晓杰等（2018）、袁亮亮等（2020）、苏海红等（2018）、史玉芳和宋平平（2019）、顾湘等（2020）、周国华和彭波（2009）
3	征地拆迁	政府方前期征地拆迁工作未能及时履约到位，未能按时向项目公司提供用地； 政府拆迁不力导致未能按照合同约定按时完成拆迁的前期工作，以致项目未能按照既定计划开展施工	陈少强和郭骊（2020）、张子超（2018）、苏海红等（2018）、吴燕（2020）、张芳（2018）
4	质量监管	项目建设过程中无材料与半成品进场及使用统计记录、项目实施机构未提供针对建设质量监管记录、评价中无政府主管部门对项目进行监督管理的资料； 项目实施机构没有按材料产品标准规定的抽样规则取样情况普遍存在，取样不规范的产品其检测结果不能准确地判断产品的质量	袁亮亮等（2020）、丁慧平和孙素素（2020）、苏海红（2018）、江小燕等（2018）、王弈桥等（2016）、冷强军等（2017）
5	进度监管	因政府方原因导致工程实际进度无法满足建设进度计划及总工期要求； 项目公司施工进度延后，总施工进度及分部工程施工进度均存在延期问题，且项目公司对于施工进度滞后的情况，未根据工程进展适时优化、调整进度计划，施工进度未得到有效控制	王淑霞（2020）、陈少强和郭骊（2020）、张子超（2018）、邓小鹏等（2008）、江小燕等（2018）、史玉芳和宋平平（2019）；智合PPP
6	勘察设计	项目实施过程因施工图纸不全、项目概算偏低，后期项目公司进行设计优化导致项目投资增加； 政府单位在项目前期调研深度不够、考虑不全，以致在建筑安装工程费用中出现缺项、漏项及估算不准确等现象	袁亮亮等（2020）、亓霞等（2009）、许亚强（2020）、陈权丽（2017）
7	资本金到位	建设期间政府方资本金到位不及时，项目停工	汪振双等（2020）
8	政府介入	项目公司未违约时政府介入，权力滥用或权力不明晰影响社会资本方正常实施； 政府部门采取的行动没有达到行业标准做法，给社会资本方造成损失	白芙蓉等（2020）、姜影等（2021）、陈占涛和马海玉（2019）；PPP大讲堂；专家观点

问题4：除了在上述几个方面以外，您觉得在这些项目中还可能存在哪些方面容易导致项目表现出较大差别影响到您对他们的评价结果？（对于文本资料中收集分析的结果，未提到的内容就访谈人员进行进一步的提问。）

问题5：除了上述我们所讨论的内容外，您觉得在资产形成阶段还存在哪些因素可能会影响到项目资产虚化？

问题6：项目在实施过程中政府部门通过什么途径对质量和投资进行监管？政府在监管过程中存在哪些行为影响到项目的进度和投资？

问题7：政府部门在施工过程中应当履行的义务有哪些？

2. 访谈对象

为了保证研究结果的准确性和一致性，沿用第三章确定的5位受访者，基本信息如表3-3所示。

3. 访谈并整理访谈资料

在访谈前通过邮件将访谈提纲发送到受访者的邮箱，让受访者熟悉研究问题，并提前对访谈的问题进行准备。为保证本次访谈内容的机密性，研究者告知受访者本次访谈所得到的资料内容仅用于相关学术研究；此外，对受访者个人信息进行保密不外泄，其目的是能够使受访者客观、全面、详细表述对研究问题的看法，防止其他因素影响受访的内容准确性。在进行个人深度访谈时采用半结构化访谈的形式，这种方式给受访者充足的时间去思考问题，并有助于访谈者在访谈过程中对可连续提问的点进行深度挖掘，保证后续编码过程中模型建构更加准确、完善，使各范畴的内涵更加明确。根据设计的访谈提纲进行访谈，访谈过程中根据受访者回答的内容进一步提出相关问题引入更深层次的探讨。访谈结束后将受访者的录音资料逐字逐句整理成电子文档，由于访谈时间普遍较长，在此列出研究者与其中一位受访者访谈后整理的访谈记录，如表4-2所示。

访谈内容记录举例　　表4-2

主题	产出规定	投资管理	进度安排
建设前期	①勘察设计合理； ②征地拆迁工作按合同约定完成	项目实施前期对社会资本投入资金使用进行控制	①规定项目实施的进度安排，主要是通过资金支付计划安排检查； ②政府对进度完成情况进行检查，若在规定的时间安排内未完成项目，则项目损失由责任方承担
建设过程	①施工质量标准满足项目合同与规范的要求； ②设立履约保函、监理及相关监管单位责任制	①招标文件中规定投资金额，合同中没有明确规定，不会强制要求投资金额； ②若项目支出成本降低，检查项目质量是否满足合同规定及相关标准，若不满足，责令社会资本采取措施整改，并对其造成的资金损失承担责任	①合理拟定项目竣工验收日期； ②按时提交进度报告，在进度报告中对项目实施状况详细说明

注：①表示合同中对产出规定、投资管理、进度安排的规定与安排；
②表示政府约束社会资本的履约行为所采取的措施，以此保证项目实施达到①中的要求；
③表示当不满足①中的条件时，政府对社会资本采取的管理措施。

（四）案例资料

在遴选案例前应首先设定遴选标准，本书将基于以下4个标准遴选所需的轨道交通案例。

1. 案例的代表性

所选择的案例需要在城市轨道交通项目中具有代表性，这有助于从中分析归纳PPP项目资产虚化的一般规律。

2. 案例的阶段性

项目必须是建设阶段已经完成的，这样可以保证资产形成阶段相关资料的可获取性。

3. 案例的多样性

各个案例之间应兼顾多样性以及对比性，即选择案例的实施规模、风险因素等表现情况应与政府方合作行为形式上具有相对差异性，以确保后续案例间的对比分析结果具有准确性、可信性以及充分性。

4. 案例素材的完整性

确保项目主要参与者同意参与多次访谈，愿意提供政府监管能力、政府履约能力的真实资料，从而可以实现资料收集的三角验证。

遵循上述遴选标准，通过中国知网、新闻报道等途径查阅相关资料，最终选取出5个城市轨道交通项目，如表4-3所示。

PPP项目遴选结果　　表4-3

<table>
<tr><th>序号</th><th>项目名称</th><th>资金浪费/功能冗余现象</th><th>项目示范级别/批次</th><th>所在区域</th><th>获取途径</th></tr>
<tr><td rowspan="2">1</td><td rowspan="2">昆明地铁5号线</td><td>审批延误</td><td rowspan="2">暂无</td><td rowspan="2">云南省
昆明市</td><td rowspan="16">（1）新闻报道
（2）中国知网（CNKI）</td></tr>
<tr><td>设计风险</td></tr>
<tr><td rowspan="5">2</td><td rowspan="5">青岛地铁13号线</td><td>项目审批</td><td rowspan="5">暂无</td><td rowspan="5">山东省
青岛市</td></tr>
<tr><td>设计变更</td></tr>
<tr><td>进度监管</td></tr>
<tr><td>政府干预</td></tr>
<tr><td>公众反对</td></tr>
<tr><td rowspan="3">3</td><td rowspan="3">北京地铁4号线</td><td>审批延误</td><td rowspan="3">第一批次国家级示范</td><td rowspan="3">北京市</td></tr>
<tr><td>政府信用</td></tr>
<tr><td>政府干预</td></tr>
<tr><td rowspan="4">4</td><td rowspan="4">成都地铁1号线一期工程</td><td>融资风险</td><td rowspan="4">第一批次国家级示范</td><td rowspan="4">四川省
成都市</td></tr>
<tr><td>技术风险</td></tr>
<tr><td>政府干预</td></tr>
<tr><td>工程变更</td></tr>
<tr><td rowspan="2">5</td><td rowspan="2">天津地铁11号线一期工程</td><td>审批延误</td><td rowspan="2">暂无</td><td rowspan="2">天津市</td></tr>
<tr><td>政府信用</td></tr>
</table>

二、风险因素的三级编码

三级编码主要包括三个过程：开放性编码、主轴编码和选择性编码，资料整理完成后进行信度检验保证编码结果的准确性。

（一）开放性编码

本部分同样采用Nvivo12质性分析软件进行相关编码工作，具体的操作步骤如下：

（1）对文本资料进行逐字逐句阅读，将其中与研究主题相关的关键词句进行标记，并对其进行贴标签作为一级节点（初始概念）。

（2）将获得的一级节点进行比较分析，合并其中相互关联性程度高及出现频率较高的一级节点，形成并命名新名称作为二级节点（即副范畴）。

（3）在Nvivo12质性分析软件中的“查询”模块，使用“复合”功能对收集的文本资料进行检查，防止存在未进行编码的遗漏文本。

对于软件操作的步骤阐述，以副范畴节点“投资监管不足”为例说明，在文本中搜索含有“投资监管”字样但属于此二级节点的内容（Nvivo12质性分析软件中关键词与节点的对应关系类型即“与非”），通过查询得到满足条件的6个参照节点，包括“项目实施机构投资监管”“项目实施机构投资控制”等。其中，变更签证不合理、竣工决算管理不合理属于投资监管不足节点的内容要求，对此项进行编码并保留在此节点下，而其他内容与投资监管不足内容不符合，因此将其舍去。基于上述操作理念，遵循并按照上述操作，本书共得到8个副范畴（见表4-4中第3列）。为了使副范畴更加方便理解，本书在表4-4的第4列对副范畴内涵进行解释说明，并在表的最后一列概括其资料来源。

（二）主轴编码

主范畴建立的步骤如下：首先，将副范畴节点依据相关词语的相似性进行分类，其操作方式是使用Nvivo12质性分析软件中的“聚类分析”功能将副范畴进行聚类，判断相关概念之间的相似性依据“Jaccard系数”度量；其次，研究小组组织讨论分析，依据上述操作步骤分析聚类结果的合理性，对其中不合理的地方进行修改，然后将归纳得出的主范畴结果反馈至受访者，询问受访者的观点；最终，将8个副范畴归纳、总结、提炼后得出建设前期政府方履约行为、建设过程政府方履约行为、建设过程监管行为3个主范畴（具体结果如表4-4中第2列所示）。

（三）选择性编码

本书在对核心范畴进行挖掘时，首先采用Nvivo12质性分析软件的“聚类分析”功能对3个主范畴进行归类，按照词语含义的相似性进行归类，将“建设前期政府方履约行为”“建设过程政府方履约行为”归并成一类，命名为“政府方履约行为”。由于对PPP项目资产形成阶段收集的资料有限，识别到的风险因素数量较少，此阶段只提炼出“建设过程监管行为”这一个主范畴，为了命名统一，将“建设过程监管行为”命名为“政府方监管行为”。对上述软件聚类得出的结果，研究小组对其合理性进行内部讨论，经过分析研究发现，对于项目实施的全过程，政府方履约行为、政府方监管行为都能够用来表示PPP项目资产形成过程中资产虚化的风险因素。因此，将政府方履约行为、政府方监管行为确定为核心范畴。

（四）信度检验

理论饱和度检验通过判定范畴特征作为停止采样的标准，同时也是判定模型饱和可靠性的标准（Fassinger，2005）。通过对初始资料进行三级编码，最终得到关于URT-PPP项目资产形成阶段资产虚化风险因素的副范畴、主范畴及核心范畴，具体内容如表4-4所示。在编码工作完成后，研究小组对结果进行信度检验确保研究结果的可信度，其操作方式是随机抽取若干研究小组成员，将相同的文本资料分配给被抽取的人员，各成员根据所获得的研究资料进行编码，最终对编码结果的一致性进行对比。为保证研究结果的准确性，再从研究小组内任意抽取两名成员，给定节点名称，被抽取的人员使用Nvivo12质性分析软件分别进行编码，在操作过程中禁止交流。最后，在运行软件的“查询”模块打开“编码比较”程序，结果显示政府方履约行为、政府方监管行为的“Kappa系数”分别是0.837、0.828，其数值均大于0.75，证明本章节得到的编码结果一致性可以接受。

URT-PPP项目资产形成阶段资产虚化风险因素的编码结果　　表4-4

核心范畴	主范畴	副范畴	副范畴内涵	资料来源
政府方履约行为	建设前期政府方履约行为	政府审批延误	政府审批不及时导致项目拖延，超出合同工期和成本	陈少强和郭骊（2020）、苏海红等（2018）；PPP大讲堂、PPP知乎、新基建投融圈专家观点；2724号文第六条第（三）点、156号文；案例1、案例2、案例3、案例5
		政府方资本金到位不及时	PPP项目合同中规定应当由政府方出资的项目资本金到位不及时，影响项目正常建设	丁慧平和孙素素（2020）、邓小鹏等（2008）、江小燕等（2018）；道PPP专家观点；访谈资料；2724号文第七条第（四）点、156号文、21号文附件第二章第十一条、167号文附件第四章第二十七条；案例4
		勘察设计不合理	政府方前期对项目调研不充分、定位不明确、功能未细化、建设条件未落实、方案未稳定、规划设计不准确，勘察设计报告不准确，从而导致项目设计概算精度偏差较大	亓霞等（2009）、陈权丽（2017）；访谈资料；156号文

续表

核心范畴	主范畴	副范畴	副范畴内涵	资料来源
政府方履约行为	建设过程政府方履约行为	政府方设计变更不合理	建设过程中政府方不合理提出提高建设规模、标准的要求，增加建设内容	江小燕等（2018）、臧健（2021）；道PPP访谈记录；访谈资料；156号文；案例1、案例2
		政府介入不合理	项目公司未违约时，政府方介入权力滥用，采取的行动没有达到行业标准从而影响项目正常实施，引起政府非必要补偿费用支出	邓新勇（2018）、陈占涛和马海玉（2019）；PPP大讲堂专家观点；访谈资料；2724号文第五条第（六）点、156号文、167号文附件第三章第十六条；案例2、案例3、案例4
政府方监管行为	建设过程监管行为	投资监管不足	项目实施机构对项目实施过程中变更价款签证资料、竣工结算、项目公司提交的财务预算报告资料等审核不到位造成项目投资超支	周晓杰等（2018）、袁亮亮等（2020）、顾湘等（2020）、许亚强（2020）；道PPP、南京卓远、PPP知乎专家观点；2724号文第六条第（二）点、21号文附件第二章第十条；案例4
		质量监管不足	项目实施机构对项目实施过程中施工质量检查不到位、对出具的质量管理记录资料中存在的问题审查不到位、对项目公司提出的整改要求未监督落实	江小燕等（2018）、冷强军等（2017）；PPP大讲堂；访谈资料；案例4
		进度监管不足	项目实施机构对项目公司提交的施工进度计划安排科学性审核不足，对项目公司在施工过程中工程进度优化、调整进度计划的工作情况监管遗漏，导致项目实施进度未按照总进度计划完成	周国华和彭波（2009）、冷强军等（2017）；新基建投融圈专家观点；2724号文第六条第（三）点；案例2

第三节　资产形成阶段URT-PPP项目资产虚化模型构建

在资产形成阶段URT-PPP项目资产虚化风险因素的基础上，建立其评价标准，以更加准确和规范地对案例进行分析。通过案例间的横向对比和纵向对比，分别得出URT-PPP项目资产形成阶段的成本性资产虚化风险因素和功能性资产虚化风险因素。

一、资产虚化风险因素评价

通过扎根理论得到了URT-PPP资产虚化风险因素模型，即包括政府方履约行为、政府方监管行为两个维度在内的8个题项，但如何依据所搜集案例信息对各个题项进行度量仍未能获取，因此，下面针对上述两个方面具体分析资产形成阶段URT-PPP项目资产虚化风险因素的关注焦点、度量依据及其度量结果。

（一）政府方履约行为

1. 项目建设前期政府方履约行为不合理

项目建设前期政府方履约行为包括政府审批延误、项目勘察设计不合理、政府方资本金到位不及时三个方面。

（1）政府审批延误

政府审批延误是指政府有关部门的不专业和能力不足、复杂和官僚的审批程序、分散和不清晰的职责规定等内在问题导致政府的决策审批延误。其具体度量依据是审批工作是否在合同的约定期限内完成，项目实施过程中是否存在因审批工作不到位引起的现场人员、材料和机械的窝工带来的成本增加。

（2）项目勘察设计不合理

勘察设计是项目建设的基础和依据，勘察设计的深度和准确性是其关键要点。勘察设计工作粗糙、勘察事项遗漏和设计不到位、概算编制缺漏项等问题频发，导致后续施工中存在大量的设计变更，增加了工程造价的不确定性。其度量依据是项目实施过程中出现变更不合理的次数，次数越多或投资概算偏差越大，则勘察设计履约不合理的程度越高。

（3）政府方资本金到位不及时

政府方资本金到位指的是成立项目公司时政府方按照项目合同约定及时出资相应比例的资本金，能够保证项目公司成立。其度量依据是政府方资本金到位的时间和数额，若政府方按照合同约定及时在规定的期限内保证资本金到位，项目按照合同约定的时间顺利实施，则资本金到位不及时的程度较低；相反，若政府方资本金到位不及时，引起项目实施进度拖延的时间较长，则政府方资本金到位不及时程度较高。

2. 项目建设过程中政府方履约行为不合理

项目建设过程中政府方履约行为不合理包括设计变更不合理和政府介入不合理。

（1）设计变更不合理

设计变更是指项目建设过程中政府方提出的变更需求。政府方往往由于强势地位提高建设要求，对项目设计方案、材料及设备选购等方面提出高标准，缺乏造价管理理念，导致项目投资增加。其度量依据是建设过程中政府方提出不合理设计变更的内容数量，内容越多，设计变更不合理的程度越高。

（2）政府介入不合理

政府介入是指在PPP合同中约定的政府方为了使社会资本方能够更好地履约自身行为对项目实施建设过程进行管理。其度量依据是政府方在介入过程中政府部门采取的行动是否符合行业标准的做法，是否出现因政府行为导致PPP项目实施方案变化不合理或由于政府强势地位引起项目建设运营的风险。若在项目实施过程中政府介入对项目正常实施未产生影响，则政府介入不合理程度较低。相反，若在项目建设过程中政府方职能定位不清，依靠自身强势地位过度干预项目，参与项目公司具体事务中，比如项目设计方案决策等，造成项目建设投资增加，则政府方介入不合理程度较高。

（二）政府方监管行为

政府方委托项目实施机构履行监管职责，项目实施机构依据PPP项目合同约定对项目的建设过程进行跟踪管理和定期检查。政府方在项目建设过程中对项目的监管行为包括质量监管、进度监管、投资监管三个方面。

（1）质量监管不足

质量监管是指项目实施机构履行行政监管职责，依据PPP项目合同对项目建设完成情况进行跟踪管理和定期检查，对项目质量管理资料和施工现场质量进行查看，及时发现项目实施过程中存在的问题，责令项目公司进行整改，在项目交付时对项目整改情况进行检查，能够保证项目的施工质量、竣工验收满足项目标准。其度量依据是项目实施机构在项目实施过程中是否对施工现场已完工部位进行质量监管，若质量问题发现及时，对项目公司提出的整改要求及质量管理资料审查全面到位，则政府方对质量监管不足的程度较低。相反，若政府方对施工现场监管不到位、对建设过程中存在的问题未能及时发现、对项目公司提出的整改要求未能监督到位、对质量管理资料检查不全面导致监管效率低下，造成项目在后期出现质量问题，则质量监管不足程度较高。

（2）投资监管不足

投资监管是项目建设实施过程中，政府方对建设过程的竣工结算、变更签证等费用支出进行管控，其度量依据是政府方是否能够采取有效的造价控制措施，详细准确审核项目建设过程中的签证与竣工验收，使项目实际投资与合同约定的资金之间的差额较低。项目实际投资超出合同约定的资金越多，则政府方投资监管不足的程度越高。

（3）进度监管不足

进度管理是政府方要求项目公司根据项目实际情况编制项目总体施工进度计划，并落实各子项目进度计划，做好项目进度控制，做到按时开工、完工及验收。其度量依据是政府方对项目公司编制的进度计划的合理性是否审核到位，若可以保证项目实施进度符合进度计划的节点安排，项目按照合同约定的工期完成建设，则政府方进度监管不足的控制程度较低。相反，若政府方对项目公司编制的项目进度计划审查不到位，项目实际进度与计划进度出现的偏差较大，项目实际完工日期超出合同约定的时间较长，证明政府方进度监管不足的程度也较高。

案例中资产虚化风险因素的评级标准、关注焦点及度量依据的具体内容如表4-5和表4-6所示。

URT-PPP项目案例中资产虚化的风险因素评级标准 表4-5

风险因素		因素评级		
		+	++	+++
政府方履约行为	政府审批延误	政府审批未能及时，但未影响项目实施进度	政府审批不及时导致项目进度拖延，但未超出合同工期要求	政府审批不及时导致项目拖延，超出合同工期和成本
	资本金到位不及时	资本金到位时间符合合同约定，到位金额存在少部分遗漏，未影响项目进度	资本金到位时间拖延且到位金额不齐全，项目进度拖延时间较短	资本金到位时间拖延，项目进度拖延时间长，增加项目成本
	勘察设计不合理	勘察设计基本符合项目实际	勘察设计与项目实际存在偏差较小，未超出项目合同内容范围	勘察设计与项目实际过程存在较大的差距，超出项目合同内容范围
	设计变更不合理	项目实施过程中设计变更基本合理	由于政府前期勘察设计不到位，项目实施过程中提出设计变更，影响工程进度	项目实施过程中政府方提出的不合理的设计变更引起项目使用功能冗余或使用功能不足
	政府介入不合理	政府介入基本满足合同中介入要求	政府介入项目实施，对项目进度产生影响，但并未引起严重损失	政府介入影响项目正常建设，给项目实施带来严重损失
政府方监管行为	投资监管不足	项目投资超支在合理范围内	项目投资超支，超出合理范围，未出现投资超概算情况	政府方对投资监管不严，项目投资超概算
	质量监管不足	实施机构及时履约合同管理职能，存在部分履约管理职责不到位，可参与竣工验收	实施机构未能够及时履行合同管理职能，参与竣工验收，项目实施过程中出现质量问题	实施机构未能履行合同管理职能，未参与竣工验收，项目实施过程中出现质量问题，不能够对项目公司提出整改要求并监督落实
	进度监管不足	施工过程中存在部分工期节点未满足施工计划安排，项目完工符合合同约定工期	项目实施进度管理不足，项目实施进度与计划进度存在偏差，项目完工符合合同约定工期	项目实施进度管理不足，项目工期延误，超出合同约定的工期安排

注：“+”代表此风险因素影响程度较低；“++”代表风险因素影响程度为中等；“+++”代表风险因素影响程度较高。

URT-PPP项目资产虚化风险因素的关注焦点与度量依据 表4-6

维度	关注焦点	度量依据
建设前期政府方履约行为	政府审批工作按照合同约定时间完成	项目能否按时开工
	可行性研究报告及初步设计编制合理性	实际施工设计与初步设计之间存在的偏差
	项目资本金是否按照合同约定按时、全部到位	资本金到位及时性、到位率和合规性
建设过程政府方履约行为	政府方提出的设计变更	项目建设内容的变化
	在不影响项目建设的前提下对项目有效监管的情况	是否过度干预

续表

维度	关注焦点	度量依据
建设过程政府方监管行为	建设过程费用控制	项目实际投资是否超出合同约定投资
	变更签证及竣工验收管理的情况	变更签证及竣工验收管理是否审查到位
	实施过程中不定期质量检验	是否及时发现项目实施过程中存在的质量问题
	对项目公司出具的自检质量报告资料的审查	资料出具的及时性、合理性、全面性
	施工进度计划编制的科学合理性	在项目实施过程中是否有项目进度拖延
	项目实施进度与计划安排匹配性	项目实际实施进度是否与进度计划一致

二、案例选取

（一）案例收集标准

1.选取的URT-PPP项目案例应具有代表性和覆盖性

（1）代表性

案例自身应具有一定代表性，即要求案例规模以及利益相关者类型应具有代表性，这有助于从案例中分析归纳URT-PPP项目资产虚化的一般现象。

（2）覆盖性

需要从不同经济水平的城市选择案例，因为PPP项目的本质是公私合营，它的整个项目过程受到当地政府财政以及经济发展水平的限制，从不同经济水平的城市选择案例可以增加案例的说服力。

（3）信息全面真实

案例信息获取应全面、详细且具有真实性，选取的案例作为后续分析的基础，案例信息首先要保证全面具体，能从各方面保证理论分析有凭有据，同时要保证案例信息的真实性，不得为理论目标而捏造信息。

2.所选取的URT-PPP项目案例处于或者结束了资产形成阶段

URT-PPP项目资产虚化包括成本性资产虚化和功能性资产虚化两个维度，从各个维度的具体内容来看，只有项目进入执行阶段才能满足要求。在项目投入运营以后或至少完成建设阶段后才能对其项目资金价值和功能合格性及适用性指标进行评价，因此，应当选取至少完成建设阶段的PPP项目。

（二）案例收集的途径

本书涉及2个维度：成本性资产虚化和功能性资产虚化。其具体评价指标和度量依据在表4-5和表4-6中已经确定，所以案例资料的搜集也着重于以上几方面。经过研究小组讨论，通过对具有代表性的实际案例调研所得到的资料可靠性与准确性较好。调研的目标群体：一是组成该项目的各合作主体（企业和相关政府单位）；二是参与各项目绩效考核的绩效评价单位。此外，本书所选取的案例资料要求是已经完成建设并投入运营的PPP项目，大多数PPP项目属于重大基础设施类，并且项目信息在官方网站上都有公开展示。因此，相关媒体对其报道较多，研究人员对其关注度也较高，有关学者经常会在大型学术会议、学术论坛上讨论一些典型项目。除此以外，还可以通过搜集文本资料来提取研究案例的相关信息，具体搜集方式包括摘录相关网站中关于PPP项目的新闻报道、与PPP相关的会议论坛上专家学者对具体PPP项目案例访谈讲话记录、财政部PPP中心信息公开的项目库、相关PPP项目咨询公司创建的微信公众号中专业人士的观点等。具体PPP项目资产虚化各项风险因素指标信息获取路径如表4-7所示。

具体PPP项目资产虚化各项风险因素指标信息获取路径 表4-7

<table>
<tr><th>资产虚化风险因素维度</th><th>获得信息</th><th>获取途径</th></tr>
<tr><td rowspan="2">政府方履约行为</td><td>政府相关单位在项目实施过程中为项目提供行政支持的情况、对项目有效监管的情况以及对私人部门按约履行承诺的情况等</td><td rowspan="4">项目调研、媒体报道、财政部PPP中心项目库、PPP相关公众号（专家观点）、微文、中国知网数据库</td></tr>
<tr><td>项目实施过程中政府部门违约情况（如资本金是否及时到位、是否介入不当等）</td></tr>
<tr><td rowspan="2">政府方监管行为</td><td>对项目有效监管的情况以及对私人部门按约履行承诺的情况</td></tr>
<tr><td>项目竣工验收情况、建设期延长情况、建设期追加投资情况以及建设期的绩效评价</td></tr>
</table>

（三）案例收集结果

基于以上筛选原则和获取路径，选取出5个典型的URT-PPP项目案例，案例基本信息如表4-8所示。

PPP项目案例基本信息 表4-8

序号	PPP项目名称	项目运营情况	投资额	地点
1	北京地铁4号线	成功	153亿元	北京市
2	昆明地铁5号线	成功	193亿元	云南省昆明市
3	天津地铁11号线一期工程	2023年底东段开通运营	256亿元	天津市
4	成都地铁3号线一期工程	成功	58亿元	四川省成都市
5	深圳地铁4号线二期工程	成功	60亿元	广东省深圳市

三、案例内分析

（一）案例一：北京地铁4号线

1.案例背景介绍

北京地铁4号线是北京市首项采用PPP模式兴建的基础设施，当地政府采纳了香港地铁企业的成功经验，为政府节约了大量的财政费用，社会经济效益显著，最终取得了双赢的结果。该项目总投资153亿元，方案正式实施阶段包含A、B两个环节，A环节核心工作是征地拆迁、轨道规划等工程处理，总费用达到107亿元，由北京市政府开办的平台企业负责实施；B环节总投资额约为46亿元，由PPP项目特许公司负责北京地铁4号线的运营管理、设施维护、资产更新及站内商业经营，通过地铁票款收入和站内商业经营收入收回投资。

2.案例中各资产虚化风险因素表现评级

（1）政府方履约行为表现评级

城市轨道交通项目的立项、征地、开工等流程都需要政府相关部门的审批，如果程序过于复杂或政府部门的工作人员办事效率低下，都会导致较高的时间成本并影响到项目工期。为给PPP项目运作创造良好条件，使项目顺利进展，政府不应该随意对项目进行干涉，而在北京地铁4号线项目中，政府职能转变不到位，导致对项目的决策审批出现延误。一方面，繁冗的审批程序耽误了私人部门进入项目的时机，使得北京市基础设施投资有限公司无奈垫付款项；另一方面，长时间的项目审批使有意参与建设阶段的投资方错过最佳介入时机，从而降低PPP项目对该类投资者的吸引力。然而，这种情况对项目最终的成本和工期并未造成很大的影响，因此对于此案例中政府审批延误这一指标，根据表4-5给出的评级结果为“+”。

项目处理阶段，如果政府方由于自身原因对相关条例进行调整，原材料必须在该地区直接采集或工程结束为该地区服务时需要缴纳相应的税款等，使得方案正常实施、运作遭到干预。在政府入股的情况下，政府官员非常看重国有资产的控制权，期望拥有决策权，但是如果控制不合理，会使项目效率降低，可能出现返工导致成本增加和工期延误。在北京地铁4号线的建设过程中，存在政府官员直接干预项目建设的情况，影响了社会资本的自主决策权，但并未对项目最终的成本和功能造成影响。对于此案例中政府介入不合理这一指标，根据表4-5给出的评级结果为“+”。

（2）政府方监管行为表现评级

政府部门是北京地铁4号线项目的发起人，也可以是政府指定的代理机构或者部门，政府部门通过提供部分项目资本金及授予特许经营权的方式参与PPP项目。对于政府部门来说，应用PPP模式的主要目的在于充分利用社会资本活力的同时减少自身财政压力、追求社会效益最大化、促进北京市基础设施建设、提供更便捷的社会服务、加快北京市经济发展、提高居民生活水平等。本项目社会效益在很大程度上与北京市民对其需求程度成正比，因此政府部门的决策支持程度依赖于他们对项目建设与社会效益之间的权衡。政府方由于自身原因对项目进度的监管不够充分，导致施工过程中存在部分工期节点未满足施工计划安排的情况，但是项目完工符合合同约定的工期。因此，对于此案例中进度监管不足这一指标，根据表4-5给出的评级结果为“+”。

3. 资产虚化结果评级

由于项目在建设期间的费用支出符合预期的成本，所以相对应的成本性资产虚化表现给出“低”评级结果；项目升级或维护后表现出功能符合升级预期，项目功能满足升级前需求，所以功能性资产虚化表现给出“低”评级结果。

4. 案例总结

通过上述对北京地铁4号线项目建设阶段资产情况的分析，对案例一的资产虚化风险因素以及资产虚化结果进行总结，如表4-9所示。

案例一资产虚化风险因素及资产虚化结果汇总表　　表4-9

风险因素	政府方履约行为		政府方监管行为
	政府审批延误	政府介入不合理	进度监管不足
风险评级	+	+	+
资产虚化	成本性资产虚化		功能性资产虚化
结果评级	低		低

（二）案例二：昆明地铁5号线

1. 案例背景介绍

昆明地铁5号线贯穿城市东北到西南方向，经过五华区、盘龙区、西山区和经济开发区，是构成昆明城市轨道交通线网的重要组成部分。昆明地铁5号线全长24.6km，工程投资估算总额约为193亿元，工程分为征地拆迁和工程建设PPP项目两个部分。PPP项目总投资约160亿元，政府设立的地铁投资公司和社会资本按照9.8%：90.2%的比例，投入总投资的64%，其余的36%由PPP项目公司采用商业贷款方式筹集。项目主要收入来源为特许经营授权的票务收入、非票务收入以及政府票价补贴。

项目投资主要分为两部分：一是项目资本金。土建工程部分项目资本金暂定为41.93亿元，由中国铁建股份有限公司、中铁四院集团投资有限公司出资36.48亿元，昆明轨道交通集团有限公司代表昆明市政府出资5.45亿元。机电设备及车辆购置部分项目资本金暂定为27.83亿元，由中国铁建股份有限公司、中铁四院集团投资有限公司出资22.4亿元，昆明轨道交通集团有限公司代表昆明市人民政府出资5.43亿元。二是中国铁建股份有限公司、中铁四院集团投资有限公司作为融资主体还需要承担除了项目资本金以外的剩余部分。由于轨道交通项目资金需求量大，对于昆明地铁5号线的建设，若由单个银行来提供资金贷款，银行考虑到资金规模和运营风险会存在难以合作的情况。为分散大规模投资风险，昆明地铁5号线的建设由建设银行昆明分行联合其他两家银行共同合作提供贷款。正是由于昆明地铁5号线是准公共物品，公私合作可以在保证地铁公共性的前提下引入市场竞争机制，以准公共产品营利性吸引私人资本，通过和这两家企业的合作分摊地铁建设资金缓解政府财政压力。

2. 案例中各资产虚化风险因素表现评级

（1）政府方履约行为表现评级

昆明地铁5号线在申报期间，财政部和国家发展改革委在权力和责任方面有很大的交叉重叠，两部委在制度层面上未划清管理界限，导致权责交叉重叠、管理效率低下。两部委对地方政府申报的公私合作项目进行多头管理，昆明地铁5号线从项目申报开始历时三年多的时间才获得批准。由于申报时间较长，流程较为复杂，且后期昆明市政府对项目的审批过程也发生延误，高成本和复杂的程序使得项目的时间成本上升。此外，昆明地铁5号线项目的建设需要征用宝丰村的部分土地，一般由昆明市政府进行协调提供建设用地，但在实施阶段遇到拆迁阻挠，施工进程一再拖延。因此，对于此案例中政府审批延误这一指标，根据表4-5给出的评级结果为“++”。

运营期间地铁的票价和乘坐的客流量是私营企业实现预期收益的关键因素。但昆明地铁5号线的票价是由昆明市政府制定，而不是由市场需求决定。政府部门介入票价制定过程，其主要考虑的还是如何保障公共利益的实现，需要满足大多数消费者的消费需求和消费能力，这就增加了线路投资回收的不确定性，增加了私人部门投资和运营风险，因此具有较大的不合理性。对于此案例中政府介入不合理这一指标，根据表4-5给出的评级结果为“++”。

（2）政府方监管行为表现评级

风险分担程序分为初始风险分配、谈判分配和风险追踪与再分配三个阶段。初始风险分配阶段是指：昆明轨道交通集团代表昆明市政府与中国铁建股份有限公司和中铁四院集团投资有限公司进行昆明地铁5号线PPP项目合作谈判开始时期，该项目合作还处于可行性研究阶段，由昆明轨道交通集团首先对风险进行识别，并根据风险分析的结果初步判定公私双方各自承担的风险种类。谈判分配是指参与PPP合作的这两家企业对昆明轨道交通集团提出的风险分配结果进行评估，对不适合由其承担的风险种类重新进行谈判。风险追踪与再分配是指在双方签订合作协议后，项目进入建设、运营阶段，对于出现的意料之外的状况或新的风险因素，需要回到初始分配阶段进行重新谈判再分配。但是昆明地铁5号线在建设过程中对于临时遇到的拆迁问题没有进行风险追踪与再分配，导致工期延误，说明政府方对于项目进度监管方面还有待完善。因此，对于此案例中进度监管不足这一指标，根据表4-5给出的评级结果为“+”。

昆明地铁5号线建设前期需要大量的资金投入，并且资金回收速度慢、周期长，这对参与合作的私营企业的融资能力和偿债能力都有严格的要求。中国铁建股份有限公司、中铁四院集团投资有限公司除了58亿元的资本金外，其余部分要自行融资。公私合作的特许经营期一般是30年，在这个长期合作过程中同时也需要资金来提供稳定的支撑，但是在运营过程中存在客流量和经营的不确定性，银行等金融机构不愿意全程参与其中。此外，银行等金融机构能提供给私营企业的融资渠道依然还是传统的以债权融资进行的商业贷款，这样单一的融资方式，私营企业得到的资金额度是有限的，可能不能满足公私合作项目的资金运转需求。昆明市政府在昆明地铁5号线项目建设过程中的投资监管方面不够完善，导致此项目的金融投资存在以下困难：一是经营权和所有权的分离，中国铁建股份有限公司只有使用权；二是项目开发公司没有土地的所有权，如果要将使用权进行抵押则要征得昆明市政府的同意方可进行。但是这些问题未造成资产的虚化，因此对于此案例中投资监管不足这一指标，根据表4-5给出的评级结果为“+”。

3. 资产虚化结果评级

由于项目在建设期间的费用支出超出预期成本较高，所以相对应的成本性资产虚化表现给出“高”评级结果；项目升级或维护后表现出功能符合升级预期，项目功能满足升级前需求，所以相对应的功能性资产虚化表现给出“低”评级结果。

4. 案例总结

通过上述对昆明地铁5号线项目建设阶段资产情况的分析，对案例二的资产虚化风险因素以及资产虚化结果进行总结，如表4-10所示。

案例二资产虚化风险因素及资产虚化结果汇总表　　表4-10

风险因素	政府方履约行为		政府方监管行为	
	政府审批延误	政府介入不合理	投资监管不足	进度监管不足
风险评级	++	++	+	+
资产虚化	成本性资产虚化		功能性资产虚化	
结果评级	高		低	

（三）案例三：天津地铁11号线一期工程

1. 案例背景介绍

2019年6月，天津地铁11号线《政府和社会资本合作协议》正式签约。根据合同约定，政府方由天津轨道交通集团有限公司作为出资代表，社会资本方为由中国交通建设集团有限公司等组成的中交联合体。该项目建设总工期为4年，运营期22年，项目初步设计投资概算总投资额为256亿元。其中PPP项目公司投资约187.6亿元，剩余部分由政府投入。

天津地铁11号线一期工程线路全长22.6km，西起水上公园站，东至六经路站，沿途经过复康路、八里台、儿童医院、陈塘科技服务区、东丽开发区等人流密集区域，共设21座车站，均为地下站，在东丽区设置七经路定修段一座。按照规划，未来天津地铁11号线将与10条线实现换乘，成为天津地铁线网中的重要枢纽，项目建成后，市民出行将更加便利。

天津地铁11号线一期工程采用BOT（建设—运营—移交）的PPP运作模式，由天津市政府授权天津市住房和城乡建设委员会作为项目实施机构和采购人对项目进行政府采购，并授权天津轨道交通集团有限公司作为政府方出资代表，通过政府采购公开招标程序引入中交联合体中标成为项目社会资本方。按照合同约定，项目方案优化、投融资、建设、运营管理、运维、提升改造、追加投资及授权范围内的地铁客运服务和非客运服务经营由中交联合体负责。特许经营期结束后，中交联合体则将项目资产转交给实施机构或天津市政府指定机构。该项目总投资中的40%作为资本金，由天津轨道交通集团有限公司和中交联合体分别按49%与51%的比例出资，其余60%为债务资金，按26年期贷款。

2.案例中各资产虚化风险因素表现评级

（1）政府方履约行为表现评级

轨道交通项目建设投资金额巨大，其建设和运营对区域发展的影响十分突出，在项目的设计、审批过程中涉及部门较多，审批权限掌握在国家发展改革委手中，因此在决策审批过程中易发生延误风险。在社会资本方能够按时提供相关审批文件的前提下，建议决策审批延误风险由天津市政府承担。天津地铁11号线一期工程复杂，涉及部门过多，需要履行的项目审批手续繁琐、流程复杂，但是对项目开工时间未造成影响。因此，对于此案例中政府审批延误这一指标，根据表4-5给出的评级标准为“+”。

参与PPP项目需要有较高的专业水平和专业素养，特别是项目识别阶段和准备阶段需要进行大量的项目评价和论证，对财政、金融、项目管理、法律等专业知识和能力的要求极高，政府官员缺乏相关专业能力，会导致物有所值和财政可承受能力两项评价不能规范开展。虽然天津市政府自2017年开始征集PPP领域的人才，也出台了一系列引进人才的政策，但缺口还是较大。另一方面，政府部门参与PPP项目的工作人员业务知识普遍不如专业领域人员，且知识更新速度缓慢，导致PPP项目在前期项目识别、评估等方面精准度不高、推行缓慢，项目运作和管理能力不足。在天津地铁11号线一期工程的建设过程中，由于政府部门中部分工作人员专业知识不足，对项目过度干预，影响工程实际进度，产生额外的成本。因此，对于此案例中政府介入不合理这一指标，根据表4-5给出的评级结果为“++”。

（2）政府方监管行为表现评级

在PPP项目建设实施过程中，政府方作为项目参与者和监管者的合体，角色转换不到位，在对项目监管上易出现两极化现象。政府方对PPP项目监管不到位会导致PPP项目在实施过程中发生不能及时履行合同的情形增加，在一定程度上会增加社会资本的投资风险，特别是民营企业的融资成本和投资风险。天津地质条件复杂，天津地铁11号线途经的东江路一带地形复杂，对施工技术要求较高，而且涉及的土地征收较多，政府在项目建设过程中对于进度和项目质量的监管都稍有不足，但是并未产生额外的施工成本。因此，对于此案例中进度监管不足这一指标，根据表4-5给出的评级结果为“+”；对于质量监管不足这一指标，给出评级结果为“+”。

3. 资产虚化结果评级

由于项目在建设期间的费用支出略高于预期成本，所以相对应成本性资产虚化表现给出“中”评级结果；项目升级或维护后表现出功能符合升级预期，项目功能满足升级前需求，所以相对应功能性资产虚化表现给出“低”评级结果。

4. 案例总结

通过上述对天津地铁11号线一期工程项目建设阶段资产情况的分析，对案例三的资产虚化风险因素以及资产虚化结果进行总结，如表4-11所示。

案例三中资产虚化风险因素及资产虚化结果汇总表　　表4-11

风险因素	政府方履约行为		政府方监管行为	
	政府审批延误	政府介入不合理	质量监管不足	进度监管不足
风险评级	+	++	+	+
资产虚化	成本性资产虚化		功能性资产虚化	
结果评级	中		低	

（四）案例四：成都地铁3号线一期工程

1. 案例背景介绍

成都地铁3号线全长约51km，其中地下线约20km，地上线约31km。线路起于红星站，止于板桥站，设车站33座，其中高架站16座，地下车站17座，平均站间距1.69km，最大站间距2.9km，最小站间距仅0.7km。工程分两期建设，其中一期工程起于太平园站，止于军区总医院站，线路全长约20km，全为地下线路，共设车站17座。基于成都地铁3号线一期工程项目的特点，结合市政府部门财政开支的情况，成都地铁有限责任公司作为成都地铁3号线一期项目BT模式的建设单位，在政府指导下细致研究，最终商定学习国内其他城市项目建设经验，采用结合本市情况的“投融资+施工设计总承包+回报”的BT模式。通过公开招标，最终选择施工、投融资、管理综合水平较高的国内建筑行业领军企业——中国中铁股份有限公司作为成都地铁3号线一期工程的BT建设项目承建方。按照合作协议，通过成都地铁有限责任公司和中国中铁股份有限公司双方共同努力，确保成都地铁3号线一期工程于2012年4月实质性开工，2015年底具备开通试运营条件。

2. 案例中各资产虚化风险因素表现评级

（1）政府方履约行为表现评级

成都地铁3号线一期工程设置了3座110kV主变电所，其中一座白莲池主变电所位于熊猫大道站与军区总医院之间的北郊车辆段范围内。主变电所至下级变电所的35kV电缆通道施工需要经过一座沙发厂和一座木地板加工厂，不同于普通民居的拆迁工作，政府部门在建设初期对征地拆迁工作的审批协调时间较长，由于主变电所是一个供电分区的进线端，此次征地拆迁工作的滞后，导致成都地铁3号线一期工程的内控“电通”大节点也相应滞后了将近2个月，但是未影响项目的总工期。因此，对于此案例中政府审批延误这一指标，根据表4-5给出的评级结果为“+”。

由于成都地铁3号线一期工程施工工期紧张，施工图下发后，施工单位立即进行工程施工。在实际的工程项目中，有些项目已经完成施工，但工程量没有核算完成，导致不能及时进行计量支付。地铁项目为政府投资项目，支付过程中批复手续繁多，导致当月计量一般都在下月底才能支付给施工单位。本项目资本金到位时间符合合同约定，到位金额存在少部分遗漏，但未影响项目实际进度和成本。因此，对于此案例中资本金到位不及时这一指标，根据表4-5给出的评级结果为“+”。

（2）政府方监管行为表现评级

成都地铁3号线一期工程各个标段的施工单位存在“以包代管”的问题，总承包方对施工单位的管控不力，施工单位基本各自为政，缺乏统筹管理，且总承包方对各专业间的协调不到位，工序转换控制不够。此外，由于各施工单位之间的风险偏好、公平倾向等存在差异，总承包方还需要加强对其进行协调，以激励各分包商积极参与项目优化，保证项目实际的施工进度（吴绍艳等，2023a）。然而，政府方针对变更大多采用的是模糊、操作性不强的管理方式，没有系统的、有针对性的、可操作性的进度控制管理体系和管理程序，缺乏对各种进度的调整与变化，也缺少专业的有针对性的跟踪管理，影响了项目的实际施工进度。因此，对于此案例中进度监管不足这一指标，根据表4-5给出的评级结果为“++”。

3. 资产虚化结果评级

由于项目在建设期间的费用支出略高于预期成本，所以相对应成本性资产虚化表现给出“中”评级结果；项目升级或维护后表现出功能不符合升级预期，所以相对应功能性资产虚化表现给出“中”评级结果。

4. 案例总结

通过上述对成都地铁3号线一期工程项目建设阶段资产情况的分析，对案例四的资产虚化风险因素以及资产虚化结果进行总结，如表4-12所示。

案例四中资产虚化风险因素及资产虚化结果汇总表　　表4-12

风险因素	政府方履约行为		政府方监管行为
	政府审批延误	资本金到位不及时	进度监管不足
风险评级	+	+	++
资产虚化	成本性资产虚化		功能性资产虚化
结果评级	中		中

（五）案例五：深圳地铁4号线二期工程

1. 案例背景介绍

深圳轨道交通一期工程由深圳地铁1号线首期和深圳地铁4号线南段组成，总投资额约115亿元，政府投资70%，其余30%由政府担保向银行贷款。2004年底轨道交通一期工程基本完成。深圳轨道交通二期工程包括1号线续建工程、2号线、3号线、4号线续建工程、11号线共五条线路，线路共计约120.7km，总投资额约370亿元。若继续采用一期工程的投融资模式，在之后的5～8年内，政府每年需要投资60亿～80亿元用于地铁新线的建设，如果再加上地铁线路营运初期的政府补贴，二期工程的总投资额将近100亿元。巨额的政府投资不利于轨道交通的可持续发展，而且将使深圳市背上沉重的财政负担，也不利于深圳市的全面快速发展。2002年8月29日，深圳市政府三届65次常务会议正式做出了引进境内外投资、加快深圳市轨道交通建设的决策。根据会议精神，深圳地铁4号线拟采用政府与社会资本合作的模式（PPP），与拥有轨道交通先进管理经验的港铁联合进行建设、运营。深圳地铁4号线二期工程总投资额约60亿元，长度约16km，全部由港铁投资和建设，港铁取得深圳地铁4号线全线30年运营权以及深圳地铁4号线一期轨道设施的使用权。

2. 案例中各资产虚化风险因素表现评级

（1）政府方履约行为表现评级

政府的决策职能主要有两个方面：一是对自身的行为活动提出目标与计划，做出决议、安排，为政府的自身运行指明方向；二是为社会和经济的发展规定一个目标，并做出一定的安排。我国PPP项目建设初期，地方政府对PPP项目认识不到位，政府决策职能缺位，对项目实施风险管理的意识淡薄。同时，由于政府对国家PPP项目管理政策的把握不到位，对项目进行不合理的干预，导致政府与社会资本达成的相关协议或者承诺之部分内容因违背国家政策不能得到有效执行，对社会资本的后期运营产生较大影响。在深圳地铁4号线二期工程中，深圳市政府与港铁签署协议，由港铁成立项目公司负责4号线二期工程的建设、运营30年以及地铁沿线上盖的物业开发，但后期由于政策原因和政府介入，沿线土地要通过招拍挂取得。港铁因这一改变很被动，但是后期也通过其他形式拿到了相关土地。对于此案例中政府介入不合理这一指标，根据表4-5给出的评级结果为“+”。

港铁作为社会资本在初期运营深圳地铁4号线时，列车采用4节编组，而深圳地铁其他线路列车均为6节编组，运载能力上有所下降，这种设计是基于建设初期不准确的勘察以及港铁公司敏感的成本控制举措。2012年龙华区的快速发展带来了人口迅速增加，作为深圳南北干线的4号线已不堪重负，4节编组的列车已经无法满足区域市民的出行需要，社会舆论愈演愈烈，港铁公司不得不提前20年进行4节改6节的投资计划，给未来经营带来风险。对于此案例勘察设计不合理这一指标，根据表4-5给出的评级结果为“+”。

（2）政府方监管行为表现评级

深圳地铁4号线PPP项目是多行业、多部门各自分散交叉监管，这种监管模式导致PPP项目行政监管效率较低，政府未建立专门的、统一的PPP项目监管机构，主要监管责任分布在各个部门。面对多部门管理具体PPP项目事项时，监管依据不尽相同，就会出现管理分歧，阻滞项目进度。深圳地铁4号线PPP项目的监管责任主体是深圳市政府，其中具体到项目中，地铁4号线线路的规划、站点的设置均由市交通运输委员会及市规划和自然资源委员会两个部门进行监管，地铁4号线运营后的预期经济效益和政府财政补助事宜则由市发展改革委与财政局进行监管。按照深圳市政府和港铁签订的协议，政府及公众可以对特许经营公司的日常运转进行监督，但是深圳市对PPP模式的监管体系并不系统、不成熟，这就导致政府对项目进度的监管不足。此外，监管机制不完善、不成体系，审批流程耗时过长，项目于2003年启动谈判意向，2005年才开始正式建设。因此，对于此案例中进度监管不足这一指标，根据表4-5给出的评级结果为“++”；对于政府审批延误这一指标，给出“++”评级结果。

3. 资产虚化结果评级

对于案例中表现出的项目信息，可以对项目资产虚化现象进行综合分析，由于项目在建设期间的费用支出略高于预期成本，所以相对应成本性资产虚化表现给出“中”评级结果；项目升级或维护后表现出功能符合升级预期，项目功能满足升级前需求，所以相对应功能性资产虚化表现给出“低”评级结果。

4. 案例总结

通过上述对深圳地铁4号线项目资产运营现象分析，对案例五的资产虚化风险因素以及资产虚化结果进行总结，如表4-13所示。

案例五中资产虚化风险因素及资产虚化结果汇总表　　表4-13

风险因素	政府方履约行为			政府方监管行为
	政府审批延误	政府介入不合理	勘察设计不合理	进度监管不足
风险评级	++	+	+	++
资产虚化	成本性资产虚化			功能性资产虚化
结果评级	中			低

四、跨案例分析

将上述五个案例的信息进行汇总以识别URT-PPP项目资产虚化关键的风险因素，汇总结果如表4-14所示。

URT-PPP项目多案例资产虚化实证汇总表　表4-14

因素		案例一	案例二	案例三	案例四	案例五
资产虚化	成本性资产虚化	低	高	中	中	中
	功能性资产虚化	低	低	低	中	低
政府方履约行为	政府审批延误	+	++	+	+	++
	资本金到位不及时				+	
	勘察设计不合理					+
	政府介入不合理	+	++	++		+
政府方监管行为	投资监管不足		+			
	质量监管不足			+		
	进度监管不足	+	+	+	++	++

分析对比五个案例，可以看出政府审批延误、政府介入不合理、进度监管不足三个风险因素是出现频率最高的，将其确定为影响资产虚化的关键风险因素。北京地铁4号线（案例一）是URT-PPP项目的典范，成本性资产虚化和功能性资产虚化程度都比较低，为了进一步确定关键风险因素的分类，将该案例作为衡量标准与其他案例进行对比分析。

（一）案例横向对比以识别成本性资产虚化风险因素

通过表4-14中案例一和案例二评级情况可知，案例二中“政府审批延误”和“政府介入不合理”相较于案例一中相应的两个因素评级都提高了一个“+”；对比案例一和案例三评级情况可知，案例三中“政府介入不合理”相较于案例一评级提高了一个“+”；对比案例一和案例四评级情况可知，案例四中“进度监管不足”相较于案例一评级提高了一个“+”；对比案例一和案例五评级情况可知，案例五中“政府审批延误”和“进度监管不足”相较于案例一中相应的两个因素评级都提高了一个“+”，对应的成本性资产虚化程度都呈现出由低水平到高水平的变化趋势。因此，“政府审批延误”“政府介入不合理”“进度监管不足”是影响成本性资产虚化的风险因素。

（二）案例横向对比以识别功能性资产虚化风险因素

通过表4-14中案例一和案例四评级情况可知，案例四中“进度监管不足”相较于案例一评级提高了一个“+”，对应的功能性资产虚化程度呈现由低水平到高水平的变化趋势。因此，“进度监管不足”也是影响功能性资产虚化的风险因素。

第四节　模型结果分析

通过对多个案例进行分析和对比得出研究结果：政府审批延误和政府介入不合理是引起成本性资产虚化的关键风险因素，进度监管不足是同时引起成本性资产虚化和功能性资产虚化的关键风险因素，对这些关键的风险因素进行更深入的分析，并用相关案例进行验证。

1. 政府审批延误是引起成本性资产虚化的关键风险因素

行政审批是政府对建筑工程项目进行监管的主要方式之一。城市轨道交通项目审批涉及的部门、审批环节、申请材料、审批事项等较多，且审批流程复杂、审批时限较长，平均审批时间超过240个工作日，是项目顺利建设的主要风险因素。政府相关部门工作效率低下，容易导致审批手续办理受阻，从而使项目进展缓慢，影响项目建设工期，甚至可能导致项目失败，最终都会引起项目预算增加。此外，如果相关的工程审批程序没有得到政府部门的足够重视，未出台建设工程相关决策和管理追责制度等，也会减缓项目进展，增加成本支出。例如，昆明地铁 5 号线在申报期间，财政部和国家发展改革委在权力和责任方面有很大的交叉重叠。两部委在制度层面上没划清管理界限，权责交叉重叠、管理效率低，最终导致项目审批发生延误。

2. 政府介入不合理是引起成本性资产虚化的关键风险因素

政府在PPP项目中居于主导地位，参与PPP项目的政府既是一方民事主体，又是承担行政职能的权力者。正因为政府在PPP项目中具有双重身份，在开展项目合作中又进行行政监管，行使行政权力，容易产生超出PPP合同本身范围的不合理干预。城市轨道交通属于基础设施项目，也是政府强监管的领域，尤其是在发生市场失灵或重大事件时，可能招致政府方过多的强制干预。同时，大型基础设施需要实现节省投资、质量达标和效益最佳的战略目标（吴绍艳和刘晓峰，2011）。因此，政府相关的部门或人员过多地介入项目建设过程，会影响社会资本方的自主决策权，影响项目正常施工，产生增量成本。

3. 进度监管不足是引起成本性资产虚化和功能性资产虚化的关键风险因素

城市轨道交通作为大型基础设施，具有规模大、涉及地域广、一次性投入大等特点，其运行系统包括建设、运营、维护等多个方面，其涉及的监管也是多方面的。但是目前政府对轨道交通企业运营安全方面的指标更为重视，对于项目建设进度并没有进行常态化的监管。政府对PPP项目进度监管不到位会导致项目在实际运营时不能及时履行合同条款规定的内容，达不到功能标准，在一定程度上增加项目成本。例如深圳地铁4号线项目，按照深圳市政府和港铁签订的协议，政府及公众可以对特许经营公司的日常运营进行监督，但是深圳市对PPP模式的监管体系并不系统、不成熟，这就导致政府对项目进度的监管不足。此外，监管机制不完善、不成体系，审批流程耗时过长。

第五节　资产形成阶段URT-PPP项目资产虚化诊治方案构建

针对资产形成阶段影响URT-PPP项目资产虚化的关键风险因素，提出以下资产虚化诊治和预防建议，以供政府方参考。

一、精简行政审批程序

在PPP模式应用之初，政府对职能的转换还不太适应，项目的行政审批手续纷繁冗杂、流程较多，手续办理需要花费大量时间，虽然这种模式的应用逐渐成熟和完善，但是依然存在审批不及时的问题。因此，政府要不断对PPP项目的行政审批流程进行简化，同时，在PPP项目行政审批流程上，建立起专门的审批主管部门，从而可以提供高效的审批服务，为PPP项目的社会资本方提供便利，并对项目的经营管理权进行清单罗列，并将权力下放给企业。

20世纪初，PPP模式逐渐由国外引入国内，之后的十年间，PPP模式不断在基础设施建设中得到应用和推广，国内基础设施建设效率和质量均得到不断提升，同时为基础设施和公共服务行业带来了机遇，PPP模式在项目中的应用不断促使政府转变职能，更好地履行社会职责，从以往完全的执行者中脱离出来，逐渐转变为监管者。以成都地铁18号线PPP项目为例，在审批过程中，部分流程审批时间较长，手续办理程序较为复杂，若能将某些行政审批期压缩到1年以内，可以节省大量的时间和资金成本。基于此，审批部门可将部分行政审批精简到行政备案方面，对于项目方案上存在的问题及时提出整改要求，这样不仅可以减少行政审批的工作量，也让政府对项目起到了监管作用。

二、明确政府监管职能边界

PPP模式在我国的发展离不开行政权力的结构优化。PPP模式是推动政府职能转变的关键所在，政府在PPP模式下具有多重角色，不同的角色具有不同的职能，可能会引起一定程度的冲突。首先，是在PPP模式中政府作为规则制定者和合同当事人角色的冲突，政府作为合同当事人与合作者的关系应当平等，要认真履行PPP协议，与社会资本方建立公平合作的关系。然而，政府与合作者在PPP项目中追求的利益价值不同，目标不一致，政府很容易利用政治优势破坏协议精神，政府超越合作当事人的职能，即政府职能越界。其次，在PPP模式中政府作为监管者、提供者和合作者的角色，职能从全能到有限，虽然减少了政府的工作内容，简化了政府工作职责，但是在深圳地铁4号线运营移交给港铁期间，政府不能直接参与运营管理，所以在服务民众方面政府的监管不够充足。在深圳地铁4号线的服务质量出现异常的情况下，政府不能第一时间参与解决。

PPP模式下政府职能角色定位关系到政府有效治理，应明确PPP模式下政府职能边界，对PPP模式下的各个相关部门政府角色定位准确，明确相关部门的职责分工，积极调整参与部门的职权划分，发挥各部门专长优势，可以将财政部门当作PPP协调统筹第一责任人，负责推进项目，包括项目出资和全过程的财务风险管理。以深圳地铁4号线为例，发展改革部门为PPP项目库建设管理的第一责任人，负责立项及审批；以深圳市轨道交通建设指挥部办公室为第一参与主体，负责监督管理；同时依托财政部建立PPP综合管理平台，依托轨道交通部门建立轨道交通PPP操作规范流程。深圳市政府的角色应从公共产品直接投资者转变为PPP项目的合作者、提供者和监督者，切实对PPP项目实行全方位管理，同时发挥好各个部门的职能。从新公共管理理论来看，政府应以为公众提供多样化和高质量的服务为导向，通过PPP项目将高效的企业管理模式引入轨道交通建设中，提高轨道交通建设的发展水平，更为公众提供良好的服务水平。政府应通过PPP项目进一步转变职能，在明确政府职能的同时，更好地服务群众。

三、建立长效监管机制

为了保证PPP项目在交通基础设施建设中的顺利施行，需要有效的监管机制贯穿项目的立项、评价、招标投标、实施、验收和运营的整个过程作为保证。私人部门始终以盈利为目的，参与项目的性质并不能使其摒弃利润最大化的目标。若外部监督不到位，私人部门极有可能借助交通基础设施的垄断性，利用降低公共产品和服务的质量、提高价格等方法达到获取超额利润的目的；此外，某些私人部门甚至会以放松安全标准、减少安全设备等做法获取暴利，这将直接对公共安全造成危害，降低公众福利。

为了避免这些情况的发生，离不开政府部门建立全面、有效的监管体制，从而能够督促私人部门提供优质、高效的服务。此外，完善的监管体制还有利于政府在突发情况下做出迅速反应，最大限度地维护公共利益。就监管机构而言，首先，可以考虑由政府出面建立专业的监管机构或综合化的监管服务平台，并在各市县设立分支机构，实行垂直监管，将PPP项目的立项、评价、招标投标、实施、验收和运营整个过程的信息公开化，对项目全过程进行监管，方便政府和私人部门相互监督，从而避免寻租等现象出现；其次，可以考虑引入更具独立性的第三方监管机构，在项目设计环节进行可行性评估，在项目建设运营环节对私人部门进行跟踪审计，在项目移交环节进行资产评估，进而达到保证项目顺利实施、正常规范运营的目的。在整个监管过程中，针对PPP项目实施的各个阶段制定不同的监管措施，实施全过程监管，可以更好地完善和把握事前、事中、事后监管结合的制度，从而提高管理效率。除此之外，可以考虑奖惩结合制度，对于监管无任何问题出现的私人部门给予奖励，而对于出现问题的参与方给予惩罚措施，从而提高PPP项目的成功率和规范性，保证PPP项目的顺利运行。

| 第五章 |

资产运营阶段 URT-PPP项目资产虚化诊治

PPP项目资产运营阶段是指在项目执行阶段中项目建设完成后按照合同约定启动项目至项目移交之间的时间段，包括项目正常的运营、维护、绩效考核、政府支付以及退改等工作。由于URT-PPP项目盈利性较低且运行时资金量巨大，加之支付保障体制的缺失，对运营阶段的资产虚化问题进行探究有利于提高项目盈利，更好地保障使用者权益。

第一节　研究方法和研究框架

一、研究方法

本章首先利用扎根理论识别出运营阶段导致URT-PPP项目资产虚化的风险因素，其次通过多案例研究的方法遴选出关键风险因素。扎根理论选择的理由与前述章节中描述类似，具体流程如图2-2所示，此处不再赘述。

多案例研究主要包含两个分析阶段：案例内分析（Within-case Analysis）以及跨案例分析（Cross-case Analysis）。案例内分析指的是对单个案例独立地展开全面性分析，依据案例背景分析案例内特有的风险因素；跨案例分析是多案例研究法的重要形式（孙海法等，2004），指将全部案例进行统筹抽象以及归纳，分析案例间各单元的关联关系，进而得出更精准的阐述以及更有力的诠释。多案例研究法实施步骤如图4-1所示，此处不再赘述。

二、研究框架

本章研究过程如下：首先利用扎根理论识别出运营阶段导致资产虚化的风险因素，其次通过多案例研究的方法遴选出关键风险因素，最后根据分析结果得出资产虚化诊治和预防策略。具体研究框架如图5-1所示。

第二节　资产运营阶段URT-PPP项目资产虚化风险因素识别

一、风险因素的资料来源

（一）政策文件

本章节用到的政策文件除了前两章提到的2724号文、156号文、21号文和167号文，还有《关于推进政府和社会资本合作规范发展的实施意见》（财金〔2019〕10号，简称“10号文”）、《关于进一步加强政府采购需求和履约验收管理的指导意见》（财库

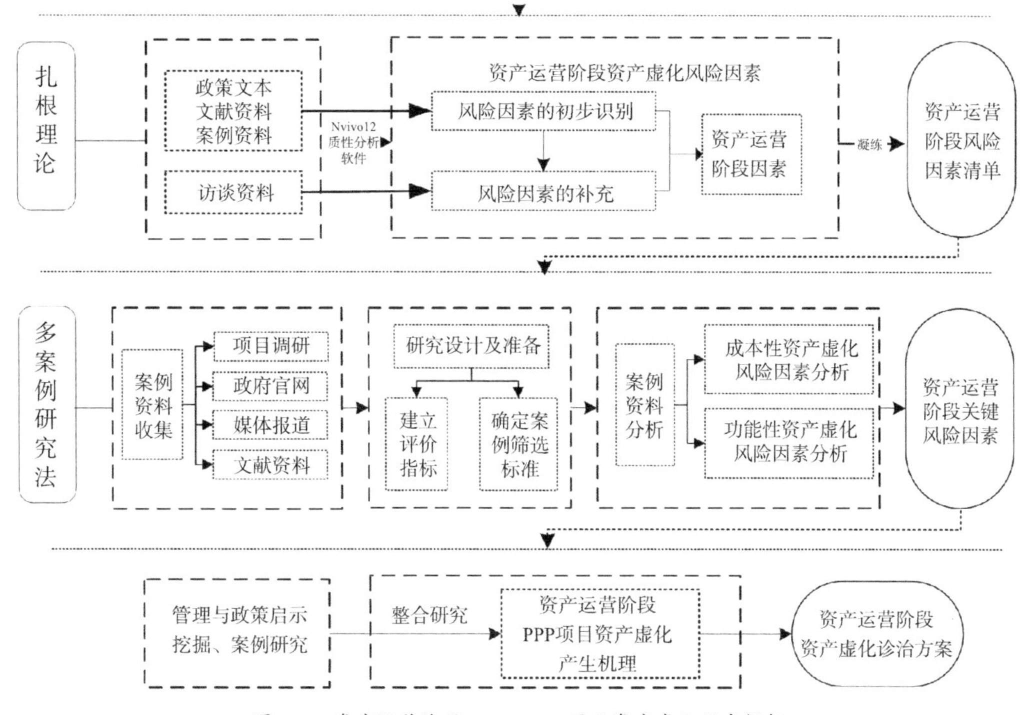

图5-1　资产运营阶段URT-PPP项目资产虚化研究框架

〔2016〕205号，简称“205号文”）、《国务院办公厅转发财政部发展改革委人民银行关于在公共服务领域推广政府和社会资本合作模式指导意见的通知》（国办发〔2015〕42号，简称“42号文”）和《关于印发〈政府和社会资本合作项目政府采购管理办法〉的通知》（财库〔2014〕215号，简称“215号文”）。

以上提到的政策文件都是经政府部门征求意见多次修改后最终颁布的。从政策文件的专业角度也可以为本书理论框架的构建提供权威性的支撑。本书将以上八份政策文件进行仔细研读，将有关资产虚化风险因素的相关文本条款进行选录，摘录后的初步框架如表5-1所示。

（二）文献资料

由于目前鲜有关于PPP项目资产运营阶段的资产虚化问题研究，故将文献研究的范围扩大到对于PPP项目风险、资产等方面的研究。PPP项目风险识别研究的文献主要包括正向和反向研究视角分析、风险研究方法、系统特定风险以及特定风险嵌入全生命周期分析；PPP项目影响机理的文献主要包括风险因素传递路径研究和风险因素影响机理研究。

同第三章资产规划阶段风险因素识别一样，本阶段的研究中也添加了国内外PPP模式下城市轨道交通项目的相关文献。虽存在一部分并不是专门针对PPP轨道交通项目的研

PPP政策文件摘录结果

表5-1

序号	政策文件	政策章节			政策要点	文件语句
1	156号文附件《PPP项目合同指南（试行）》	第二章 PPP项目合同的主要内容	第八节 项目的运营	第一点（四）	验收机制	对于因发生政府方违约、政治不可抗力及其他政府方风险而导致项目在约定的开始运营日前无法完工或无法进行验收的，除了可以延迟开始运营日之外，还可以规定“视为已开始运营”
				第二点（三）	政府保障	在一些PPP项目特别是公共服务和公用设施行业下的PPP项目中，项目的运营通常需要政府方的配合与协助，在这类项目中，政府方可能需要提供部分设施或服务
				第三点	政府介入	政府方对于项目运营同样享有一定的监督和介入权
			第九节 项目的维护	第一点（三）	维护方案	因政府方原因造成，由政府方承担责任，项目公司有权向政府方索赔因此造成的费用和损失并申请延长项目期限
				第二点	政府介入	在不影响项目正常运营和维护的情形下入场检查；定期获得有关项目维护情况的报告及其相关资料；审阅项目公司拟定的维护方案并提供意见；在特定情形下，介入项目的维护工作；等等
			第十三节 政府承诺	整节	政府保障	政府承诺需要同时具备以下两个前提：一是如果没有该政府承诺，会导致项目的效率降低、成本增加甚至无法实施；二是政府有能力控制和承担该义务
			第十八节 违约、提前终止及终止后处理机制	第一点	政府违约	常见的政府方违约事件包括： 1.未按照合同约定向项目公司付费或提供补助达到一定期限或金额的； 2.违反合同约定转让PPP项目合同项下义务
		第四章 不同行业下的特定条款	第一节 公共交通项目	第二点（一）	绩效考核	政府按照可用性和绩效付费：政府根据项目公司提供的高速公路是否达到合同约定的可用性标准来付费，并在此基础上根据项目公司的绩效设定相应的扣减机制
				第二点（三）	政府保障	为保障项目运营后项目公司收入的稳定性，项目公司可在合同签署前要求政府方做出竞争性项目保护相关承诺

续表

序号	政策文件	政策章节		政策要点	文件语句
2	2724号文	二、准确把握政府和社会资本合作的主要原则	第（一）条	项目监督	政府要牢固树立平等意识及合作观念，集中力量做好政策制定、发展规划、市场监管和指导服务，从公共产品的直接“提供者”转变为社会资本的“合作者”以及PPP项目的“监管者”
			第（二）条	政府保障	根据各地实际，通过授予特许经营权、核定价费标准、给予财政补贴、明确排他性约定等，稳定社会资本收益预期
		三、合理确定政府和社会资本合作的项目范围及模式	第（二）条	政府保障	对于经营收费不足以覆盖投资成本、需政府补贴部分资金或资源的项目，可通过政府授予特许经营权附加部分补贴或直接投资参股等措施
		五、加强政府和社会资本合作项目的规范管理	第（五）条	绩效考核	鼓励推进第三方评价，对公共产品和服务的数量、质量以及资金使用效率等方面进行综合评价，评价结果向社会公示，作为价费标准、财政补贴以及合作期限等调整的参考依据。项目实施结束后，可对项目的成本效益、公众满意度、可持续性等进行后评价，评价结果作为完善PPP模式制度体系的参考依据
3	205号文	三、严格规范开展履约验收	第（五）条	验收机制	采购人应当根据采购项目的具体情况，自行组织项目验收或者委托采购代理机构验收。采购人委托采购代理机构进行履约验收的，应当对验收结果进行书面确认
			第（六）条	验收方案	采购人或其委托的采购代理机构应当根据项目特点制定验收方案，明确履约验收的时间、方式、程序等内容
			第（七）条	验收方式	对于采购人和使用人分离的采购项目，应当邀请实际使用人参与验收
			第（八）条、第（九）条	验收机制	采购人或者采购代理机构应当成立验收小组，按照采购合同的约定对供应商履约情况进行验收。 验收合格的项目，采购人应当根据采购合同的约定及时向供应商支付采购资金、退还履约保证金
4	10号文	一、牢牢把握推动PPP规范发展的总体要求	第（一）点	绩效考核	完善“能进能出”动态调整机制，落实项目绩效激励考核
			第（三）点	社会监督	用好全国PPP综合信息平台，充分披露PPP项目全生命周期信息，保障公众知情权，对参与各方形成有效监督和约束

续表

序号	政策文件	政策章节		政策要点	文件语句
4	10号文	一、牢牢把握推动PPP规范发展的总体要求	第（四）点	政府履约	加强地方政府诚信建设，增强契约理念，充分体现平等合作原则，保障社会资本合法权益。依法依规将符合条件的PPP项目财政支出责任纳入预算管理
		二、规范推进PPP项目实施	第（一）点	绩效考核	建立完全与项目产出绩效相挂钩的付费机制，不得通过降低考核标准等方式，提前锁定、固化政府支出责任
				社会监督	按规定纳入全国PPP综合信息平台项目库，及时充分披露项目信息，主动接受社会监督
			第（二）点	运营投资	严格控制项目投资、建设、运营成本
		三、加强项目规范管理	第（五）点	社会监督	未按规定及时充分披露项目信息或披露虚假项目信息，严重影响行使公众知情权和社会监督权的
5	21号文附件	第二章　责任识别	第十一条	运营补贴	运营期间财政补贴相关支出责任指的是政府在运营期间承担相关付费责任，不同付费模式下，政府承担的运营补贴支出责任不同
			第十三条	政府保障	配套投入支出责任是指政府提供的项目配套工程等其他投入责任，通常包括土地征收和整理、建设部分项目配套措施、完成项目与现有相关基础设施和公用事业的对接、投资补助、贷款贴息等
		第五章　信息披露	第三十一条	社会监督	各级财政部门（或PPP中心）应当通过官方网站及报刊媒体，每年定期披露当地PPP项目目录、项目信息及财政支出责任情况

究，但从研究对象以及分析结果来看，其是对各行业具有普适性的研究成果。从研究主题上看，此部分文献资料主要为风险识别和影响机理剖析两个方面；从项目类型上看，此部分文献主要为城市轨道交通项目以及虽然未区分行业但同样具有普适性的研究成果。

PPP项目各方的权利义务关系是依据合同进行安排和联结的，但是由于PPP项目自身的复杂性、当事人的有限理性以及实施过程中面临的内外环境和主客观因素变化等而具有不可预知性，PPP项目参与方无法在合同初始阶段预测并约定各阶段所有风险因素，因此PPP项目合同往往是不完整的。为了避免或解决由于合同不完整导致的纠纷问题，首先就是要促成参与方之间的谈判（吴绍艳和刘晓峰，2010）。而再谈判作为弥补不完全契约的必要调整机制，能有效提高合同双方争议解决效率，使谈判各方利益损失最小并达到共赢。保证合约的可持续性，是PPP项目实施过程中应当重视的关键。

宿辉等以“再谈判”“协商”“另行约定”等关键词对财政部PPP综合信息平台入库的四批示范项目中交通运输行业57份完整的PPP合同进行检索，发现上述PPP合同都设有关于再谈判触发条款，但涉及再谈判触发条款的侧重点各有不同，绝大多数社会资本方和政府对PPP合同中应制订的再谈判主要触发条款没有统一的认识，致使再谈判触发点较为分散（宿辉和陆元亮，2019）。通过对PPP合同中再谈判触发条款在项目前期、项目建设期、项目运营期发生频率进行分类和统计发现，相比耗时短、不确定性低的项目前期和建设期，合同参与方更倾向于在耗时长、经验尚缺的运营期制订再谈判触发条款。因此，相较于第四章的资产形成阶段，本章在进行风险因素三级编码时增加了再谈判的过程。

基于上述分析，本章节将与PPP项目资产运营风险有关的研究作为初始文献资料，基于政府方可控的原则进行筛选，具体文献资料如表5-2所示。

PPP项目风险研究的文献资料　　表5-2

序号	研究领域	研究主题		资金浪费/功能冗余关键词	文献来源
1	（1）PPP城市轨道交通项目； （2）具有非针对性领域PPP项目，但结论具有普适性	研究视角	正向预防风险	验收人员组成	Wang et al.（2021）、Bashar et al.（2021）、Zayed et al.（2008）、王晓姝和范家瑛（2016）、王志刚和郭雪萌（2018）、Jiang et al.（2021）、Liu et al.（2021）、孙慧等（2010）、王超等（2014）、宋沛奇（2021）
				绩效考核标准	
				政府保障	
				服务质量	
				信息披露	
				环境保护	
				公众问题反馈	
				运营投资	
				再谈判	
				维修方案变更	

续表

<table>
<tr><th>序号</th><th>研究领域</th><th colspan="3">研究主题</th><th>资金浪费/功能冗余关键词</th><th>文献来源</th></tr>
<tr><td rowspan="6">1</td><td rowspan="26">（1）PPP城市轨道交通项目；
（2）具有非针对性领域PPP项目，但结论具有普适性</td><td rowspan="6">研究视角</td><td rowspan="6" colspan="2">反向失败经验分析</td><td>绩效考核标准</td><td rowspan="6">胡春艳等（2021）、江小燕等（2018）、张兵等（2019）、欧纯智和贾康（2018）、胡秀芳等（2018）、张尚等（2018）、王琨（2017）</td></tr>
<tr><td>项目维护</td></tr>
<tr><td>公众问题反馈</td></tr>
<tr><td>服务质量</td></tr>
<tr><td>政府保障</td></tr>
<tr><td>再谈判</td></tr>
<tr><td rowspan="6">2</td><td rowspan="6" colspan="3">研究方法</td><td>绩效考核标准</td><td rowspan="6">Carbonara（2014）、Li et al.（2005）、Roumboutsos et al.（2008）、Xu et al.（2010）、吴淑莲等（2014）、邓斌超等（2020）、沈炜和周林意（2022）、李妍和薛俭（2021）、谭克虎等（2021）、卜炜玮等（2020）、Song et al.（2018）、王建波等（2019）、任志涛等（2022）、薛松和张珍珍（2021）、王帅和郝生跃（2020）、亓霞等（2009）</td></tr>
<tr><td>服务质量</td></tr>
<tr><td>运营投资</td></tr>
<tr><td>环境保护</td></tr>
<tr><td>公众问题反馈</td></tr>
<tr><td>再谈判</td></tr>
<tr><td rowspan="14">3</td><td rowspan="14">特定风险</td><td rowspan="14">单一风险</td><td rowspan="3">残值风险</td><td>政府保障</td><td rowspan="3">熊伟（2011）、陈恺文等（2017）、张亚静等（2014）、Zheng et al.（2019）、王子元（2022）</td></tr>
<tr><td>再谈判结果</td></tr>
<tr><td>人员专业性</td></tr>
<tr><td rowspan="6">财政风险</td><td>运营投资</td><td rowspan="6">姚东旻等（2019）、王子元（2022）、王军武和汪前进（2018）、Yehoue et al.（2011）、Mu和Tian（2020）</td></tr>
<tr><td>再谈判</td></tr>
<tr><td>绩效考核</td></tr>
<tr><td>环境保护</td></tr>
<tr><td>公众问题反馈</td></tr>
<tr><td>项目维护</td></tr>
<tr><td rowspan="5">绩效评价</td><td>验收机制</td><td rowspan="5">黎竞（2022）、鲍睿宁和舒家先（2016）、石世英等（2020）、龚军姣和程倩萍（2022）、Zhang et al.（2016）、方俊等（2020）</td></tr>
<tr><td>社会风险</td></tr>
<tr><td>腐败</td></tr>
<tr><td>再谈判</td></tr>
<tr><td>政府保障</td></tr>
</table>

续表

序号	研究领域	研究主题			资金浪费/功能冗余关键词	文献来源
3	（1）PPP城市轨道交通项目； （2）具有非针对性领域PPP项目，但结论具有普适性	特定风险	单一风险	绩效评价	人员专业性	黎竞（2022）、鲍睿宁和舒家先（2016）、石世英等（2020）、龚军姣和程倩萍（2022）、Zhang et al.（2016）、方俊等（2020）
					绩效考核标准	
					考核人员	
					服务质量	
					运营投资	
					环境保护	
					维修不当	
					验收人员组成	
				合同约定	政府介入	Xu et al.（2012）、Xu et al.（2019）、Bae和Joo（2016）、Elisabetta和David（2016）、Xu et al.（2010）、Xiao et al.（2022）、Zhou和Liu（2021）、Liu et al.（2020）、Luo和Zou（2021）、李丽等（2016）、He et al.（2022）、刘秦南等（2017）、José et al.（2014）、刘婷等（2016）、吕俊娜等（2021）、Song et al.（2018）、夏高锋等（2018）
					政府保障	
					信息披露	
					再谈判	
					公众问题反馈	
					绩效考核标准	
					服务人员专业性	
					考核人员组成	
					维修方案变更	
					服务质量	
					维修不当	
					运营投资	
					腐败	
4		风险嵌入全生命周期			腐败	向鹏成等（2019）、Fan and Yin（2020）、岳小莉（2022）、Charles et al.（2005）、Lv et al.（2021a）、Ke et al.（2010a）、Xiong et al.（2018）
					运营投资	
					社会风险	
					政府保障	

（三）案例资料

除了项目所处阶段的差异，本部分案例遴选标准基本与第四章相同。选取的项目应处于运营期或运营结束，且经历了再谈判过程以及运维过程，这样运营相关资料才具有可获取性。

遵循上述遴选标准，借助两类途径进行案例遴选，分别是PPP中心项目管理库和中国知网。在PPP中心项目管理库中输入“城市轨道交通”，选取有应用价值的资料。由于轨道交通案例发展起步较晚，在PPP中心项目管理库中无法找到更多更典型的案例，所以对中国知网中的案例进行研究，查找项目具体资料，确定其是否存在可进行深入探究的资产管理问题。最终选取10个相关的URT-PPP案例，其中5个为国家级示范项目，其他5个虽无项目示范级别，但在当地知名度以及代表性都很高，具体案例遴选结果如表5-3所示。

PPP项目案例遴选结果　　表5-3

<table>
<tr><th>序号</th><th>项目名称</th><th>项目库编号</th><th>资金浪费/功能冗余现象</th><th>项目示范级别/批次</th><th>所在区域</th><th>获取途径</th></tr>
<tr><td rowspan="2">案例1</td><td rowspan="2">徐州城市轨道交通3号线一期工程</td><td rowspan="2">32030000008459</td><td>政府信用</td><td rowspan="16">暂无</td><td rowspan="2">江苏省徐州市</td><td rowspan="19">（1）PPP项目管理库；（2）新闻报道和中国知网</td></tr>
<tr><td>运营维护</td></tr>
<tr><td rowspan="4">案例2</td><td rowspan="4">绍兴城市轨道交通1号线</td><td rowspan="4">33060000040729</td><td>验收方案</td><td rowspan="4">浙江省绍兴市</td></tr>
<tr><td>验收考核人员</td></tr>
<tr><td>再谈判条件</td></tr>
<tr><td>政府信用</td></tr>
<tr><td rowspan="5">案例3</td><td rowspan="5">重庆轨道交通3号线</td><td rowspan="5">—</td><td>运营投资</td><td rowspan="5">重庆市</td></tr>
<tr><td>运营维护</td></tr>
<tr><td>政府保障</td></tr>
<tr><td>环境保护</td></tr>
<tr><td>财政支出</td></tr>
<tr><td rowspan="5">案例4</td><td rowspan="5">徐州地铁1号线</td><td rowspan="5">—</td><td>运营投资</td><td rowspan="5">江苏省徐州市</td></tr>
<tr><td>政府保障</td></tr>
<tr><td>运营维护</td></tr>
<tr><td>财政支出</td></tr>
<tr><td>回报谈判</td></tr>
<tr><td rowspan="3">案例5</td><td rowspan="3">青岛地铁4号线</td><td rowspan="3">37020000023626</td><td>政府信用</td><td rowspan="3">第三批次国家级示范</td><td rowspan="3">山东省青岛市</td></tr>
<tr><td>服务专业性</td></tr>
<tr><td>运营服务要求</td></tr>
</table>

续表

序号	项目名称	项目库编号	资金浪费/功能冗余现象	项目示范级别/批次	所在区域	获取途径
案例6	乌鲁木齐轨道交通2号线	65010000015227	公众参与度	第三批次国家级示范	新疆维吾尔自治区乌鲁木齐市	（1）PPP项目管理库；（2）新闻报道和中国知网
			绩效考核			
			财务报告			
			再谈判动机			
案例7	昆明轨道交通5号线	—	验收机制	暂无	云南省昆明市	
			社会冲突			
			公众参与度			
案例8	昆明轨道交通4号线	53010000005095	政府干预	第二批次国家级示范	云南省昆明市	
			运营服务要求			
			谈判结果			
案例9	成都轨道交通18号线	51010000036199	验收考核人员	暂无	四川省成都市	
			谈判策略			
			谈判结果			
			政府信用			
案例10	福州轨道交通2号线	35010000011352	验收机制		福建省福州市	

（四）访谈资料

沿用第三章提到的半结构化访谈方式，选用同样的原则设计访谈提纲，具体内容如下。

1.访谈提纲

问题1：在您所接触（或熟悉）的城市轨道交通PPP项目中，有没有您觉得关于运营阶段支出收入分担做得特别好的项目呢？有哪些方面让您觉得这个项目做得好呢？

问题2：同样的，您有没有接触过在同类型项目中运营阶段支出收入分担做得不好的项目呢？有哪些方面让您觉得这个项目运营阶段支出收入分担做得不好呢？涉及隐私的话，您可以不提到具体项目名称。

问题3：从您的观点来看，我可以理解为它们在XX方面存在差异是造成您的评价产生变化的原因吗？（如果受访者还有不同意见，需进一步交流直至双方观点达成一致，XX方面指的是访谈过程中与已识别出的风险因素相关方面）

问题4：除了我们刚才探讨过的因素以外，您觉得造成该类型PPP项目支出收入分担不合理的因素还有哪些呢？（开放性回答）

问题5：在运营过程中政府部门是通过什么途径对项目进行监管呢？

问题6：请您对一个您正在考察或经历过的城市轨道交通PPP项目进行回顾，在考察或决策的过程中，有哪些是会影响政府方监管力度的风险因素？

问题7：请您对一个您正在考察或经历过的城市轨道交通PPP项目进行回顾，您认为造成项目运营过程中功能不足，或者功能超出正常使用需求等现象的风险因素有哪些呢？

2. 选择受访对象

为了保证研究结果的准确性和一致性，沿用第三章确定的5位受访者，基本信息如表3-3所示。

3. 访谈过程

为了访谈过程的深度与广度，在访谈开始前已与受访者互通了访谈提纲。访谈结束后，基于政府方可控的原则，将访谈内容整理为文本。由于访谈资料较多，这里只列出一位访谈者的内容进行示例，如表5-4所示。

访谈记录举例　　表5-4

内容提炼	访谈具体内容
政府考核标准认知问题	政府在PPP模式中的角色至关重要，也可以说是占有完全主导地位。但是在实际的项目中，政府方因经验不足等原因不能明确需求的体量，或者对于考核标准的制定不够清晰
监管过程问题	从PPP项目的模式特征来说，其实大部分项目在项目资产运行阶段的考核机制及监管过程应该是灵活且动态的，社会资本存在机会主义行为，政府监管过程会固化，这必然会对资产运营有影响
权利义务实施问题	政府议价能力过高，项目运营过程中为达到区域集团利益或个人政治提升的目的，对项目介入程度过高，那么必然会对项目运营的资产或服务效率产生影响
再谈判实施问题	PPP模式在应用中，就项目的再谈判问题会使利益相关者的风险分担很难达成一致，这大大延长了政企双方的谈判时间，同时期间的交易成本也会随之增加，这是互相影响的关系

与表5-4类似，所有访谈记录均进行了提炼，将受访者的访谈记录进行书面整理，并根据内容归结为某一具体原因。上述访谈资料一方面是对前述的文本资料形成的初始理论框架和风险因素验证；另一方面在前文理论研究的基础上可进行增删因素（如本阶段补充了运营部分财政支出责任未识别、监管过程未动态化、再谈判过程不合理三个因素）。

二、风险因素的三级编码

（一）开放性编码

开放性编码首先要求研究者在整个编码过程中是渐进式的，没有强加任何前提或先入为主的想法，对原始数据进行初步整理。然后，通过对访谈数据、工程项目和文献资料逐句加以初步概念化及范畴化，再经过进一步对比和剖析，对原始数据反复调整和提炼，从而挖掘出直接或间接影响项目资产虚化的概念范畴。最后，对文本资料再次核验，避免出现疏漏。开放性编码分为两步，具体步骤在第三章第二节中已作出介绍，此处不再赘述。鉴于篇幅有限，仅列举部分典型性的原始词源，具体如表5-5所示。

开放性编码示例（部分） 表5-5

序号	一级节点	二级节点	文献案例来源
1	地方政府急于推进PPP项目建设，可能会通过审批企业对PPP项目进行过度投资； 在运营阶段可能面临风险，但会刺激短期经济增长，导致对PPP项目的过度投资和地方政府实际债务负担	运营投资	Bashar et al.（2021）；案例3[①]、案例4
2	政府部门在项目运营期间只进行监督而不必参与运营，运营期专注性的提高对项目运营期的投资监管行为需要更为严格； 若监督力度不足，政府在运营期监管项目运营目标以及管理难度会升高，管理费用增加从而使得财政支出增加	财政支出	李明等（2023）；案例3、案例4
3	官员腐败、贪污、渎职等现象，具体表现在预算收入支出需要地方人大批准，而预算外收入作为地方政府的自立收入，不包括在预算约束管理中	官员行为	Bae和Joo（2016）
4	政府方的道德风险越大，即腐败现象越明显，那么PPP项目的投资规模越大，项目被追加投资意愿也越强烈	道德风险	郭桂霞等（2022）
5	政府滥用权力或者参与项目不符合规范致使运营效率下降，表现在地方政府参与项目意愿越高，PPP项目对于地方政府的杠杆提升作用越大	地方政府杠杆	柳学信等（2020）
6	政府干预会产生抑制PPP模式对社会经济的增长质量效应，市政工程以及交通运输等社会经济领域的这种质量效应变化更明显。同时当地方PPP模式以短中期政府补贴项目为主时，地方政府的干预程度与地区经济提升幅度相关联性更为明显，因此财政透明度对于经济增长效应更为有利	政府干预	梅建明和邵鹏程（2022）；案例8
7	需要完全依照合同中约定对供应商的履约情况进行验收，验收方案专业性要符合规范。验收时，需依照约定内容对各项技术以及安全标准等方面内容的履约情况严格把控	验收机制	案例10
8	政府未按照合同约定工期进行施工，项目中途停工，施工现场存在人材机窝工的情况，项目未按期竣工	竣工延期	Wu（2018）
9	应邀请实际服务人员和用户参加验收，相关验收意见应作为验收函的参考材料。接受政府向公众提供的公共服务项目时，应邀请服务对象参与并发表意见。可邀请参与本项目的其他供应商或第三方专业机构以及该领域的专家参与验收，验收意见将作为参考材料	验收人员	宋沛奇（2021）；案例9
10	政府部门未完全按照相关协议附件中的相关规定承诺按时向项目公司足额一次性支付补贴费用，影响项目长期正常运营	政府支付	彭博（2023）；案例2

续表

序号	一级节点	二级节点	文献案例来源
11	由于政府换届、缺乏足够的合同精神和履约意识，使得项目收益不佳或发生中止合同、拒付债务、暂停项目等风险时，社会资本往往想申请多补贴和再谈判是非常困难的，此时社会资本面对风险采取可能的规避行为会引起项目运营效率下降	政府信用	吴旭丽和张瑞瑜（2021）；案例2、案例3、案例9
12	政府未能对项目必要的后勤保证、竞争性防护、外汇以及税收政策优惠、项目相关配套设施等方面进行落实及量化，致使运营收益下降或亏损	政府保障	Xu et al.（2012）；案例2、案例3、案例4、案例5
13	将用户作为PPP项目的私人合作伙伴，意味着在设计、建设和运营阶段将用户视为内部核心利益相关者，这有利于精确确定用户需求，拒绝项目服务目的边缘化	运营服务要求	He et al.（2022）；案例5、案例8、案例10
14	基础设施建设需要在运营期内处理维护和维修，或者维护方案等方面的变更	运营维护	案例1、案例3、案例4、案例10
15	盈利能力差，企业不会主动在人员培训、技术创新等方面进行培训投入时导致的运营效率降低	服务专业性	黎竞（2022）
16	为维护周边生态环境稳定所采用的技术、方法和材料情况；废气、污水以及项目废料等污染物排放量是否符合规定，如质量指数以及能耗标准等	环境保护	方俊等（2020）；案例3
17	居民参与度低，阻碍项目的推进和运营监管效能	公众参与度	Jiang et al.（2021）；案例6、案例7
18	应及时对PPP项目相关数据信息进行全方位、各环节的公开披露，并对资料进行汇总统计以及分析监管，不得伪造虚假项目信息，不得影响公众行使知情权以及社会监督权	信息披露	Xu et al.（2019）
19	受披露事项不明晰、政府会计准则不完善等因素影响，以及随着经济利益的实际流出和制度政策的不断完善，政府未来支出责任将出现被动或主动显性化趋势，但是未列示和披露在财务报告中的部分，往往构成政府隐形债务	财务报告	Xu et al.（2019）
20	社会冲突不仅导致私人合作伙伴投资回报的不确定性增加，而且加剧了地方政府的财政负担	社会冲突	案例7
21	运营期间的绩效考核将直接与运营收入相关联，若管理不妥则会直接影响到补贴结果，进而运营收益出现下降情形，但考核力度和考核模式没有统一明确的规定	绩效考核标准	Bae和Joo（2016）；案例6
22	按需规定考核频次，运营期间结合项目绩效目标以及指标体系，每年应至少进行一次评价工作	绩效评价	宋小东等（2022）
23	考核人员的组成、专业性是否能够符合标准，委托的第三方考核机构的授权是否符合规范，第三方专业性是否符合项目需要等	考核人员	Xiao et al.（2022）；案例2
24	项目运营过程必然涉及工程领域、财务统计分析、法务等多方向性专业，且需遵循“专人专事”基本原则，PPP项目的绩效考核工作更需要以上领域的专业复合性机构	考核小组组成	黄立（2021）；案例2

续表

序号	一级节点	二级节点	文献案例来源
25	基础设施建设有必要在中长期内重新谈判改变运营规模，许多其他发达经济体（例如，英国或西班牙）正在修改现有合同，以适应新的经济和金融环境	再谈判条件	案例3
26	社会资本方提出的再谈判动机是机会主义动机倾向、利己动机倾向或者混合动机倾向	谈判动机	José et al.（2014）；案例3、案例6
27	机会主义导致再谈判，如社会资本方为赚取项目额外收益采用低价方案，签约合同后于项目建设或运维期间提出再谈判； 政府履约问题导致再谈判；如政府方不按合同约定付费、违反合同调价、无法足额按时投入项目资本金、地方政府换届导致项目管理思路和方法发生变化等情况； 相关项目使用者付费价格过高引起公众反对，进而间接引发 PPP 合同需要再谈判	再谈判触发原因	刘垚（2022）
28	项目不确定性引发的风险溢价、项目资金周转不足、社会资本变更土地用途、社会资本声明或决定的正确性、项目停歇业对公众利益安全的影响、安全管理制度的合理性等	再谈判触发事件	刘晓月等（2021）；案例3、案例6
29	一方自我为中心的处事风格，让我方对于谈判未来合作前景失落；一方总是想要在谈判中攫取最大的利益，我方积极的行为回报不高	回报谨慎	夏立明等（2017）；案例4、案例6
30	成员对于突发事件的处理能力比较强，或聘请专家作为顾问，专家提出了很多建设性意见，表现在应变能力和专业能力方面； 一方占据着谈判的主导性作用结果，双方互相让一步问题就会容易解决得多；有些小事不要斤斤计较，完全可以暂时放一放； 有些成员比较害怕彼此关系受到影响，往往过多地关注他人的利益； 谈判双方以前合作过，大家都愿意形成合力解决问题	谈判能力及策略	沈炜和周林意（2022）；案例9、案例6
31	实际交通需求的高风险往往导致交通运输PPP项目中的利益严重失衡，受害方有违反合同的动机，并希望通过重新谈判PPP特许权来弥补损失，这种特许权重新谈判的频率很高，使人们对PPP方法的可行性提出疑问	谈判频次	Lv et al.（2021b）
32	政府方与社会资本方再谈判行为取决于多方面因素，如政府方监管力度、双方的机会主义行为、再谈判期间费用、双方谈判耐心程度以及谈判时间	谈判时间	陈丽乔（2022）
33	谈判过程没有实质性进展，谈判方都在注意对方下一步行动策略，或者谈判行为不但未解决既有问题，且使问题严重性进一步上升；有时为了不使项目终止，其中一方表现出妥协使项目继续	谈判结果	Zayed et al.（2008）；案例8
34	运营期间对价格变化等情况采取及时灵活性再谈判，但是谈判方案缺乏实施效率致使运营收益下降或不必要支付的情况出现； 当前或未来市场需求变化及市场竞争未能及时调整项目运营要求	谈判方案落实	案例9

注：①指表5-3中的案例。

（二）主轴编码

根据聚类思维，剖析上述开放性编码获得的概念范畴的风险因素生成机理，深挖凝练出节点之间的有机关联形成副范畴。在归纳为副范畴时，仍然使用Nvivo12质性分析软件中“聚类分析”模块功能，具体操作分为三步：第一步，将众多一级节点与二级节点进行聚类分析，主要是根据节点概念相似性进行分类，概念的相似性经过“Jaccard系数”衡量初步形成副范畴，如“运营投资”与“财政支出”的初始概念是对项目资产运营阶段不合理投资监管行为的描述，则将其归为同一副范畴“运营投资监管不合理”；“官员行为”“道德风险”“地方政府杠杆”以及“政府干预”是对项目中政府官员腐败以及对政府在项目中使用的介入权不合理行为的描述，则将其归为同一副范畴“政府介入不合理”等。第二步，进一步对分类结果进行分析，将副范畴间存在不合理的地方进行调整。第三步，将副范畴间抽象出具有凝练性、适用性、高概念化的关联关系，整理形成更具凝练和包含意义的主范畴，如副范畴中将“谈判主导性不合理”“谈判时效不合理”以及“谈判结果落地不及时”分别作为谈判过程中的三个时点归纳总结，所以将其归为同一主范畴“谈判过程”。基于上述步骤，最终形成了六大主范畴，具体结果如表5-6所示。

主轴编码示例　　表5-6

序号	主范畴编码	副范畴编码	二级节点	描述概要
1	前期履约不合理	项目竣工延期	工期延迟	政府未严格依照采购合同中约定条款对供应商履约情况进行严格验收，因政府方原因导致项目竣工延期
			竣工延期	
		政府支付不及时	补贴机制	政府部门未按时、足额向私营企业支付补贴费用
			票价调整	
2	过程履约不合理	政府介入不合理	官员行为	政府官员的个人腐败或地方政府干预等不道德、不合理行为
			道德风险	
			地方政府杠杆	
			政府干预	
		收费变更	政府信用	政府在运营期间对票价机制和收费标准等进行不合理的变更
			政府保障	
		绩效考核不合理	考核人员	考核人员的组成、专业性未能符合标准；政府在运营期间考核标准的设定无统一标准或标准设置不合理
			绩效考核标准	
			考核小组组成	
			绩效评价	

续表

序号	主范畴编码	副范畴编码	二级节点	描述概要
3	项目监管不合理	运营质量监管不足	运营服务要求	运营期间项目服务目的、服务质量等方面出现问题，而政府未对问题实施动态监管行为
			运营维护	运营期间项目服务目的、服务质量等方面出现问题，而政府未对问题实施动态监管行为
			服务专业性	
			环境保护	
		项目唯一性	同类项目竞争	同类项目竞争使得项目预期收益不能实现，政府方支出与收益不符
			政府信用	
4	社会监管不合理	信息披露不合理	财务报告	重大事项公示情况及媒体沟通平台运行情况信息披露不及时或不全面
			信息披露	
		公众反馈解决不及时	公众参与度	政府对社会方面不稳定因素未妥善解决
			社会冲突	
5	再谈判触发条件不合理	再谈判不及时	再谈判条件	再谈判提出不符合运营服务要求，包括但不限于再谈判触发条件、谈判程序以及处置方案不符合再谈判触发条件
			再谈判触发事件	
		谈判动机不合理	再谈判动机	无谈判触发条件
			再谈判触发原因	
6	再谈判过程不合理	谈判主导性不合理	回报谨慎	政府方的谈判方案、策略、目的以及标准的设定未能使再谈判根本目的性达成
			谈判能力及策略	
		谈判时效不合理	谈判时长	再谈判的频次、时间以及双方的投入程度都会一定程度影响解决项目问题的时效性
			谈判频次	
		谈判结果落地不及时	谈判结果	政府对再谈判过程结束后双方达成统一意见落实情况无动态监管行为
			谈判方案落实	

（三）选择性编码

经过主轴编码，为确保核心范畴的挖掘，需进一步进行选择性编码。选择性编码是对主轴编码的整合，主要通过原始资料信息脉络，构建出核心范畴与主范畴、副范畴之间的逻辑关系。本章节在构建核心范畴框架时，同样使用了Nvivo12质性分析软件中“聚类分析”模块功能对六大主范畴进行归类。按照文本语句相似性，出现最相似的往往是PPP项目的阶段成果性文件，如项目实施方案、中期绩效考核报告等。由于PPP项目本身具有明确的操作流程，为了使风险因素框架更加便于理解，同时达成验证识别因素的合理性目标，本书采用PPP项目资产运营过程中政府方行为作为核心范畴。URT-PPP项目资产运营阶段在性质上可分为履约行为、监管行为以及再谈判行为，三种行为与主范畴的工作内容也是完全对应的。因此，本章节确定的核心范畴为“政府方履约行为”“政府方监管行为”以及“再谈判行为”，最终得到的三级编码结果如表5-7所示。

表5-7

PPP项目资产运营阶段资产虚化风险因素文本资料分析（三级编码结果）

核心范畴	主范畴	副范畴	内涵与表现	概念来源	
				文献、案例、访谈资料	政策
政府方履约行为	前期履约不合理	项目竣工延期	政府方对于项目进度大多采用的是模糊、操作性不强的管理方式，没有系统的、有针对性的、可操作性的进度控制管理体系和管理程序，缺乏对各种进度的调整与变化，缺少具有针对性的跟踪管理，导致项目竣工延期，增加成本支出	Wu（2018）、Ke et al.（2010a）	156号文附件第二章第三节第二点
		政府支付不及时	政府部门未完全按照相关协议附件中的相关规定承诺按时向项目公司足额一次性支付补贴费用，影响项目长期正常运营	Song et al.（2013）	156号文附件第二章第八节第四点； 156号文附件第二章第十三节第一点； 205号文第三条第（九）点
	过程履约不合理	政府介入不合理	官员腐败、贪污、渎职等现象的发生	Xu et al.（2012）、Bae和Joo（2016）、Elisabetta和David（2016）、Ke et al.（2010b）、郭桂霞等（2022）	156号文附件第二章第七节第二点； 156号文附件第二章第八节第三点； 156号文附件第二章第九节第二点； 2724号文第二点第（一）条
			项目公司未违约时，政府滥用权力介入或干预项目致使运营不当，影响项目运营效率，引起政府非必要补偿费用支出	Xu et al.（2012）、Xiao et al.（2022）、柳学信等（2020）、梅建明和邵鹏程（2022）； 案例8	
		收费变更不合理	政府在运营期间对票价机制和收费标准等进行不合理的变更	Feng et al.（2021）；访谈资料整理	156号文附件第三章第一节第四点 156号文附件第四章第一节第二点
		绩效考核标准不合理	考核标准存在主观评价的情况； 监测频次与谈判阶段专家评审结果及合同约定不符； 指标或考核机制设置不合理	Bashar et al.（2021）、Song et al.（2018）、鲍睿宁和舒家先（2016）、石世英等（2020）、Xu et al.（2012）、Xiao et al.（2022）、宋小东等（2022）；案例6；访谈资料整理	10号文第一条第（一）点； 10号文第二条第（一）点

续表

核心范畴	主范畴	副范畴	内涵与表现	概念来源	
				文献、案例、访谈资料	政策
政府方履约行为	过程履约不合理	绩效考核标准不合理	小组成员专业性或组成设置不合理； 未按照考核标准分组分批打分考核； 第三方考核及后授权或选择不合理	Song et al.（2018）、鲍睿宁和舒家先（2016）、石世英等（2020）、龚军姣和程倩萍（2022）、Xu et al.（2012）、Xu et al.（2010）、黄立（2021）；案例2	2724号文第五点第（五）条； 156号文附件第四章第一节第二点
政府方监管行为	项目监管不合理	运营质量监管不足	核实运营状况不及时出现不符合客运服务要求，导致服务质量下降等情况，致使项目运营效率降低	Bashar et al.（2021）、He et al.（2022）、刘秦南等（2017）；案例5、案例8	156号文附件第二章第八节第三点； 156号文附件第二章第九节第一点； 2724号文第二点第（一）条
			因政府方原因导致需要进行维护方案之外的维护或修复工作	Wang et al.（2021）、Bashar et al.（2021）、王晓姝和范家瑛（2016）、José et al.（2014）；案例2、案例3、案例4、案例10	
			运营期间出现维护不当情况未及时监督导致运营服务质量下降	案例2、案例3、案例4、案例10；访谈资料整理	
			为维护周边生态环境稳定所采用的技术不达标且未及时监督整改；污染物及废物的排放处理监督不足，导致项目运营效率下降	Bashar et al.（2021）、Jiang et al.（2021）、Zhang et al.（2016）；案例3	
再谈判行为	触发条件不合理	谈判不及时	PPP项目周期长，项目面临的外部环境可能发生明显变化，面对此种变化带来的负面效应未及时谈判导致运营效率降低	邓斌超等（2020）、沈炜和周林意（2022）、李妍和薛俭（2021）、孙慧等（2010）、Mu和Tian（2020）、刘秦南等（2017）、刘婷等（2016）；访谈资料整理	215号文第一章第九条； 10号文第三点第（二）条

续表

核心范畴	主范畴	副范畴	内涵与表现	概念来源	
				文献、案例、访谈资料	政策
再谈判行为	触发条件不合理	谈判动机不合理	政府方或者社会资本方机会主义行为导致再谈判：如政府方存在部分个体以及少数社会资本方为赚取项目额外利润采用低价方案，合同签约后在项目运营过程中发起再谈判以谋求机会主义行为	Mu和Tian（2020）、刘秦南等（2017）、吕俊娜等（2021）、Song et al.（2018）、刘垚（2022）、刘晓月等（2021）；案例3、案例6	215号文第一章第九条； 10号文第三点第（二）条
	谈判过程不合理	谈判主导性不合理	因政府方监管占据主导性而使社会资本方完全屈服，社会资本方服务积极性下降，影响运营收益，使得隐形支出增加； 而政府方在谈判过程妥协使得社会资本方采取机会主义行为，导致不必要的资本性支出	沈炜和周林意（2022）、亓霞等（2009）、Lv et al.（2021）、夏立明等（2017）；案例4、案例6、案例9	156号文附件第四章第一节第二点（二）； 42号文第四条第（十八）点； 215号文第二章第（十六）条
		谈判时效不合理	因再谈判频次过高或者谈判过程时间过长，致使处理问题不具备时效性，导致项目运营出现的问题无法及时解决，出现隐形或不必要支出	邓斌超等（2020）、沈炜和周林意（2022）、李妍和薛俭（2021）、孙慧等（2010）、刘婷等（2016）、吕俊娜等（2021）、夏高锋等（2018）；访谈资料整理	
		谈判结果落地不及时	运营期间再谈判得出的谈判方案缺乏动态实施致使运营收益下降或不必要支付的情况出现；当前或未来市场需求变化及市场竞争未能及时调整项目运营要求	Bashar et al.（2021）、Zayed et al.（2008）、Yuan et al.（2018）、Xu et al.（2012）、Xu et al.（2010）、刘秦南等（2017）	

（四）信度检验

通过开放性编码、主轴编码和选择性编码，最终得到如表5-7所示的三级编码结果，其中包括影响URT-PPP项目资产运营阶段资产虚化因素的核心范畴、主范畴、副范畴。此外，为了保证研究结果的可靠性和理论饱和度，需对其进行信度检验，主要是将不同研究人员对同样的原始资料产生的编码结果进行一致性对比，要求抽取的两名成员对于将要进行的编码工作没有任何交流，分别在各自的Nvivo12质性分析软件中进行三级编码的操作。随后采用运行软件中的“查询”模块“编码比较”功能，先后对两次文本分别编码，初次输入以及复核输入的文献数量分别为74篇和32篇，得到结果显示PPP项目资产虚化“政府方履约行为”“政府方监管行为”以及“再谈判行为”Kappa系数分别为0.835、0.851和0.796，由于其数值均大于0.75，被认为是几乎完全一致的编码，具有较高的可信度。因此，本章节得到的范畴编码与理论框架能够对URT-PPP项目资产运营阶段资产虚化因素予以比较完整的阐释，证明本研究具有良好的理论饱和度且可以停止编码。

第三节　资产运营阶段URT-PPP项目资产虚化模型构建

一、资产虚化风险因素评价

为规范案例中资产虚化风险相关信息，便于分析案例内以及案例间的资产虚化影响机理，现对案例相关风险因素、边界因素以及资产虚化现象建立评级标准。

（一）案例风险因素评级标准

各个案例中导致资产虚化发生的风险因素并不相同，对于案例中的各类资产虚化风险因素的评级标准如表5-8所示。

案例资产虚化风险因素评级标准　　表5-8

序号	影响因素		控制焦点	焦点现象	焦点表现	评级结果
1	政府方履约行为	前期履约不合理	项目竣工	由于政府方原因造成项目竣工延迟，导致政府违约，增加成本支出	未表现出焦点现象	+
					表现出一个焦点现象	++
			政府支付	政府部门未按时、足额向私营企业支付补贴费用	表现出两个焦点现象	+++
2		过程履约不合理	收费变更	收费标准与调价机制不完善，调价过程中收费可能偏低，导致项目实际的收益率降低	未表现出焦点现象	+
					表现出一个焦点现象	++
			绩效考核	绩效考核流程不符合标准，出现固化补贴流程等情况	表现出两个焦点现象	+++

续表

序号	影响因素		控制焦点	焦点现象	焦点表现	评级结果
3	政府方监管行为	项目监管不合理	运营质量监管	政府方对于运营状况核实不及时，运营过程对项目运营质量、项目维护情况实施监管流于形式	未表现出焦点现象	+
					表现出一个焦点现象	++
			项目唯一性	同类项目竞争使得项目预期收益不能实现，政府方支出与收益不符	表现出两个焦点现象	+++
4		社会监管不合理	项目信息披露	项目重大事项公示情况及媒体沟通平台运行情况信息披露未达到及时全面标准	未表现出焦点现象	+
					表现出一个焦点现象	++
			群众反馈	出现群众反馈意见并未广为听取，公众意见不能及时反馈	表现出两个焦点现象	+++
5	再谈判行为	触发条件不合理	谈判及时性	运营期间面对项目变化带来的负面效应未及时谈判	未表现出焦点现象	+
			谈判条件合理性	对于双方因机会主义而提出的再谈判行为未严格把控	表现出一个焦点现象	++
					表现出两个焦点现象	+++
6		谈判过程不合理	谈判效率	双方再谈判过程持续时间较长，处理问题不具备时效性	未表现出焦点现象	+
			方案落地	运营期间再谈判得出的谈判方案不具有动态实施过程，未能及时实施再谈判得出的方案	表现出一个焦点现象	++
					表现出两个焦点现象	+++

注：表中“+”代表风险因素的两种焦点现象在此案例中都未表现；“++”代表风险因素的两种焦点现象在此案例中表现出其中一个；“+++”代表风险因素的两种焦点现象在此案例中都表现出来。

（二）案例边界因素评级标准

在实际项目中，资产虚化风险因素对于虚化结果影响不尽相同，而风险因素与结果间的作用容易受到项目的外界边界因素的影响。①已有研究表明，政府制度机制通过制度的合法性和执行能力，推动政府方在项目中的履约行为是否能够做到尽善的结果，合同文本的完备性、地方政府在项目中的可持续性理念、地方政府机构健全性和各机构之间协调能力等政府制度能力，都会影响到政府方在项目实际运营中的履约行为是否合理。②项目运营中，政府方在其中扮演的更多的是监管者角色，事实上，社会资本方在项目中表现出的企业技术手段、设备、人员优势及其资源控制优势等动态能力，都会不同程度地影响政府对于项目监管行为的合理性（鲍睿宁和舒家先，2016）。③政企关系在项目中的影响是不容小觑的，社会资本方在参与PPP项目及与政府展开合作的过程中，较强的政企关系具有防护功能，这种功能会影响公私之间项目信息交流的执行效率、透明度以及可预测性，进而影响到政府方和社会资本方在合作中再谈判行为的有效性（詹雷和王波，2020）。

分析资产运营阶段URT-PPP项目资产虚化风险因素，需找出案例中相应的边界要素，这些边界要素在资产虚化产生的过程中，对内部环境可能存在不同程度的协调作用。根据PPP项目运营阶段资产虚化的客观条件，可以看出影响PPP项目资产运营阶段资产虚化的边界要素有政府方制度能力、社会资本方动态能力及政企关系。具体评级标准如表5-9所示。

案例边界因素评级标准　　表5-9

序号	边界要素	控制焦点	焦点现象	焦点表现	评级结果
1	政府方制度能力	合法性	PPP项目合同文本齐备以及地方政府可持续发展理念突出	同时满足	较强
		执行能力	执行能力较为突出，表现在地方政府机构健全、机制完备、流程完善、监控到位、协调得力	两者其一表现较弱	较弱
2	社会资本方动态能力	技术能力	技术能力较强，表现在企业技术手段、知识、设备和人员优势明显	同时满足	较强
		资源配置能力	资源配置能力较强，表现在企业整体外部环境资源及资源控制优势明显	两者其一表现较弱	较弱
3	政企关系	区域合作	政企双方未存在跨区域合作	同时满足	较强
		信任水平	政企双方在项目中表现出较高水平的信任关系	两者其一表现较弱	较弱

（三）案例资产虚化现象评级标准

各个案例中出现资产虚化现象的情况并不相同，对于案例中的成本性资产虚化以及功能性资产虚化的评级标准如表5-10所示。

案例资产虚化评级标准　　表5-10

序号	资产虚化	控制焦点	评级焦点	评级结果
1	成本性资产虚化	收益水平收益亏损率	项目收益水平稳定	低
			项目无亏损情况	
			项目收益水平不足	中
			项目运营资金表现出亏损，但亏损率不变	
			项目运营期间表现出项目收益水平下降	高
			项目运营亏损率逐渐升高	
2	功能性资产虚化	项目升级	项目升级或维护后表现出功能符合升级预期，项目功能满足升级前需求	低
			项目升级或维护后表现出功能不满足升级预期，或者项目功能升级后表现出功能冗余现象	高

二、案例选取

（一）案例收集标准

1. 代表性和覆盖性

同第四章案例选取标准相同，本部分选取的URT-PPP项目案例也应具有代表性和覆盖性。

2. 应处于资产运营阶段或资产运营阶段已结束

从资产全生命周期来看，PPP项目分为资产规划阶段、资产形成（建设）阶段和资产运营阶段。在研究URT-PPP项目资产运营阶段资产虚化问题时，只有项目进入了运营阶段并且已持续运营了一段时间后，相应的现金流已经产生，才能评价所研究的案例在此阶段是否出现了此类问题。因此，应选取处于或已结束项目资产运营阶段的案例。

3. 选取的PPP项目案例应在项目资产管理中具有借鉴意义

财政部PPP中心项目管理库中，项目执行阶段的绩效评价报告、财务报告、PPP合同修订协议和补充协议等文件，都可能含有关于项目资产方面问题的分析或汇总。PPP典型案例对行业的影响力较大，其本身也具有一定的借鉴意义，为研究者们提供了大量真实可靠的研究素材。另外，在新闻报道和中国知网中查找的案例，已经完成移交或目前正在运营的URT-PPP项目的资产管理相对成熟，可以对本阶段的研究提供参考价值。

（二）案例收集途径

在案例研究中，研究者通常会运用多种方法和手段来收集数据。财政部PPP中心项目管理库往往信息披露得比较全面、详细且安全可靠，所以是重要的数据来源。另外，鉴于财政部PPP中心于2015年才正式上线，但在此之前就有大量PPP项目案例作为成功案例被宣传和探究过，所以也可通过新闻报道、专家发言记录、PPP相关公众号、专家观点微文等知名资讯网站和中国知网（CNKI数据库）等方式进行资料的收集。

（三）案例收集结果

关于多案例研究方法中案例的数量，Robert（2010）认为在多案例研究中，6~10个案例比较合理，其中2~3个案例应是逐项复制，而另一些4~7个案例应该是差别复制。Eisenhardt（1989）认为，一般选取4~9个案例是比较有效的，如果案例数量少于4个，很难产生完备的理论，并且实证基础不够充足；如果案例数量多于9个，大量复杂的数据处理过程较为困难和繁琐。由于资源的可获得性和时间的限制性，本研究根据多案例研究方法中有关案例选取的原则，结合PPP项目本身的特点，选取5个知名度较高的典型案例进行研究。在所选取的案例中，北京地铁4号线是中国在城市轨道交通领域实施成功的经典项目，也是北京市绩效水平较高的轨道交通线路之一；成都轨道交通18号线是成都市轨道交通首次使用PPP模式建设的地铁项目，按设计规划将成为国内速度最快的城市轨道交通线路，是当前国内建设距离最长的地铁线路，同时对成都市政府的经济提升起到积极作用；重庆轨道交通3号线作为第3条投入建设运营的城市轨道交通重要线路，虽然运营结果不如人意，但是为川渝地区克服环境资源劣势提供了指导意义；徐州地铁1号线以及昆明轨道交通4号线为国家对于PPP项目进一步明确运作主体以及规范PPP模式运营起到了相关借鉴意义，具体案例基本情况如表5-11所示。

PPP项目案例基本信息 表5-11

序号	PPP项目名称	项目运营情况	投资额	地点
1	北京地铁4号线	成功	153亿元	北京市
2	成都轨道交通18号线	成功	347亿元	四川省成都市
3	重庆轨道交通3号线	失败	200亿元	重庆市
4	徐州地铁1号线	要求整改	163亿元	江苏省徐州市
5	昆明轨道交通4号线	要求整改	266亿元	云南省昆明市

三、案例内分析

（一）案例一：北京地铁4号线

1. 案例背景介绍

北京地铁4号线作为北京城市轨道交通的主线路之一，贯穿市区南北，整个地铁线路长28.2km，总投资约153亿元。整个地铁投资建设项目分为两个部分，土建工程部分占总项目资金70%，该部分由北京市基础设施投资有限公司负责投资建设；终端设备等机电设备部分则主要由京港公司负责投资建设，占总投资的30%。该地铁PPP项目的运行模式为BOT（建设—运营—移交）模式。

北京市政府对京港公司运营管理部分进行授权，特许经营期共30年。京港公司的支出主要包括机电设备的投资、对土建工程部分的租赁和对两部分建设的维护费用；收入主要来源于地铁运营票价和周边商业价值。而北京市政府以投资方对土建工程部分的出租等部分费用实行弹性制，当地铁客流量低于预期时，租金降低，反之就提高价格。当特许经营到期之后，京港公司将两部分设施分别交还给北京地铁4号线投资有限责任公司以及政府指定的北京市基础设施投资有限公司。整个运营期间，项目运营成本不但包括运营期维护费用70.98亿元，同时通过再谈判过程包括了升级改造费用约39.18亿元，相关研究对北京地铁4号线的现金流预测如表5-12和表5-13所示。

项目运营维护费用现金流表（万元）　　表5-12

运营期	1	2	3	4	5	6	7	8
运营维护成本	36805	37615	38442	39288	40152	41036	41938	42861
运营期	9	10	11	12	13	14	15	16
运营维护成本	43804	44768	45752	46760	47788	48840	49914	51012
运营期	17	18	19	20	21	22	23	24
运营维护成本	52134	53281	54454	56875	58127	59406	60713	62048
运营期	25	26	27	28	29	30		
运营维护成本	63413	64808	66234	43089	67691	69180		

项目更新改造费用现金流表（万元）　　表5-13

年度	2011年	2015年	2019年	2021年	2024年	2029年	2033年	2034年	2039年
成本	69400	50000	32105	69890	23654	76353	90746	278110	340731
残值			1033	2153	680	2228	2796	6457	7134
净成本	69400	50000	31072	67737	22963	74125	87950	271653	333597

资料来源：大岳咨询。

在整个PPP项目建设运营期间，各个重要利益相关者之间都签订相关合同，例如，在北京市政府授权下，北京市交通委员会与京港公司签订了特许经营协议，社会资本方之间签订中外合作经营合同，京港公司和北京地铁4号线投资有限责任公司签署土建部分资产租赁协议，与北京建管公司签署了委托建管协议，与金融机构签署贷款协议，与保险公司签署保险协议，另外和建管公司以及机电设备的供应商三者之间签署关于设备采购的三方协议。由此可知，北京地铁4号线PPP项目各个合同签订之后，能让利益相关者积极参与到项目中，责任也能更加明确。

2. 案例中各资产虚化风险因素表现评级

（1）政府方履约行为表现评级

1）前期履约行为不合理表现评级

北京地铁4号线对于票价的规定中明确了不足部分政府补贴，多余部分政府收回一部分，这些信息都要进行公开公示，以防产生政府官员腐败的风险，同时也能够因信息披露情况达到政府介入合理的目的。与此同时，通过信息披露情况可知，政府前期因项目自身经济特点，投入成本合理，以及因政府对项目有一定管理能力以及外部环境因素，项目按约定运营开始日如期试运营，未使项目运营期发生改变，且费用支付及时，对于此案例政府前期履约行为不合理这一指标，根据表5-8给出的评级结果为“+”。

2）过程履约行为不合理表现评级

由案例信息可知，社会资本方既能够获得票价方面的收入，还可以运用站内的商业领域经营获得收入。社会资本方对项目运营的努力水平与趋利性有一定关系，政府方对于社会资本方财政补贴是满足社会资本方利益的重要来源。社会资本方在出现了数种收入来源的同时，还使得资产运营效率得到优化，项目的运营水平最终表现出上升状态，从一定程度上和项目运营成本相互抵消，进而使得社会资本方报价下降。在此种情况发生过程中，政府付费呈现出相应降低的状态得益于政府方对于绩效考核等过程履约行为实施到位，并且某种程度上又保证了对社会资本方服务配套设施以及资金到位的承诺履约到位，加强了社会资本方参与项目运维过程的积极性，进而增加了政府财政运作效率。对于此案例中政府过程履约行为不合理这一指标，根据表5-8给出的评级结果为"+"。

（2）政府方监管行为表现评级

1）项目监管行为不合理表现评级

北京地铁4号线主要采用一般行政监管以及行业监管两种监管方式，监管主体较广，也很多。通过信息披露以及公众反馈的信息可知，对北京地铁4号线进行监管的主体主要包括北京市规划和自然资源委员会、北京市城市管理委员会以及北京市生态环境局等六个机构，对社会资本进行监管的有北京市市场监督管理局、北京市审计局、北京市税务局等六个部门，总体来说监管分工明确，杜绝了政府方对于项目的不合理介入行为。同时通过运营成本测算报告分析可以看出，整个运营期间除去初始运营投入的成本较高，其余运营期间的运营维护费用以及升级改造费用的现金流较为平稳，这种运营投入成本的监管可以大大减轻政府的财政压力，因此，在此案例中政府方做到了对于运营状况核实的及时性，对社会资本方服务质量、项目维护情况实施严格监管，保证了项目运营效率，且项目运营期间未出现因政府方原因导致需要进行项目运营方案改动或出现方案外投资等情况，对于此案例中项目监管行为不合理这一指标，根据表5-8给出的评级结果为"+"。

2）社会监管行为不合理表现评级

通过信息披露以及公众反馈的信息可知，资产运营期间，社会资本方对于服务质量较为重视，安排的服务人员以及维护方案等并未出现纰漏，表现在群众对于项目服务的投诉建议较少。同时，群众对于项目的相关意见，相关部门也会及时给予反馈。对于此案例中社会监管行为不合理这一指标，根据表5-8给出的评级结果为"+"。

（3）再谈判行为表现评级

1）触发条件不合理表现评级

由于政府方自身建设管理能力以及社会资本方建设运营能力都具有一定专业性，运营期出现价格波动调整、服务质量问题而引发再谈判的情况都得到了及时解决。并且由信息披露情况以及新闻报道可知，北京地铁4号线采用了竞争性谈判方式，在谈判阶段，北京市政府针对北京地铁4号线成立了专业的谈判小组，与多家社会资本进行了谈判，如港铁首创联合体、西中联合体等，运营期间面对项目变化带来的负面效应采取及时谈判行为，并且对于再谈判触发及时把控，杜绝双方出现因机会主义行为采取的再谈判策略。对于此案例中再谈判触发条件不合理这一指标，根据表5-8给出的评级结果为“+”。

2）谈判过程不合理表现评级

在谈判过程中，北京市政府做了大量相关准备工作，对价格调整的要求、技术和质量维护等方面的要求以及风险预案等进行了深入磋商。同时，北京市政府对参与谈判的社会资本综合能力进行了考察，如财务资金情况、管理水平、PPP项目经验、行业口碑等方面，制定的谈判标准也符合项目所处情形。相对之后的谈判过程来说，北京市政府前期再谈判标准制度仍存在不足，未能充分识别项目风险。但是经过前期再谈判过程后，运营后期的再谈判次数、谈判时间、落地结果以及谈判间隔都有了较为明显的好转，资金流动效率也有了一定程度上的提升，双方再谈判过程持续时间较短，处理问题具备时效性。此外，运营期间再谈判得出的谈判方案具有动态实施过程，能及时实施再谈判得出的方案。对于此案例中再谈判过程不合理这一指标，根据表5-8给出的评级结果为“+”。

3. 边界因素评级

北京地铁4号线中政府制度能力较为完备，包括合法性和执行能力等；社会资本方动态能力较强，如：技术能力、融资能力和资源配置能力等；此项目中政企双方未存在跨区域合作，且双方在项目中表现出较高水平的信任关系，因此，对于北京地铁4号线中的三种边界因素都给出较强的评级结果。

4. 资产虚化结果评级

对于案例中表现出的项目信息，可以对项目资产虚化现象进行综合分析。由于运营期间项目收益水平稳定并且项目资金收支平衡，所以相对应成本性资产虚化表现给出“低”评级结果；项目升级或维护后表现出功能符合升级预期，项目功能满足升级前需求，所以相对应功能性资产虚化表现给出“低”评级结果。

5. 案例总结

对案例一的边界因素、资产虚化风险因素以及资产虚化结果进行总结，如表5-14所示。

案例一研究总结表　　表5-14

边界因素	政府制度能力		社会资本方动态能力		政企关系	
边界因素评级	较强		较强		较强	
风险因素	政府方履约行为		政府方监管行为		再谈判行为	
	前期履约不合理	过程履约不合理	项目监管不合理	社会监管不合理	触发条件不合理	谈判过程不合理
风险评级	+	+	+	+	+	+
资产虚化	成本性资产虚化			功能性资产虚化		
结果评级	低			低		

（二）案例二：成都轨道交通18号线

1. 案例背景介绍

成都轨道交通18号线是成都市第一个使用PPP模式投资运营的项目，依照设计企划构建出我国距离最长且速度最快的地铁线路，建设线路中包括构建穿越龙泉山脉隧道，是我国城市建设难度极高的隧道。基于此种路径特点，PPP模式作为成都轨道交通18号线的建设模式，一方面可达成迅速筹集社会资金的目的，另一方面也可借助社会资本方优秀的建设经验，通过设计、建设以及运营等多方面推动成都市的轨道交通建设革新，达到提高城市轨道交通质量的目的。此外，成都市在2017年有13条地铁、400多公里路线同时在建，PPP模式极大程度上减轻了政府财政压力，加快了项目的推进。成都轨道交通18号线的可研报告以及专业评审修正对一期项目的投资金额估算约210.8亿元，项目一期和二期工程投资总额约265.37亿元，项目招标公告中初步投资总额估算约347亿元。

此项目中政府的主要定位是PPP项目的领导者，项目目的是作为公共产品提供以及提升成都市轨道交通的产品和服务质量。社会资本方作为投建者以及运维者的角色处于市场化竞争背景中，通过公开竞标与政府方展开合作，合作双方代表按照既定比例投资成立项目公司，同时享有公司运营带来的利润。本项目的社会资本方是中国电力建设集团有限公司（简称“中国电建”），位居世界企业五百强前茅，2009年11月正式成立，经营范围涉及市政、交通、水利水电等多方领域，总体来讲作为社会资本方在交通领域建设经验以及运维管理实力极为强劲。

2. 案例中各资产虚化风险因素表现评级

（1）政府方履约行为表现评级

1）前期履约行为不合理表现评级

PPP项目市场运作的基础就是票价的制定与出台，城市轨道交通项目本质上是具有公益性质的，在整个交通运行市场上，其票价是属于偏低的，政府还不断给予补贴，因此，政府、社会资本方都需对PPP模式进行更加深入的政策性理解。如果政府在补贴上政策不够合理，项目收益将得不到保障，因此，PPP项目中票价机制必须得到保障，以免造成项目运行过程中票价机制不断变更和调整，导致老百姓需求和企业利益之间产生矛盾点。除了票价问题之外，补偿制度也是关键，政府如果在该项目中对补偿制度、补贴机制进行制定和完善，将会让更多的社会资本参与到PPP项目中，不断拓宽投融资渠道，增加投资。但是成都市政府对轨道交通PPP项目的补助力度还不够，不能按时向私营部门支付补贴费用。此外，由于政府方原因，如：行政审批流程复杂，试图通过行政审批对项目进行强制性规范，导致成都轨道交通18号线未按时竣工。因此，此案例中政府前期履约行为不合理表现为项目竣工延期和政府支付不及时，根据表5-8给出的评级结果为“+++”。

2）过程履约行为不合理表现评级

对项目定价机制进一步完善，可以使其更加合理与规范，逐步实现激励社会资本的目的，降低社会资本成本，提升生产效率，从中获得经济效益，但是公共部门要防止社会资本暴利行为的出现。成都市轨道交通的票价并不是一成不变的，结合市场情况，可进行适当调整与变更。以往成都地铁是2元的票价，对于社会资本方来说，2元的票价没有太多利润；对于公众来说，希望获得更多的社会服务。政府既要面对社会资本方，又要面对公众，一方面希望社会企业获得收益，进而能够建立长期合作关系；另一方面也想为社会公众提供更好的服务。政府最后根据市场情况，对票价机制做出了调整，但是使得项目在运营期间的回报略低于预期。因此，此案例中政府过程履约行为不合理表现为收费变更不合理，根据表5-8给出的评级结果为“++”。

（2）政府方监管行为表现评级

1）项目监管行为不合理表现评级

成都轨道交通18号线PPP项目在资产运营期间处于成功状态，其中较为重要的原因则是成都市政府成功由公共产品供给者转变为监督者的职能角色，政府监管工作能够落到实处，并且通过高效参与项目可强力推动项目运作。成都轨道交通18号线中，成都市政府以项目合伙人的身份被纳入项目管理中，PPP项目公司计划的价格水平、服务品质以及建设运维等关键性节点都需要依照政府规定来执行。因此，成都市政府和社会资本方成立的项目公司形成的混合产权能够使得项目公司管理体系超过单一的公共产权或者完全私有化，在此种合作模式下呈现出效率及社会目标兼顾效果。成都市政府通过对项目公司的监管以预防社会资本方出现的投机行为，也确立了专业的监督机构对项目资产运营实行日常及重点监管，从而提高了公共产品服务供给品质。因此，此案例中政府方对于运营状况核实及时，对社会资本方服务质量、项目维护情况实施严格监管，保证了项目运营效率。项目运营期间未出现因政府方原因导致需要进行项目运营方案改动或出现方案外投资等情况。因此，对于此案例中项目监管行为不合理这一指标，根据表5-8给出的评级结果为“+”。

2）社会监管行为不合理表现评级

由于政策发展以及社会资本方动态能力较强的原因，传统的固化财政补贴机制并不适合选用谈判过程艰巨且伴随风险的固定票价补贴模式。成都轨道交通18号线实施了以项目营运里程为付费基础的公里数补贴模式，即以实际出车的数目为付费依据。在此种补贴模式下，政府方在项目资产运营初始阶段就给予社会资本方超过固定票价的补贴模式，所以项目运维阶段乘客较大程度地被吸引，达到了提升客流量持续发展的目的。由于政府方在项目运营补贴模式中呈现出公共交通服务的观念，客运服务量实现平稳增长，从而达到提升社会资本方轨道交通服务质量和提升资金运作效率、减轻政府财政压力的目的。但是成都市政府在项目运营过程中对社会未做到全方位的整体披露，如项目绩效指标等数据情况的公开性不足，项目资金“用不知所踪”的情况并未完全杜绝。成都市政府虽然意在为社会公众提供高效率供给以及高质量公共服务，使项目合作双方合法权益得到应有保障，但是因社会监管反馈不及时使资金运作效率呈现一定程度的下降趋势。因此，项目重大事项公示情况及媒体沟通平台运行情况信息披露未达到及时、全面标准，此案例中社会监管行为表现出项目信息披露和接受群众反馈不及时的风险，根据表5-8给出的评级结果为“+++”。

（3）再谈判行为表现评级

1）触发条件不合理表现评级

成都轨道交通18号线出现了因项目再谈判行为而导致审批流程低效的情况，包括审批重复、移交手续复杂等，造成社会资本方丧失参与本项目运维的积极性。成都市政府对本项目的再谈判行为的考核流程一直未做出相关精简化的调整。此案例中再谈判触发条件不合理表现为谈判不及时和谈判动机不合理，根据表5-8给出的评级结果为“+++”。

2）谈判过程不合理表现评级

本项目在谈判过程中成立了针对性的专业谈判小组，在提高谈判小组人员标准的同时精细化谈判流程，部分谈判方案提出的流程和谈判工作采取行政备案，取代过去的行政考核，进而降低了项目再谈判行为的时间成本，使得项目再谈判过程的效率大大提高。本项目表现出谈判结果落地较为及时，从而使项目运营资金流充裕，能够在很大程度上提高政府的财政运营效率。因此，对于此案例中再谈判过程不合理这一指标，根据表5-8给出的评级结果为“+”。

3. 边界因素评级

成都轨道交通18号线项目中政府制度能力较为完备；同时社会资本方动态能力较强；政企双方未存在跨区域合作，且双方在项目中表现出较高水平的信任关系，因此，对于此项目中的三种边界因素都给出较强评级结果。

4. 资产虚化结果评级

由于项目运营期间表现出项目收益水平稳定，但是资金收支不平衡，所以相对应成本性资产虚化表现给出“高”评级结果；项目升级或维护后表现出功能符合升级预期，项目功能满足升级前需求，所以相对应功能性资产虚化表现给出“低”评级结果。

5. 案例总结

综上，成都轨道交通18号线项目资产虚化风险因素、边界因素以及资产虚化结果可汇总在表5-15中。

案例二研究总结表　　表5-15

边界因素	政府制度能力		社会资本方动态能力		政企关系	
边界因素评级	较强		较强		较强	
风险因素	政府方履约行为		政府方监管行为		再谈判行为	
	前期履约不合理	过程履约不合理	项目监管不合理	社会监管不合理	触发条件不合理	谈判过程不合理
风险评级	+++	++	+	+++	+++	+
资产虚化	成本性资产虚化			功能性资产虚化		
结果评级	高			低		

（三）案例三：重庆轨道交通3号线

1. 案例背景介绍

重庆轨道交通3号线作为重庆市第3条投入建设运营的城市轨道交通重要线路，具有项目运量大、速度快、安全、准时、保护环境、节约能源和用地等特点，可缓解重庆市部分交通压力。项目线路识别色是琉璃蓝，建设资本为200亿元。其中重庆交通大学站点到江北机场站点于2011年末开通试运营；鱼洞至重庆交通大学段始于2012年末开始进行试运营；碧津至举人坝段于2016年末开始进行试运营。重庆轨道交通3号线骨干线整体呈现南北走向，自南鱼洞站为起始点，中途经巴南至渝北等区将其衔接起来，直至北部江北机场航站点，项目线路北侧延伸至重庆市轨道交通空港线等地，并且与其他轨道交通线共同构建重庆市主城地铁网骨架，可以有效降低线路及周围区域的交通压力。

截至2020年末，重庆轨道交通3号线投入运营里程长度总计67.09km，包括车站45座，其中34座高架站以及11座地下站，使用不等节数编组式单轨列车。重庆轨道交通3号线投入运营至今已经过10年，实际客流需求已经超过设计要求，为达到客流量激增的使用需求，满足江铜行车线路必需性，项目需要重新估算既有的供电、水平及其他设备运营能力。截至2017年末，重庆轨道交通3号线成为全球交通运输效率最高、线路运营单程里程最长以及地势条件设计最繁琐的跨座式轨道交通线路。3号线客流量数据中全天客流量突破100万人次发生于2019年2月22日，可以看出项目运营及使用情况极为充分，也达成了使地铁网运营效率、客流量、城市交通经济发展、轨道交通环境以及社会经济效益等全面提升的目的。

2. 案例中各资产虚化风险因素表现评级

（1）政府方履约行为表现评级

1）前期履约行为不合理表现评级

重庆轨道交通3号线在项目验收时期做到了按合同规定方案验收，如对内的质量管控，在对项目及周边相关施工进程验收流程中分别设立质量监控验收点，杜绝因项目运营性能不达标准的零部件进行轨道线路安装等情况；对外实施质量管控，主要注重对相关项目架构部位等方面的成品质量把控，监管社会资本方加强对轨道梁以及其他预埋件定位的检查，不符合标准就不能进行工程中间或全面验收，在源头上把控好质量的验收节点。但是，通过信息披露情况可知，政府方由于自身原因并未严格按照合同约定向社会资本方提供配套设施服务等保障措施。因此，此案例中政府前期履约行为不合理表现为政府支付不及时，根据表5-8给出的评级结果为“++”。

2）过程履约行为不合理表现评级

本项目中验收人员纪律管控以及验收人员组成等并未全面履行，在验收期间有关报告显示部分考核人员未全勤，考核过程随意打分情况也有发生。同时在验收过程的考核人员组成上政府方未按要求邀请项目运营服务人员加入小组，导致项目试运营开始日较合同规定运营日稍晚，在一定程度上出现了资金的浪费，而且绩效考核流程不符合标准，出现固化补贴的情况。此案例中政府过程履约行为不合理表现为绩效考核标准不清晰，根据表5-8给出的评级结果为“++”。

（2）政府方监管行为表现评级

1）项目监管行为不合理表现评级

在项目运营过程中政府方收到大量群众反馈意见，但是项目升级及改扩建迟迟未实施，项目或设备升级未及时解决，造成交通拥堵、设备维修量上升等问题，对线路运营造成了一定损失，直至政府提出将既有列车所采用的6辆编组逐步替换为8辆编组，以解决或部分程度解决项目运营服务能力不足的问题。项目重大事项公示情况及媒体沟通平台运行情况的信息披露，虽然达到及时、全面标准，但是对项目运营质量的监管不足，对于群众意见未能做到及时反馈。因此，此案例中项目监管行为不合理表现为运营质量监管不合理，根据表5-8给出的评级结果为“++”。

2）社会监管行为不合理表现评级

重庆轨道交通3号线属于跨座式单轨铁路，二塘站至江北机场站区段于2011年开通试运营，虽然项目处于运营阶段，但是客流量高峰小时持续时间也高于设计中高峰持续2h的要求。此时，项目初步设计运营服务条件已经不能满足实际需求，虽然已有建议提出对此项日的部分站口以客流量为特征组织安排形成科学间隔，但实际客流量已经远突破同时期水平，所以需要对项目进行升级以满足项目运营质量。此项目中政府方对于运营状况核实及时，对社会资本方服务质量、项目维护情况实施严格监管，保证了项目运营效率，并且项目运营期间未出现因政府方原因导致需要进行项目运营方案改动或出现方案外投资等情况。因此，对于此案例中社会监管行为这一指标，根据表5-8给出的评级结果为“+”。

（3）再谈判行为表现评级

1）触发条件不合理表现评级

通过案例背景可以看出当前城市规划的主要思想仍是以车行交通为主要内容，这也导致了步行和车行在空间上接驳被不同程度压缩。城市中人们与轨道交通之间的步行接驳未得到足够重视，导致轨道交通站体本身容量不足，具体表现在步行通行方式的时间增加，使用者相关步行空间接驳效率严重降低。因此，不少站点在运营一定时间后不得不对项目的改扩建方案展开再谈判。政府方在解决问题及时性上做得不足，运营期间面对项目变化带来的负面效应未及时进行再谈判。因此，此案例中再谈判触发条件不合理，根据表5-8给出的评级结果为“++”。

2）谈判过程不合理表现评级

重庆市地理环境以及轨道交通3号线的线路通车地点复杂，虽然再谈判进行得不及时，但进入再谈判后，政府方和社会资本方对于人流量、项目差异性以及项目改扩建方案等问题，较快达成共识。双方再谈判过程持续时间较短，处理问题具备时效性，并且运营期间再谈判得出的谈判方案具有动态实施性，能及时实施再谈判得出的方案。因此，对于此案例再谈判行为中谈判过程不合理这一指标，根据表5-8给出的评级结果为“+”。

3. 边界因素评级

重庆轨道交通3号线项目中政府制度能力表现得并不完备，因此，对于此项目中的政府制度能力给出较弱评级；社会资本方动态能力较弱，因此，对于此项目中的社会资本方动态能力给出较弱评级；政企双方存在跨区域合作，且双方在项目中表现出信任关系水平较弱，因此，对于此项目中的政企关系给出较弱评级。

4. 资产虚化结果评级

对于案例中表现出的项目信息，可以对项目资产虚化现象进行综合分析，由于项目运营期间表现出项目收益水平较低，收支不平衡，所以相对应成本性资产虚化表现给出“中”评级结果；项目升级或维护后表现出功能不符合升级预期，所以相对应功能性资产虚化表现给出“中”评级结果。

5. 案例总结

对案例三的边界因素、资产虚化风险因素以及资产虚化结果进行总结，如表5-16所示。

案例三研究总结表　　表5-16

边界因素	政府制度能力		社会资本方动态能力		政企关系	
边界因素评级	较弱		较弱		较弱	
风险因素	政府方履约行为		政府方监管行为		再谈判行为	
	前期履约不合理	过程履约不合理	项目监管不合理	社会监管不合理	触发条件不合理	谈判过程不合理
风险评级	++	++	++	+	++	+
资产虚化	成本性资产虚化			功能性资产虚化		
结果评级	中			中		

（四）案例四：徐州地铁1号线

1. 案例背景介绍

徐州地铁1号线是我国第一批次以PPP模式进行投资建设的交通领域项目。徐州地铁1号线位于我国江苏省徐州市。项目于2014年2月中旬开工建设，一期工程在2019年9月末正式进入运营阶段，标志色是中国红。徐州地铁1号线不但是徐州市同时也是苏北区域以及淮海经济带的首条地铁，徐州市也因此在淮海经济带中心城市占据了重要地位。

徐州地铁1号线大致呈东西走向，至西点为铜山区路窝站，至东点为贾汪区东站，途经泉山区以及云龙等主要区，涵盖徐州市内东西方向的客流走廊，链接起了市内的老城区、坝山内片区以及城东新区相关重要节点。同时，它也能链接人民广场以及万达广场等商贸中心，有效地联系起徐州站铁路以及东站铁路两大综合交通枢纽。

2019年6月，徐州地铁1号线正式进入试运行阶段，同年9月，徐州地铁1号线正式开通运营。截至正式开通运营当日，徐州地铁1号线安全运输乘客近1900万人次，去除疫情风险因素，正点率99.97%。截至2020年11月，徐州地铁1号线运营路线长度约为21km，其中包括高架线路0.571km，地下线路20余千米以及地面过渡线路0.4km。全线共设立18座车站，包括高架站点1座，地下站点17座。项目运营列车使用了6节编组的B型列车，日均客流量达5.65万人次，2019年10月2日创立了单日中最高客运量15万人次的纪录，次年年度客运总量高达1900万人次。

由于城市化进程的快速发展，城市人口数量飞速增长，徐州市人口不完全统计已经突破990万人，其中在市区的人口突破320万人。据了解，徐州地铁1号线在2021—2022年运营投入的直接成本大约为8.67亿元，运营期投入完全成本每年约为17.79亿元。2021年运营的直接成本和完全成本分别为7.84元/人次和16.10元/人次；2022年运营的直接成本和完全成本分别为7.44元/人次和15.28元/人次。随着人口数量的增加，私家车拥有数量也在相应急剧增长，大城市中经常出现堵车现象，而徐州地铁1号线的动工建设以及运营，将建立多层次、多方面的公共轨道交通系统，构建合理的交通结构。

2. 案例中各资产虚化风险因素表现评级

（1）政府方履约行为表现评级

1）前期履约行为不合理表现评级

通过案例相关资料可知项目在试运营甚至正式运营时，部分施工现场仍未完全验收合格，项目相关施工场地如工农路与淮海西路交叉口的西北位置，项目场地地面上只有部分钢筋和木板，并没有看到现场施工人员与机械设备等。在徐州地铁1号线建设施工之前，此区域空地就已经被围挡围住施工，直至2022年7月中旬结束，地铁1号线已经开通运营相当长的一段时间，此区域一直没有结束施工，甚至在前几个月停工。政府在对项目验收方案及考核并不完全的情况下就允许试运营，对于当地交通、区域经济造成了较大的影响。徐州地铁1号线项目试运营日开始前，由于政府方原因，如验收人员专业性较差、验收人员组成以及验收方案不符合相关标准等，使验收过程超过规定验收时间，进而导致项目超过试运营日才开始运营，并且伴随着项目质量不符合标准的情况发生。因此，此案例政府方履约行为表现为项目竣工延期，根据表5-8给出的评级结果为“++”。

2）过程履约行为不合理表现评级

项目要做到长期有效运营，社会资本方应严格控制运营成本。票价水平应与群众消费水平匹配，同时兼顾社会资本方的运营成本以及财政的承受能力，其定价需要高于公交车规定票价，但是低于出租车的计价。如何在定价基础水平一般的条件下实现轨道交通盈利是一座急需解决的“大山”，同时开始运营后地铁修理维护费用和能耗资源也是一笔可观的数字。项目线路已经开始运行，可是其收益水平并不算高，线路全程的单程票价为5元。

社会资本方维持项目运营更多的资金来源于政府补贴，政府对于此项目的绩效实施动态化考核，依照实际运营情况据实补贴，项目收支达到部分平衡。同时在项目运营过程中，政府方严格按照合同约定向社会资本方提供配套设施服务等保障措施，并且实施动态绩效考核标准，根据实际情况提供给社会资本方补贴。对于此案例过程履约行为这一指标，根据表5-8给出的评级结果为“+”。

（2）政府方监管行为表现评级

1）项目监管行为不合理表现评级

安全问题在城市轨道交通运营管理中起到至关重要的作用。由于列车是一个相对封闭的场所，载客量大、人员较为密集、流动性相对较强，所以容易引起突发事故。因此，利用信息化治理手段对包括安检在内的项目安全运营进行全面监管非常重要。但是，项目全线各个站点配备的安检口仅有一个，尤其是在人流量较大时，安检人员为使乘客能够快速通过，经常出现放松检查的情况；即便是在人流量较低时，很多站点的安检人员仍然有放松检查的情况。这些安全隐患都不符合安全管理相关规定。在出现了因失火导致的列车停运后，这种安全管理力度依旧未改变，可以看出政府方对于运营状况核实不及时，运营过程中对项目运营质量、项目维护情况进行的监管流于形式。因此，此案例中项目监管行为不合理表现为运营质量监管不合理，根据表5-8给出的评级结果为“++”。

2）社会监管行为不合理表现评级

据当地民众反映，地铁1号线工农路站红绿灯的西北处有一处工地，因为整改施工，围挡已经挡住路北门面房5～6年时间，工程尚未结束，但工地东门却贴了停工通知，并且围挡一直没有拆除。这给当地群众造成了困扰，群众对于该问题进行了反馈。政府方做出了及时回应，交涉相关媒体并反馈给相关部门，有关单位立即给出了复工的答复。对于此案例，政府方监管行为中社会监管行为不合理这一指标，根据表5-8给出的评级结果为“+”。

（3）再谈判行为表现评级

1）触发条件不合理表现评级

徐州地铁1号线在2019年9月28日正式运营，在经历了2年运营期后被当地群众多次反映，政府与项目相关部门展开再谈判。根据项目相关人员回复，项目有关部门正在积极与市重点办对接，该项目取得施工许可证的时间为2021年1月29日，在2021年12月停工并将施工设备暂时撤离，并于近期对项目进行谈判。运营期间面对项目变化带来的负面效应采取了及时谈判行为，并且对于再谈判触发及时把控。对于此案例中再谈判触发条件不合理这一指标，根据表5-8给出的评级结果为“+”。

2）谈判过程不合理表现评级

双方谈判的过程并不顺利，谈判过程也是较为漫长。在经历了较为频繁的谈判后，准备于2022年年末对项目进行复工，阻碍徐州地铁1号线的相关运营问题得到解决。可以看出，项目运营出现问题需要进行再谈判时，项目双方虽及时展开谈判但谈判过程较不顺利。因此，此案例中再谈判过程不合理表现为谈判结果落地不及时，根据表5-8给出的评级结果为“++”。

3. 边界因素评级

徐州地铁1号线项目中政府对相关合同文本的准备较为齐全，具备突出的可持续发展理念，地方政府机构健全、流程完善，相关部门配合较好，因此对于此项目中的政府制度能力给出较强评级；社会资本方动态能力表现得不完备，因此对于此项目中的社会资本方动态能力给出较弱评级；政企双方并未存在跨区域合作情形，且双方在项目中表现出信任关系水平较高，因此对于此项目中的政企关系给出较强评级。

4. 资产虚化结果评级

由于项目运营期间表现出项目收益水平不稳定，所以相对应成本性资产虚化表现给出“中”评级结果；项目升级或维护后表现出功能不符合升级预期，所以相对应功能性资产虚化表现给出“中”评级结果。

5. 案例总结

对案例四的边界因素、资产虚化风险因素以及资产虚化结果进行总结，如表5-17所示。

案例四研究总结表　　表5-17

边界因素	政府制度能力		社会资本方动态能力		政企关系	
边界因素评级	较强		较弱		较强	
风险因素	政府方履约行为		政府方监管行为		再谈判行为	
	前期履约不合理	过程履约不合理	项目监管不合理	社会监管不合理	触发条件不合理	谈判过程不合理
风险评级	++	+	++	+	+	++
资产虚化	成本性资产虚化			功能性资产虚化		
结果评级	中			中		

（五）案例五：昆明轨道交通4号线

1. 案例背景介绍

昆明轨道交通4号线位于我国云南省昆明市，于2015年末正式开工建设，并在2020年9月开始通车进入试运营期，其标识色为橙黄色。

截至2020年10月，昆明轨道交通4号线项目全长约43.4km，共设立29座车站、2个停车场、1个新建设施主变电站。自2022年3月起，昆明轨道交通4号线火车北站暂停服务，列车在该站不停站通过，恢复运营时间另行通知。由于昆明的地铁网络并未形成全覆盖，2021年上半年的客运量共计0.9042亿乘次，日平均客流量仅达50多万人次。

2018年，财政部发布《关于进一步加强政府和社会资本合作（PPP）示范项目规范管理的通知》（财金〔2018〕54号），主要将84个相关PPP项目从国家级示范项目名单剔除，同时规定另外89个不合规范的项目紧急进行整改，其中昆明轨道交通4号线的相关整改原因是运作主体和运作方式违规。昆明轨道交通4号线是昆明所有地铁中最长的线路，西北至昆明市五华区的普吉陈家营，东至呈贡，线路全长共计43km，贯穿市内六区。线路连接了西北部产业开发区、市中心区以及东南部技术开发区，同时向南部连接呈贡新区。昆明轨道交通4号线投入运营将有效推动主城西北部交通路网的客流空间交换，也能有效提高呈贡新区、南部区域和市中心区间的联系，对推动呈贡新区的产业发展以及南部客流交换起到重要作用。

2. 案例中各资产虚化风险因素表现评级

（1）政府方履约行为表现评级

1）前期履约行为不合理表现评级

作为昆明轨道交通建设的业主单位，昆明轨道交通集团有限公司已于2015年初成立以公司董事长为组长的公司内部PPP项目推进工作小组，通过“小组+部门/公司”的方式开展PPP项目的筹备、采购、执行、移交等工作，全力推进PPP项目的实施。此外，昆明市政府对轨道交通项目的建设运营管理已积累一定经验，因此保证了项目按时竣工，对于此案例中政府前期履约行为不合理这一指标，根据表5-8给出的评级结果为“+”。

2）过程履约行为不合理表现评级

政府在项目运营中进行的绩效考核流于表面形式，未按标准要求实施动态化绩效考核，具体表现在运营期间经济性、效率性和效果性三方面的不足：经济性表现在成本管控、资源投入、资金落实与投入等指标未量化；效率性表现在组织管理、档案管理等方面未形成定性考核标准；效果性表现在社会影响、生态影响以及可持续性等方面未纳入考核标准。上述表现在一定程度上为社会资本方提供了固定投资回报，虽然使得社会资本方参与项目运维的积极性提高，但是却使得政府财政效率降低，资产虚化现象较为严重。通过资料分析可知，此案例中政府过程履约行为不合理表现为绩效考核标准不清晰和收费变更，根据表5-8给出的评级结果为“+++”。

（2）政府方监管行为表现评级

1）项目监管行为不合理表现评级

昆明轨道交通4号线在运营期间基于典型线路特征，如米轨文化、铁路交通文化以及区域特征等方面，对项目进行了文化升级。本着以“修旧复旧”的基本原则修建了历史文化旅游观光带、绿色生态带、市民休闲带以及亮化景观带等。虽然此项建议出发点是好的，但是带来的效果却不尽如人意。市民对于上述修建的景点使用率、观光率以及推广率较为低下，其中作为重点装修的车站在简明设计上做到了优秀，但是本着推广文化的初衷却并未做到良好，文化概念、文化特色以及宣传方面表现并不突出，这就造成了市民关注度低下甚至看到但不买账的情况发生。由此可知，昆明轨道交通4号线项目中政府方对于运营状况核实不及时，运营过程中对项目运营质量、项目维护情况进行的监管流于形式。此案例中项目监管行为不合理表现为运营质量监管不合理，根据表5-8给出的评级结果为“++”。

2）社会监管行为不合理表现评级

采用PPP模式开展基础设施的建设、运营是当前国家政策的倾向，昆明市政府已出台多项关于PPP的相关政策，从政府到各相关行政单位已从政策上进行确定，推动基础设施项目建设，推动公共服务领域的发展，陆续完善相关制度。同时昆明市发展改革委正式发布推荐项目采用PPP模式，项目涉及范围涵盖基础设施、公共服务等多个领域。政府层面已经启动PPP模式的研究与初步实施，并积极推动项目发展，吸引社会投资人参与项目建设。对于此案例中社会监管行为不合理这一指标，根据表5-8给出的评级结果为“+”。

（3）再谈判行为表现评级

1）触发条件不合理表现评级

昆明轨道交通4号线的公网覆盖系统于2017年8月进行建设，于2020年9月投入使用。由于近年5G信号的推广应用，社会资本方提出该项目的信号系统应进行升级。昆明轨道交通4号线的公网通信系统建设正值5G网络建设初期，项目虽然已经开通运营，但是对于网络系统的建设方案还需要双方进行再谈判。初期再谈判的准备以及过程较为顺利，但是社会资本方在考虑现有网络的基础上，还须对未来网络的建设进行预留。然而，由于设备、相关电缆等配套材料标准未出，并且全国范围内没有成熟的类似案例可以借鉴，因此未能及时进行再谈判，影响项目进程。此案例中再谈判触发条件不合理表现为谈判不及时，根据表5-8给出的评级结果为“++”。

2）谈判过程不合理表现评级

由于技术的不成熟，加上后续对列车在线状态监测系统等技术的再次更新升级，造成了政企双方再谈判频次的增长。双方在后续的谈判过程较之前有所上升，并且政府方在此过程中谈判能力较弱，对该项升级给予社会资本方较为优厚的保证，但是导致政府财政资金效率低下。可以看出，项目运营出现问题需要进行再谈判时，项目双方应及时进行谈判过程，并将谈判过程尽量缩短，保证方案实施及时，从而使资产虚化问题造成的影响减小。因此，此案例中再谈判过程不合理表现为谈判结果落地不及时，根据表5-8给出的评级结果为“++”。

3. 边界因素

昆明轨道交通4号线项目中政府制度能力表现出合法性及执行能力并不完备，因此对于此项目中的政府制度能力给出较弱评级；社会资本方动态能力表现为技术能力、融资能力及资源配置能力较弱，对于此项目中的社会资本方动态能力给出较弱评级；昆明轨道交通4号线中政企双方存在跨区域合作，且双方在项目中表现出信任关系水平较弱，因此对于此项目中的政企关系给出较弱评级。

4. 资产虚化表现

由于项目运营期间表现出项目收益水平稳定并且项目资金收支平衡，所以相对应成本性资产虚化表现给出“高”评级结果；项目升级或维护后表现出功能符合升级预期，项目功能满足升级前需求，所以相对应功能性资产虚化表现给出“低”评级结果。

5. 案例总结

对案例五的边界因素、资产虚化风险因素以及资产虚化结果进行总结，如表5-18所示。

案例五研究总结表　　表5-18

边界因素	政府制度能力		社会资本方动态能力		政企关系	
边界因素评级	较弱		较弱		较弱	
风险因素	政府方履约行为		政府方监管行为		再谈判行为	
	前期履约不合理	过程履约不合理	项目监管不合理	社会监管不合理	触发条件不合理	谈判过程不合理
风险评级	+	+++	++	+	++	++
资产虚化	成本性资产虚化			功能性资产虚化		
结果评级	高			低		

四、跨案例分析

在对五个典型PPP项目案例分析之后，要再进一步对各个案例之间进行归纳和对比分析。跨案例分析的主要过程包括汇总各案例分析信息、横向对比分析成本性资产虚化关键风险因素和功能性资产虚化关键风险因素，最后对研究结果进行讨论并给出预防资产虚化现象的管理意见，具体过程如图5-2所示。

本章节以资产虚化现象分析框架为基础，结合多案例素材和理论演绎，总结并揭示政府方履约行为、政府方监管行为以及再谈判行为三个核心范畴推动下的PPP项目资产虚化机制，并给出相关PPP项目预防资产虚化的管理建议，多案例资产虚化实证汇总如表5-19所示。

对比五个案例的分析过程，可以看出项目竣工延期、政府支付不及时、收费变更不合理、绩效考核标准不清晰、运营质量监管不足、再谈判不及时和谈判结果落地不及时是出现频次较高的风险因素，因此将其确定为URT-PPP项目运营阶段资产虚化的关键风险因素。此外，从表5-19中可以看出案例一作为URT-PPP项目的典范，无论成本性还是功能性资产虚化程度都处于较低水平；案例二、案例三、案例四和案例五分别在成本性或功能性方面表现出不同程度的资产虚化现象，同时各案例包含的风险因素以及各因素引起资产虚化的程度也不尽相同。因此，本书将主要以案例一作为衡量资产虚化标准与其他案例进行对比分析。

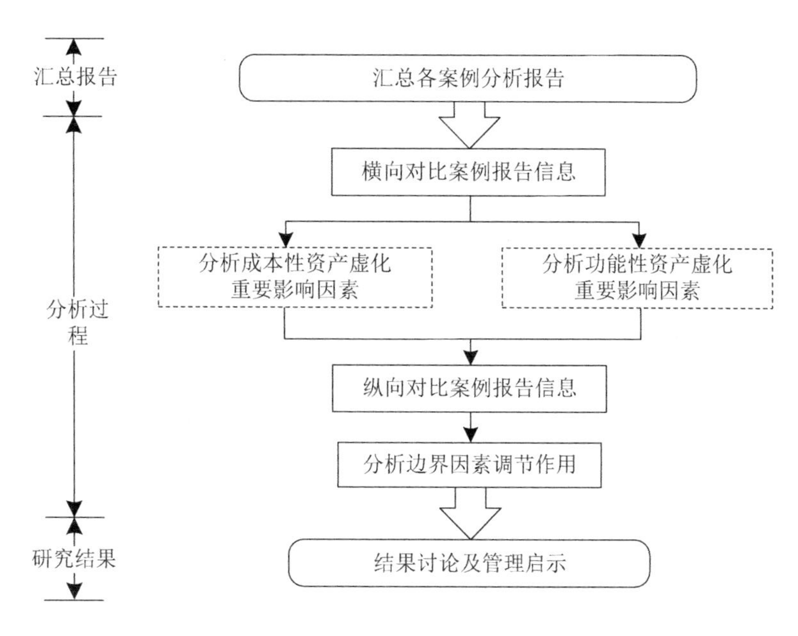

图5-2　跨案例分析过程图

PPP项目多案例资产虚化实证汇总表　　表5-19

因素		案例一	案例二	案例三	案例四	案例五
资产虚化	成本性资产虚化	低	高	中	中	高
	功能性资产虚化	低	低	中	中	低
政府制度能力		较强	较强	较弱	较强	较弱
政府方履约行为	前期履约不合理	+	+++	++	++	+
	过程履约不合理	+	++	++	+	+++
社会资本方动态能力		较强	较强	较弱	较弱	较弱
政府方监管行为	项目监管不合理	+	+	++	++	++
	社会监管不合理	+	+++	+	+	+
政企关系		较强	较强	较弱	较强	较弱
再谈判行为	触发条件不合理	+	+++	++	+	++
	谈判过程不合理	+	+	+	++	++

注：表中“+”代表风险因素不合理的两种焦点现象在此案例中都未表现；“++”代表风险因素不合理的两种焦点现象在此案例中表现出其中一个；“+++”代表风险因素不合理的两种焦点现象在此案例中均有体现。

（一）成本性资产虚化风险因素分析

1）首先对比案例三与案例一。案例三中政府方前期履约和过程履约评级相较于案例一都提高了一个“+”，再谈判触发条件相较于案例一也提高了一个“+”，涉及的风险因素是“政府支付不及时”“绩效考核标准不清晰”和“谈判不及时”，案例三和案例一的成本性资产虚化程度也呈现出由高水平到低水平的变化趋势，证明这三个风险因素是影响成本性资产虚化的关键因素。2）对比案例四和案例一的评级情况可知，两个案例中政府方过程履约和社会监管评级相同，再谈判触发条件评级相同，而案例四中政府方前期履约和项目监管评级相较于案例一都提高了一个“+”，谈判过程评级相较于案例一提高了一个“+”，涉及的风险因素为“项目竣工延期”“运营质量监管不足”和“谈判结果落地不及时”，案例四和案例一的成本性资产虚化程度呈现出由高水平到低水平的变化趋势，证明这三个风险因素是影响成本性资产虚化的关键因素。3）对比案例五和案例一的评级情况可知，案例五中政府方过程履约评级相较于案例一提高了两个“++”，涉及的风险因素为“绩效考核标准不清晰”和“收费变更不合理”，案例五和案例一的成本性资产虚化程度呈现出由高水平到低水平的变化趋势，证明这两个风险因素是影响成本性资产虚化的关键因素。4）对比案例二和案例三的评级情况可知，两个案例中政府方过程履约监管评级结果相同，而案例二中政府方前期履约评级相较于案例三提高了一个“+”，涉及的风险因素为“项目竣工延期”，案例二和案例三的成本性资产虚化程度呈现出由高水平到低水平的变化趋势，也可以证明此风险因素是影响成本性资产虚化的关键因素。

因此，“政府支付不及时”“项目竣工延期”“收费变更不合理”“绩效考核标准不清晰”“运营质量监管不足”“再谈判不及时”和“再谈判结果落地不及时”是URT-PPP项目运营阶段成本性资产虚化的关键风险因素。

（二）功能性资产虚化风险因素分析

对比表5-19中案例四和案例一，案例四表现出的项目监管和再谈判过程评级相较于案例一都提高了一个“+”，涉及的风险因素为“运营质量监管不足”和“再谈判结果落地不及时”，所对应的功能性资产虚化程度呈现出由高水平到低水平的变化趋势，因此，“运营质量监管不足”和“再谈判结果落地不及时”也是URT-PPP项目运营阶段功能性资产虚化的关键风险因素。

第四节 模型结果分析

影响资产运营阶段URT-PPP项目成本性资产虚化和功能性资产虚化的风险因素贯穿在政府方履约行为、政府方监管行为和再谈判行为中，因涉及的风险因素数量较多，所以不逐一做出具体分析和解释，而是从履约、监管和再谈判的维度进行说明和讨论。

一、成本性资产虚化风险因素讨论

（一）政府方前期履约行为不合理是引起成本性资产虚化的关键风险因素

现阶段，我国PPP项目的相关建设工作已经逐步走向重质量过程，社会资本方对于项目的运营模式也逐渐转变为专业性运营，而对于项目的前期履约验收阶段却存在忽视的行为。项目前期履约验收阶段其实是一个承上启下的过程，但是该过程却存在诸多不合规的地方，其中最主要的是项目竣工延期和政府支付不及时两方面。

PPP项目能否按时竣工涉及项目建设质量工作、项目清退场工作、项目周边环境治理工作以及相关验收标准是否符合规定。由于验收人员不合理容易导致前期履约行为不合理，包括验收小组人员设置不合理、验收人员专业性不足等问题。此外，如果政府方不能按照合同约定及时向社会资本方支付相关补贴费用或者提供配套设施服务，也会导致项目成本的增加。

在成都轨道交通18号线项目中，政府方由于自身原因未按时向私营部门支付补贴的费用，且提供的补助力度不足。此外，成都市政府行政审批流程较为复杂，试图以此对项目进行强制性规范，结果导致成都轨道交通18号线项目未按照约定时间竣工。因此，建立竣工阶段合理性评价制度，对城市轨道交通PPP项目的成本性资产虚化具有一定的警示和规范作用。

（二）项目监管行为不合理是引起成本性资产虚化的关键风险因素

政府作为项目的监管者，须利用监管权力以期使项目达到有利于公共利益的目标。从近年来国家颁布的相关监管方面的政策文件也能够看出政府对项目监管行为的重视，随着项目投入运营后经营水平的增加，项目财政支出方面的监管工作对于社会资本方在运维工作中投入的努力水平也有提升作用。项目高经营性但低收益性的主要收入来源是政府补贴，政府方对项目日常的监管包括服务专业性、运营状况的核实等。

项目监管行为不合理包括运营期间维护方案制定之后具体的维护或修复工作时维护不当的情况等。项目可持续发展理念的监管主要指对维护周边生态环境稳定所采用的技术的监管以及对污染物和废物的排放处理的监督，以上任一监督工作未达标都会导致项目成本有所增加。所以对于PPP项目的运维过程，政府方必须建立一个适合项目长期发展的流程，制定相应的监管规则。在运用PPP模式进行城市轨道交通项目建设的过程中，对建设项目运营过程中的灰色地带加以监控，确保PPP模式能够顺利、有效地应用实施。

（三）再谈判触发条件不合理是引起成本性资产虚化的关键风险因素

造成PPP项目再谈判的条件较为繁杂，因为PPP项目的合作周期一般是比较长的，项目建设运维的情形也复杂多变，所以很难预测未来可能出现的所有变化。在实际案例中也频频出现个别PPP项目套用某个合同模板的情况，项目的针对性设计缺失、部分项目条款不符合或者缺失现象较为普遍。

由于PPP项目周期长，外部环境容易发生变化，如维修材料价格上涨幅度大、运营维护成本涨幅超过项目初期设置的条件、城市相关规划调整致使项目运维结构发生较大变化、市场宏观需求超出预期变化等，这些都需要进行合同再谈判。对于这些变化，如果不及时采取再谈判行为，项目很有可能面临运维收支严重失衡的困境，最终致使政府方财政压力增加。为避免已经投入的项目相关资源浪费以及为了继续达到项目目标，政府方应该和社会资本方开展再谈判行为，通过调整或补充相关条款使得项目可继续运营。

PPP项目再谈判行为的触发需在触发条件符合相关规定的基础上进行。如果出现项目运维工作主体更改、付费机制的责权划分变更等问题，社会资本方对于变动风险未充分测算，就要在付费机制调整之后进行再谈判。如泉州刺桐大桥项目中公众反对提高收费标准，要求取消收费，导致双方进行再谈判，但是刺桐大桥运营过程中已无力调整收费价格，且失去竞争优势，开展谈判工作会导致政府方财政压力增加。因此，完善再谈判行为的触发条件相关条款对于减少PPP项目成本性资产虚化是十分重要的。

二、功能性资产虚化风险因素讨论

（一）社会监管行为不合理是引起功能性资产虚化的关键风险因素

社会公众是PPP项目的受益方，在项目运维期间是最终接受服务的角色。在PPP项目中，社会公众从特定角度而言享有和政府相关部门相同的权利，包括但不限于决策阶段、建设阶段和运营阶段的知情权、管理权和监督权等。对于城市轨道交通项目而言，社会公众可对项目服务专业性和维护安全性等进行反映。公众参与度低、项目意见并未广为听取、公众意见不能及时反馈是PPP项目存在的共性问题，群众花了钱却未得到相应的服务、群众投诉意见得不到有效反馈都是致使运营效率下降的重要原因，甚至部分项目因未及时采纳公众意见而引发社会冲突。

此外，重大事项公示情况及媒体沟通平台运行情况信息披露不及时或不全面是引起功能性资产虚化现象的重要原因。在PPP模式中，我国享受服务的社会公众现阶段主要是靠项目相关自主信息公开的方式参与到项目监管的工作中。作为社会监管主体的社会公众，不仅是项目的消费者，更多的是强调公众与政府机构享有同样的决策、建设以及运维的知情权、管理权以及监督权等。

如梧桐山隧道项目公司多次提高通行费，公众强烈要求取消通行费，政府只能提早回购，加之梧桐山盘山公路和深盐二通道相继开通通车，梧桐山隧道的收益下跌，项目最终提前终止。社会监管行为不合理极容易导致项目的舆论导向不正确，政府存在敷衍了事的态度也会引起公众不满，项目正常运营平稳性得不到保证，一旦出现社会公众反对的情况，功能性资产虚化现象就会随之显现出来。通常基础设施建设投资需要较长时间才能回收，这也符合轨道交通PPP项目的基础经济特点。PPP项目运营过程中政府监管行为有助于增加PPP项目运营阶段的基本属性、项目透明性和运营可行性，并在一定程度上减少资产虚化风险以及社会冲突风险在进程中造成的阻碍，更高效地推行PPP项目运营。

（二）再谈判过程不合理是引起功能性资产虚化的关键风险因素

考虑到再谈判过程中政府方和社会资本方存在不同的谈判方案、人员专业性以及再谈判信息的不对称性，可能由于信息不对称导致公私双方的收益性不同。社会资本方一般是作为提出再谈判请求的一方，易拥有先发制人的优势，很可能具有机会主义行为及心理活动，此时政府方能够在再谈判过程中通过使用试探性方案提出低于可接受的谈判条件以逆转其谈判不利地位，但是又不能低于社会资本方可接受的最低条件，以防止增加再谈判的重复频次，降低项目的功能性效率，造成社会公众效益损失。

开展再谈判工作的进度也取决于相关方的配合程度。如果社会资本方发起再谈判，或者社会资本方认为政府变更或增加合同约定过程是增加其收益风险，如加建项目或相关商业服务等切实影响其经济利益等情形，都会影响再谈判过程。此外，谈判者最后的落地方案也受谈判双方的心理影响，当政府方的谈判人员心理压力较小即谈判态度温和，且社会资本方有机会主义心理时，社会资本方会采取不断挑战政府方的谈判底线的行为，可能造成项目功能性利益受损。此外，再谈判时收益分成也受双方风险态度和谈判能力的影响（吴绍艳等，2023b），因此政府方在制定再谈判收益分配方案时应兼顾这些因素。

需注意的是，在项目再谈判行为结束后，政府方应尽快落实再谈判结果方案，防止进一步扩大功能性资产虚化对于公众利益的损害。如晋中至太原城际铁路PPP项目中，由于项目功能设计变更而提出的再谈判过程中，社会资本方的规划方案对于项目预测的客流发生较大偏差，但政府方在此过程中的谈判采用妥协策略。同时，项目周边下一阶段的规划不确定性也会导致客流量规模受到较大影响，很可能出现再谈判频次增加的倾向，对于项目升级后的功能性资产虚化影响更为显著。

因此，再谈判过程发生前，政府方应充分了解项目运营的实际状况，并获取相同类型项目的经验教训，以期降低社会资本方的投机可能。在项目再谈判行为结束后，政府方应尽快落实再谈判结果方案。

三、边界因素

（一）政府制度能力在政府方履约行为引起资产虚化过程中的调节作用

政府方在项目中是一个领导者的角色，其中政府制度机制是一种使资源合理性配置、推动经济与社会发展的手段，政府制度的合法性和执行能力也被视为政府层面推动PPP发展的两个核心能力。政府方在实际项目运营中履约行为的合理性具体表现在合同文本的完备性、地方政府在项目中体现的可持续性理念、地方政府机构的健全以及各机构之间的协调能力等。

由于近年来政府制度能力持续改善，政府方在一些项目中也因此能更为合理合规地实施履约行为。例如，在北京地铁4号线项目中，考虑到票价收入不确定的情况下，要针对不同票价收益制定不同政策，北京市政府最终决定以“测算票价”（影子票价）作为确定投资方运营收入，同时，为应对通货膨胀等客观环境的变化而制定了每三年调整一次票价的机制。这都是政府制度能力完善的体现，为应对PPP项目效益变化提供了保证。因此，政府方在预防因履约行为引起的资产虚化现象时应提升政府制度能力。

（二）社会资本方动态能力在政府方监管行为引起资产虚化过程中的调节作用

在项目实际运营过程中，政府方扮演的更多的是一个监管者的角色。事实上，社会资本方在PPP项目中可以表现出的企业技术手段、知识、设备、人员优势、企业整体外部环境资源及资源控制优势等社会资本方动态能力，都会不同程度影响社会资本方在基础设施项目运维的专业性，而这种专业性也会进一步作用于政府对于项目监管行为的合理性。简而言之，对于社会资本方参与的URT-PPP项目来说，政府方对于项目投入资源的合理性，一定程度上取决于社会资本方为项目赚取收益或者降低损失的程度，即社会资本方动态能力持续地在项目中表现出的运维合理性。

在实际的PPP项目中，若社会资本方在此之前曾参与过相关的PPP项目，且在该领域的资源优势较为优异，则会体现出较强社会资本方动态能力，对于项目维护以及社会公众服务等工作都有推动作用。这种情况下，政府方即使存在部分监管不合理的行为，如：项目部分维护工作政府方监管未及时到位，但是由于社会资本方动态能力较强，可以在规定时间内提交维护申请，从而避免了项目产生资产虚化风险。因此，政府方在预防因监管行为引起的资产虚化现象时应考虑选择动态能力较强的社会资本方，最大限度地预防资产虚化。

（三）政企关系在再谈判行为中引起资产虚化过程的调节作用

政企关系在项目中的影响是不容小觑的，社会资本方在参与PPP项目和政府展开合作的过程中，较强的政企关系具有“防火墙”功能。在政府与社会资本方进行再谈判前发展政企关系，如双方是否存在跨区域合作性质、双方之前是否合作过以及双方名誉口碑等相关方面，都会影响公私之间项目信息交流的有效性、执行效率、透明度以及可预测性，进而影响到政府方和社会资本方在长期关系合作行为中的信任关系。而政企双方间的信任意味着双方在项目合作进行的情况下，一方表现出对另一方谈判行为的愿意倾向以及态度，换言之，政企关系的强弱对于项目再谈判有效性、公平性以及双方再谈判行为都有不同程度的影响。

第五节　资产运营阶段URT-PPP项目资产虚化诊治方案构建

针对资产运营阶段影响URT-PPP项目资产虚化的关键风险因素，提出以下资产虚化诊治和预防建议，以供政府方参考。

一、加强PPP法律建设，贯彻落实合同履约

政府部门是政策监管的主体部门，对政策执行主体完成建设项目的过程及结果有引导监督的作用（吴绍艳等，2018）。在收集案例信息的过程中可以发现，PPP项目运营过程中，政府缺乏诚信意识及契约精神，其根本原因在于PPP法律体制的不健全，我国尚未完善PPP制度框架与法规体系。2015年6月1日起实行的《基础设施和公共事业特许经营管理办法》是目前PPP领域效力层级最高的法规。《中华人民共和国预算法》和《中华人民共和国政府采购法》对PPP相关的预算采购程序作出了规定，除此之外，以国务院、财政部、发展改革委等发布的一系列法规为准则。总体来说，相关的法律法规位阶较低，使得PPP项目的运营没有足够的法律支撑与保障，合同履约存在困境。

随着PPP模式在我国的推广与应用，PPP领域的巨大利润必将吸引大型跨国企业的投资。与国外资本进行谈判时，需要我国具有明确效力的法律法规及可操作性的法律条款，为合作的顺利进行提供保障，这样才能使国外资本安心主动地投入我国的PPP项目建设中。所以，国家应尽快开展对PPP模式的统一及单项的立法工作，从宏观角度处理税收、项目立项、运营、风险管理、政府监管等问题。各地方政府需根据国家出台的法律法规，针对当地的实际情况对各项法律法规进行细化。

二、完善PPP项目数据，实施项目运营动态监管制度

为了确保实现社会公共利益的最大化，必须要重视及规范对政府方和社会资本方之间的不同约束。社会资本方应秉持着“盈利但不暴利”的思想，避免出现因过度追求自身利益而损害公共利益的问题；政府部门应防止权力过度使用，避免影响社会资本方的合作积极性。为此，政府方要做到及时并且动态地对项目进行监管，完善PPP项目数据势在必行。

PPP项目数据包括但不限于项目相关者信息、项目运营阶段性投资额以及项目相关收支等，对此数据进行完善的主要目的是收集和管理项目运营中的动态信息，据实做到“赏罚分明”。能做好项目数据完善及管控工作对于提高项目有效监管是至关重要的，具体表现在政府方能够依据项目数据信息给予社会资本方合理的补贴或惩罚，在双方进行再谈判时也能合理地判断出再谈判的提出是否满足约定的触发条件。除此之外，政府部门在数据完善过程中要着重把控数据的真实完整性，谨防因出现虚假报告等影响财政运作效率。

三、拓宽社会公众需求表达渠道，提升项目服务质量

轨道交通PPP项目的根本核心价值是向社会公众提供服务，在项目实施运维的过程中，由于政府方处于项目主导性地位，社会资本方作为项目实施者一般会将政府方给定的目标作为“硬性”任务，而对于被服务的社会公众实际需要则会被作为“软性”任务受到忽视。实际上，社会公众是轨道交通PPP项目的使用者，在被提供服务的过程中可对项目相关实施工作进行监管和提议，可以向政府有关部门进行反馈甚至投诉。对于社会公众给出的意见，政府方应及时做出反馈，对于有益于项目运营的意见进行采纳，对于帮助作用并不大的意见给予解释，并将这两种情况进行公示。

当社会资本方动态能力较弱时，相较于能力较强的社会资本方更应该把控公共项目服务均衡化供给和差异化需求之间的平衡，建立被服务对象需求表达的平台，以拓宽群众需求表达渠道。此过程可以通过数字化服务平台，借助大数据等技术分析群众相关消费特性及喜好，做到有针对性地提供个性化以及特色化的服务内容，力争达到项目服务方面的供需平衡。同时也可以利用相关平台进行项目升级后的公共产品供给侧优化并且向群众准确推送，以提升项目相关商业化服务的营销质量，提高社会公众对项目的消费意愿，从而增加项目商业化收益。

| 第六章 |

资产全生命周期URT-PPP项目资产虚化风险关联研究

如前所述，URT-PPP项目资产全生命周期可分解为资产规划阶段、资产形成阶段和资产运营阶段。基于扎根理论，并运用系统动力学和多案例研究方法，第三章至第五章已经遴选出各个阶段影响资产虚化程度较高的风险因素。为了进一步探究各阶段风险因素之间的关联关系，本章整合了三个阶段所有的风险因素，构建URT-PPP项目全生命周期资产虚化风险网络模型，分析风险传递路径，以便从整体上对资产虚化影响机理有更深入的理解。

第一节　研究方法和研究框架

一、研究方法

（一）传统风险关联关系研究方法

随着PPP项目的常态化和普及化，在识别出PPP项目风险因素的基础上，国内外学者基于各种理论建立风险间关联关系模型，具体见表6-1。

研究风险间关联关系模型的相关文献　　表6-1

序号	作者	研究目的	方法	方法的不足
1	Ye和Tiong（2000）	为私人融资基础设施项目的风险评估和投资提供更好的决策	蒙特卡洛模拟法	需要的样本数量必须足够大，使估计的分布接近真实的分布
2	Han et al.（2017）	对PPP模式风险进行定量化研究，对PPP社会风险因素的识别与PPP社会风险分担进行深化研究		
3	Hastak和Shaked（2000）	通过确定标准、子标准和指标之间的优先级，确定风险指标的相对重要性	层次分析法	定量数据少、定性成分比较多，可能不具有说服力，也可能没有考虑到风险之间的关系
4	张玮等（2012）	对PPP项目风险指标之间的相互影响关系进行风险评价研究		
5	Homas（2006）	印度道路项目的关键风险概率和影响评估框架论证	模糊故障树和德尔菲法	对简单信息的模糊处理会降低风险管理系统的控制精度和动态质量
6	丁晓欣等（2020）	通过基本事件关联度的大小，确定在全生命周期阶段需要重视的基本事件，对于基本事件的关联度大小进行排序		
7	王建波等（2018）、刘宪宁等（2011）	评判URT-PPP项目的风险等级，同时提出相应的风险应对措施	灰色模糊法	风险评估中指标权重向量的确定具有一定主观性

上述文献在风险评估和管理中基本应用了线性思维和还原论。基于线性思维的风险管理研究结果往往受到单一风险导向（Loosemore和Cheung，2015），而风险管理是一个动

态非线性系统（Koubatis和Schönberger，2005），这意味着整体观点是理解风险本质的唯一途径。因此，在风险管理过程中，需要一种更全面的方法系统解决集成风险的相互依赖性。

（二）社会网络分析方法的适用性分析

社会网络分析（Social Network Analysis，SNA）可以用来研究不同阶段风险因素之间的层次关系和传递路径。社会网络是由一组有界的参与者之间的关系组成的，适用于研究复杂、重复的情况，可以对问题进行定性和定量分析，更加清晰地呈现出所研究内容的关联关系（Guevara et al.，2020）。对有关社会网络分析的相关文献整理结果如表6-2所示。

基于社会网络分析探究风险关联关系的相关文献　　表6-2

序号	文献	项目类型	研究对象	风险特点	研究目的
1	顾湘等（2020）	基础设施建设	残值风险	残值风险发生是PPP项目全生命周期中存在不断交织、影响、累积的风险因素	提出针对残值风险防范策略，利益相关者更好应对残值风险
2	张雅婷等（2022）	城市基础设施	投资决策风险	地方城市基础设施PPP项目具有复杂多变的投资决策风险，PPP项目全过程中每个阶段的风险因素具有不同特点	提出针对性的风险防范措施，有助于政府方有效预防
3	孟宪薇和韩锡沙（2018）	准经营性PPP项目	融资风险	涉及多方参与，在风险管理时均会产生不同的行为以影响融资风险，增加了融资风险的复杂性	提出风险控制的策略与检验方式
4	项勇等（2016）	—	物有所值评价风险	PPP项目物有所值评价的因素复杂多样，其影响因素之间存在着一定的相互关联和作用	引入网络层次分析法，探究影响因素间的相互关系，得出物有所值评价实施过程中的影响因素
5	娄燕妮（2018）	交通领域PPP项目	全过程风险	参与项目实施的主体之间存在各种联系，项目主体不同行为的相互作用及传播效应增加了项目实施的不确定性	提出了相应的风险管控策略
6	Zhang et al.（2011）	水务项目			分析PPP基础设施项目中的风险相互作用及传播机制
7	焦媛媛等（2016）	—			对PPP项目决策、实施和运营三个阶段内的利益相关者的网络特征进行定量分析

社会网络分析是由行动者之间关系构成的一个稳定的系统，研究重点是发现个体成员之间关系的特征以及这些相互关联对组织产生的影响（Lee et al.，2018）。在建设项目管理等研究领域中，一方面，社会网络分析是一种解决利益相关者相关问题的有效方法，可以帮助研究人员在他们的研究中确定关键的利益相关者和实际问题，分析网络对象之间的相互依赖关系，如乐云等（2016）通过社会网络分析，构建利益相关者动态联系的

网络；另一方面，社会网络分析可以用来判断一组风险因素内部之间的依赖性，如Luo等（2019）采用社会网络分析，建立了香港某装配式建筑项目的供应链风险网络，优先考虑与利益相关者相关的供应链风险。因此，与传统的分析方法比较，社会网络分析既注重关系属性特征，也可用数据的形式对研究问题进行量化，使分析的研究结果更加全面、清晰。

总的来说，社会网络分析已经成为探究系统集成风险的有效方法。本书研究对象为URT-PPP项目的资产虚化风险，最后移交阶段的显性风险由资产规划阶段、资产形成阶段及资产运营阶段过程风险累积所致。有鉴于此，有必要引入社会网络分析方法，构建URT-PPP项目资产虚化风险网络，基于网络理论分析解释关键的风险传播机制，有助于将风险关系可视化，并通过定量分析确定其影响，为精准预防资产虚化风险提供理论指导。

（三）社会网络分析的步骤

社会网络分析主要包括准备数据、处理数据和分析数据三个步骤。

（1）准备数据。首先，通过案例或文献获取风险因素，确定各个节点。其次，收集归纳各种资料，包括专家经验、公开的案例教训等等，从中寻找各个节点之间的传导性，建立关系矩阵。由于在以上三个章节中已经得出每个阶段关键的风险因素，这里就不再阐述数据收集的过程。

（2）处理数据。利用社会网络分析方法中的软件，将邻接矩阵数值化处理，再分别获取密度、中心度以及核心与边缘等数据。同时将邻接矩阵输入Netdraw软件，获得可视化的网络图。

（3）分析数据。风险网络图的节点以及线条，可以展示出关系的数量、指向和复杂程度。除此之外，还要对相关指标进行分析，详见表6-3。

URT-PPP项目资产虚化风险关系测度指标　　表6-3

序号	层次	指标		内容描述
1	整体网	网络密度		考量URT-PPP项目风险联系是否紧密
2	局部网	基于内部成员之间点度数的凝聚子群		考量哪些风险在多大程度上能够形成风险集合
3	个体网	度数中心度		考量风险个体自身是否处于风险网络中心
		中间中心度	点的中心度	考量风险个体对其他风险的影响程度
			线的中心度	考量风险个体对整个网络的影响程度

二、研究框架

本章主要对URT-PPP项目资产全生命周期内资产虚化风险因素之间的传递路径和相互关系进行研究，研究框架如图6-1所示。

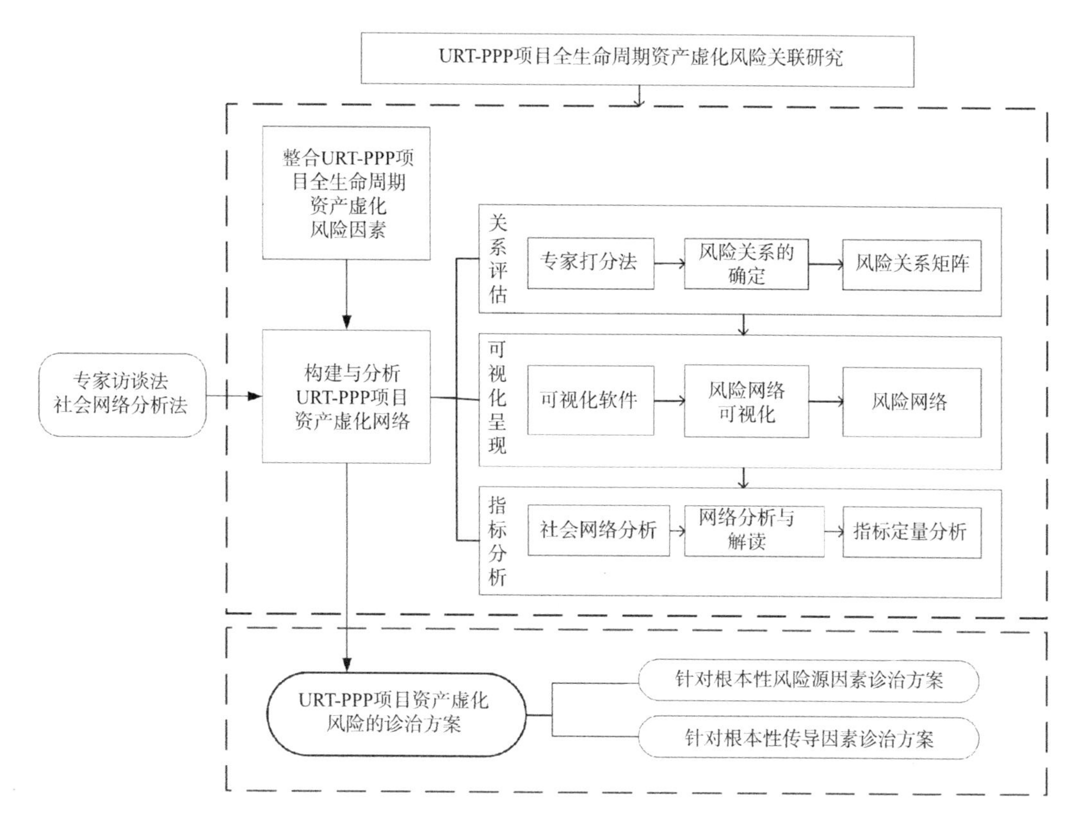

图6-1　URT-PPP项目全生命周期资产虚化风险研究框架

第二节　资产全生命周期URT-PPP项目资产虚化关键风险因素整合

第三章、第四章和第五章分别得出了URT-PPP项目资产规划阶段、资产形成阶段和资产运营阶段影响资产虚化程度较高的关键风险因素。本章从资产全生命周期的视角对上述三个阶段遴选出的28个关键风险因素进行整合（表6-4），在此基础上构建PPP项目全生命周期资产虚化的风险网络，分析风险传递路径。

URT-PPP项目全生命周期资产虚化关键风险因素集

表6-4

阶段	序号	关键风险因素	资产虚化表现	风险结果
资产规划	1	市场预测不合理R1	合同期限设置、公共需求预测值准确性、财务可行性评价合理性、市场价格了解程度、是否存在同业竞争，造成政府所获收入的减少或对社会资本补偿的增加	功能性资产虚化
	2	回报机制测算不合理R2	主要为支出与收益测算得不合理，表现在总投资测算不合理；更新改造追加投资测算不合理；资本租金测算不合理；运营成本测算不合理；相关税费测算不合理；不考虑环境成本、票价收入、其他业务收入等	成本性资产虚化
	3	投资估算不合理R3	编制依据不全或编制分析不到位导致投资估算不合理，主要表现有：不熟悉国外初步询价资料及所采用的外汇汇率；不熟悉工程建设其他费用内容及费率标准；征地拆迁、供电供水、考察咨询等费用的计算不完全；没有明确分析影响投资的主要因素等	成本性资产虚化
	4	物有所值定性评价指标选择不合理R4	主要为定性评价中补充指标的选择不合理，如未明确将项目的特征涵盖在基本指标评价中、引入有利于调高定性评价分值指标等	成本性资产虚化
	5	物有所值定量评价测算不合理R5	PPP项目物有所值定量评价的论证流于形式，在风险承担支出责任、竞争性中立调整值、折现率选取等方面设定不合理导致定量测算不合理	成本性资产虚化
	6	部分财政支出责任识别不完备R6	部分财政支出责任识别不清，如只统计股权投入、政府补贴，未将风险承担、配套投入统计在内等	成本性资产虚化
	7	财政支出测算不合理R7	股权投资、运营补贴等测算不合理，如未对本级全部已实施和拟实施PPP项目的财政支出责任进行汇总，导致地方市县PPP支出责任已明显超过10%的上限	成本性资产虚化
	8	可研方案设计不合理R8	项目建设条件分析不合理、建设规模与产品方案不合理	功能性资产虚化
	9	授权关系不明确R9	政府对项目实施机构的授权以及政府通过实施机构直接或间接对社会资本的授权关系不明确	功能性资产虚化

续表

阶段	序号	关键风险因素	资产虚化表现	风险结果
资产规划	10	实施方案经济技术指标设定不清晰R10	经济技术指标设定不清，主要是对明确的项目区位等基础设施建设内容或资产范围规定不清；对建设项目的投资规模或资产价格规定不清；对建设项目的产出说明和资金来源等建设标准不合理等	功能性资产虚化
	11	政府谈判能力不足R11	政府谈判能力不足导致处于劣势地位，如未能充分识别项目风险、转移风险定价不合理等	成本性和功能性资产虚化
	12	项目产出说明不合理R12	主要指狭义的“项目产出”，如为满足项目需求的基础设施项目资产、公共产品和服务等主观产出不合理	功能性资产虚化
	13	磋商小组设置不合理R13	评审小组人数和人员设置不合理；小组成员的专业胜任力不足	成本性和功能性资产虚化
	14	风险分担框架不清晰R14	未综合考虑政府风险管理能力、项目回报机制和市场风险管理能力等要素，未能根据参与方控制能力分配项目风险	成本性和功能性资产虚化
	15	合同权利义务设定不合理R15	政企双方权利义务的设定不合理，主要为政府监管内容界定不清晰、项目范围界定不清晰、社会资本投资控制责任约定不足、设计范围及分工约定不合理；政府提供的外部条件与实际不符；法律变更影响收益的触发条件、影响评估、处理程序设定不合理；政府没有唯一性承诺等	成本性和功能性资产虚化
	16	资格审查条件设置不合理R16	出现因条件设置标准过高而限制了企业参与的情况，比如价格分的分值过高、投标保证金额过大	成本性和功能性资产虚化
	17	政府对自身项目管理建设能力认知不清晰R17	主要包括技术配套、监督机制、人才储备、政府管理水平、政府激励能力、政府经验、政府谈判能力、政府引导和扶持、政府自身定位等	成本性和功能性资产虚化

续表

阶段	序号	关键风险因素	资产虚化表现	风险结果
资产规划	18	可研编制专业性不足R18	可研报告编制的分工不明确或调查不深入，如主管部门没有统一制定编制原则；编制人员没有深入现场搜集工程所在地相关资料	成本性和功能性资产虚化
资产形成	19	政府审批延误R19	政府有关部门的不专业和能力不足、政府执行法律法规不力、复杂和官僚的审批程序、分散和不清晰的职责规定等内在问题导致政府的决策审批延误	成本性资产虚化
	20	政府介入不合理R20	项目公司未违约时，政府方滥用权力介入或干预项目致使运营不当，影响项目运营效率、引起政府非必要补偿费用支出	成本性资产虚化
	21	进度监管不足R21	政府方对政策把握不够准确，有关部门之间配合机制不协调，对项目进度的监管不合理，导致内部沟通成本增加或项目功能达不到合同要求	成本性和功能性资产虚化
资产运营	22	项目竣工延期R22	由于政府方原因造成项目竣工延迟，导致政府违约，增加成本支出	成本性资产虚化
	23	政府支付不及时R23	政府部门单位未完全按照相关协议附件中相关规定承诺按时一次性向项目公司足额一次性支付补贴费用，影响项目长期正常运营	成本性资产虚化
	24	收费变更不合理R24	收费标准与调价机制不完善，调价过程中出现过高或者过低，导致的项目收益率降低，与政府预期收益存在差异	成本性资产虚化
	25	绩效考核标准不清晰R25	对绩效考核实施本质认识不够，绩效考核制度与项目实况存在偏差，导致绩效考核的真实性不完整；PPP项目中对绩效考核的落实应用缺乏规划性、明确性的设计，各项目绩效考核体系存在差异，绩效考核体系编制不统一，绩效考核存在指标差异大的现象，导致PPP项目绩效考核效用的局限性	成本性资产虚化
	26	运营质量监管不足R26	政府方对于运营状况核实不及时，运营过程对项目运营质量、项目维护情况进行的监管流于形式	成本性和功能性资产虚化
	27	再谈判不及时R27	运营期间面对项目变化带来的负面效应未及时谈判	成本性资产虚化
	28	再谈判结果落地不及时R28	运营期间再谈判得出的谈判方案不具有动态实施过程，未能及时实施再谈判得出的方案	成本性和功能性资产虚化

第三节　基于社会网络分析的URT-PPP项目资产虚化风险网络构建

构建URT-PPP项目资产虚化风险网络需要三个步骤：首先要确定网络节点，其次要确定网络关系，最后基于“点”和“线”将网络可视化，即构建风险网络，根据网络进一步分析网络指标。

一、确定节点

每一个完整的网络结构都包含节点和边两部分。构建网络结构首先要确定节点，节点就是网络中的研究目标，这里的节点指的是前面的章节中确定的关键风险因素。URT-PPP项目全生命周期内资产虚化风险因素确定为28个，为了便于区分，所有风险因素用R*规则进行数字编码（*=1，2，3，…）。例如，R1表示第一个风险项。同时表6-4中各风险因素的编号没有沿用前面几章中的编号数字，仅在本章适用。

二、建立网络关系

（一）关系数据类型的确定

所有的节点通过一种或多种特定类型的关系连接在一起（Park et al.，2011），这里的“关系”也就是组成网络结构的边（Ting和Tsang，2014），可以是有向的，也可以是无向的，这取决于关系是对称的还是不对称的（Tabassum et al.，2018）。本研究涉及的“关系”主要指因果关系，也就是说一个风险因素的发生导致另一个或多个风险因素的产生。通过关系数据来表达风险因素之间的关系，关系数据有多种不同的表达形式。根据关系的关联程度将关系进行分类，其中有权关系指根据风险节点间不同的因果亲密程度进行赋值；无权关系指对有因果关系赋值为1，对无因果关系赋值为0，即二进制赋值，如图6-2所示。同时，根据关系是否有方向进行分类，包括无向关系和有向关系，如图6-3所示。

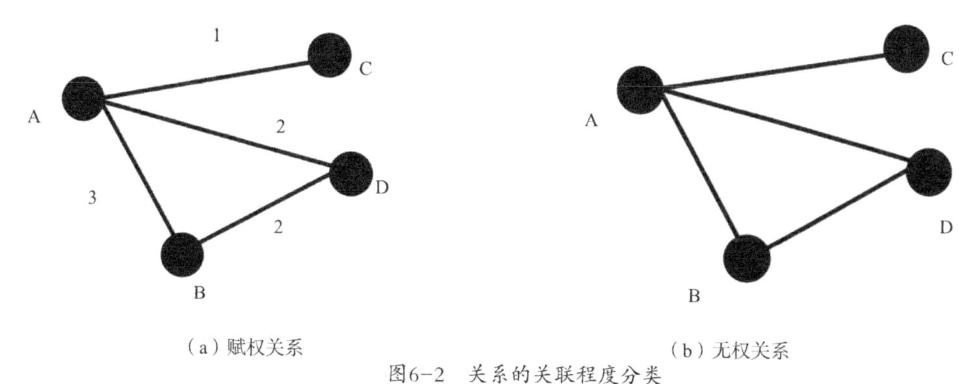

（a）赋权关系　　（b）无权关系

图6-2　关系的关联程度分类

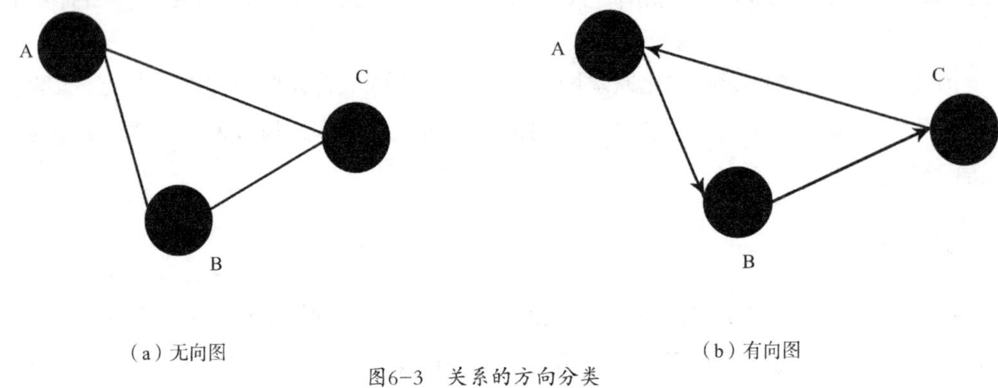

（a）无向图　　（b）有向图

图6-3　关系的方向分类

将赋值与方向进行结合，可以得到四种基本的社会网络数据类型，具体如表6-5所示。本研究重点关注风险因素之间是否存在直接的因果关系，并不侧重于因果关系亲密度的大小，因此不进行关系程度赋权。同时考虑到风险之间的影响是具有方向属性的，所以选择二进制有向关系数据进行风险网络关系研究。

关系数据类型及特点　　表6-5

序号	关系数据类型	特点
1	赋值无向	需要受访者具体量化双方关系亲密程度大小
2	赋值有向	掌握详细资料，分析复杂问题，得出精确结果
3	二进制无向	从受访者获得关系是否存在即可，关联关系亲密度不做深入探讨
4	二进制有向	在二进制无向关系数据基础上，确定关系的方向性

（二）风险关系矩阵的确定

基于因果关系，对网络具体的大小以及每一个因素的实际地位进行判定，本研究主要采用的是专家访谈法。

1. 关系矩阵的确定

本研究采用二进制有向关系数据模型，其中行代表“关系”动作的发出者，列代表“关系”动作的接收者，用“0”“1”来表示关系是否存在。设风险因素集F包含n个风险节点，以F_H=（F_1，F_2，F_3，…，F_n）表示行风险因素集，F_L=（F_1，F_2，F_3，…，F_n）表示列风险因素集，a_{ij}为二进制关系数据，关系数据可表示为：

$$a_{ij}=\begin{cases}1，第\,i\,行的风险要素影响第\,j\,列的风险要素，存在关系\\0，第\,i\,行的风险要素影响第\,j\,列的风险要素，不存在关系\end{cases}$$

（其中，i=1，2，3，…；j=1，2，3，…）

行和列的同一风险因素不存在直接因果关系，赋值为“0”，所以对角线上的取值均为“0”。基于关系数据，得到风险网络邻接矩阵示意，如表6-6所示。

URT-PPP项目全生命周期资产虚化风险网络邻接矩阵 表6-6

风险因素	F_1	F_2	F_3	F_4	…	F_n
F_1	0				…	
F_2		0			…	
F_3			0		…	
…	…	…	…	…	0	…
F_n					…	0

注：风险因素F_i与F_j之间关系数据。如果F_i对F_j有关系，则=1，否则=0（i=1，2，3…；j=1，2，3…）。

2.风险关系的确定

基于风险传导理论与URT-PPP项目资产虚化关键风险因素清单，设计访谈问卷。访谈问卷主要包含两部分：第一部分围绕同一资产管理阶段关键风险因素之间的直接关系评价；第二部分围绕不同阶段关键风险因素之间的直接关系评价。运用该种逻辑设计访谈问卷，不必依次对所有的关键风险因素关系进行识别，只需要对可能存在的关键风险因素关系进行识别，专家的识别次数被大大减少，保证了数据的质量。

本轮数据通过访谈资深专家来获取，主要原因有两个：其一是虽然本研究已经将风险因素按照资产管理阶段进行划分，关系识别的工作量依然很大，受访者过多，会降低填写问卷的质量；其二是专家仅仅需要对风险因素间是否存在因果关系作出定性判断，任何一个有经验的专家都能客观、科学地判断。考虑到研究的连贯性和专家对本研究内容的了解程度，依旧沿用在前面三章中提到的专家。专家们既符合此次研究的专家选择标准，又有利于研究信息的深入挖掘。本研究先进行一轮访谈，后期用一致性分析来检验，若检验不合格，再进行第二轮访谈，直至检验合格为止。

资产虚化风险的表现分为两个维度，包括成本性资产虚化及功能性资产虚化，不同维度下的资产虚化风险，其邻接矩阵不同，见附录3。

三、网络可视化

网络可视化是将网络分析结果呈现给用户最直观的方式（Lin et al.，2012）。在大多数情况下，网络采用标准的节点-连接表示（Ghoniem et al.，2004）。通过上述分析，URT-PPP项目的节点和网络关系已经确定，这就为其开发了一个完整的风险网络。利用Netdraw软件根据邻接矩阵可以绘制出网络关系图，它可以通过参数更清晰地展示每个风险节点与其他节点的相互影响关系。利用Netdraw软件，将URT-PPP项目成本性资产虚化和功能性资产虚化的风险网络可视化，如图6-4和图6-5所示。

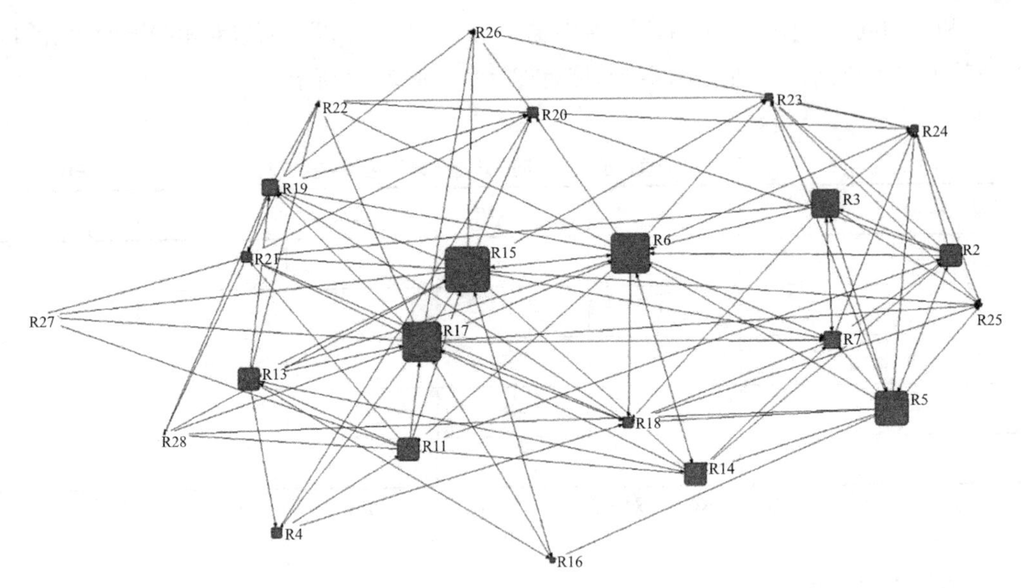

图6-4　成本性资产虚化风险网络

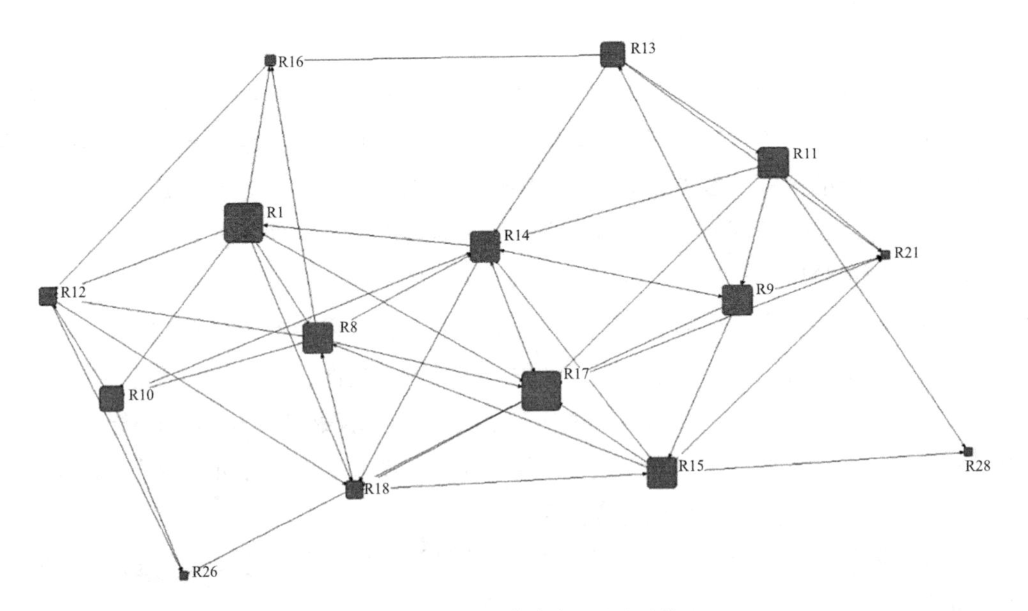

图6-5　功能性资产虚化风险网络

四、网络分析指标

URT-PPP项目中面临的风险要素组成一个复杂的风险系统，该系统中存在一些复杂的因果关系。对系统整体的研究有助于解释风险网络联系的紧密性，对风险网络中的个体研究有助于找出关键节点。有鉴于此，本书从整体风险网络大小和关键风险因素两个方向对URT-PPP项目资产虚化风险进行研究，借助社会网络分析中整体网络分析指标和个体分析指标分别对风险要素关系进行整体分析和个体分析。

（一）整体网络分析

通过社会网络分析中节点与线的衡量、网络的衡量以及网络分割的方式能够解析项目中的风险成分。其中，网络密度和凝聚力是两种衡量方法，是对整个网络的整体构架进行描述，并不是研究单个节点或者线的连接。

1. 网络密度

（1）网络密度概述

网络密度（Density）是判断网络中各节点间紧密程度的指标，在数值上等于网络中现有连接线数值占全部节点相连共有线的比值。对于网络结构的形态来说，网络密度是很重要的变量。网络中的因素联系越紧密，其密度越大。根据网络中的连接线是否有方向、是否有赋值，将网络分成以下4种类型，详见表6-7。

网络的分类 表6-7

方向性	有赋值	无赋值
无向	无向加权	无向无权
有向	有向加权	有向无权

本研究采用有向无权网络，在有向无权网络中，N个节点的最大连接数量是$N(N-1)$，假设网络中存在K条连线，则有向网络无赋值网络的密度详见公式（6-1）。

$$Den(G)=K/N(N-1) \tag{6-1}$$

式中：$Den(G)$——网络的密度值；

N——网络的节点总数；

K——网络中未赋值线的总数。

（2）数据分析

基于公式（6-1），URT-PPP项目成本性资产虚化风险网络密度为0.237，功能性资产虚化风险网络密度为0.238。功能性资产虚化的风险网络密度相对较高，证明影响URT-PPP项目功能性资产虚化的风险因素之间的关系更为紧密，任意两个风险因素发生变化，都可能使得整个网络发生较大的变化。

2. 网络可达性

（1）凝聚力

关系的密度往往不是网络复杂性的决定性因素，关系之间的关联模式才更重要，即两个相同的网络密度一样大时，复杂性未必一样大。因而需要引入网络的可达性来表示风险网络中因素之间关系的复杂程度。本研究选取两个可达性分析指标，分别为节点间距离和凝聚度。

凝聚度测量连接任何两个点之间最短途径的平均长度，这个度量是基于网络的可达性密度来测量，计算详见公式（6-2）。

$$Density\,(G)=\frac{K}{N\,(n-1)}=\sum_{F_i,\ F\in G_j} FSM_{F_i,\ F_j}/N\,(n-1) \tag{6-2}$$

式中：$Density\,(G)$——密度值；

K——网络中点与点之间所有连接的线条数；

$FSM_{F_i,\ F_j}$——任意一对$F_i \sim F_j$之间的影响构成的因素结构矩阵；

N——风险因素的总数。

（2）数据分析

利用Ucinet软件将有向邻接矩阵进行对称化处理，然后沿着路径Network→Cohesion→Geodesic Distance，得到网络图平均距离以及凝聚度，两个维度下的网络凝聚度分析指标结果如图6-6和图6-7所示。凝聚度的范围在0～1之间，值越大表明风险间凝聚力越强，且网络的凝聚度较强。其中，成本性资产虚化风险网络节点平均距离为1.734，凝聚度为0.427，距离为1的情况出现了120次，距离为2的情况出现了170次。同理，功能性资产虚化平均节点距离为2.101，凝聚度为0.475，距离为1的情况出现了50次，距离为2的情况出现了72次。这表明政府方面临的大多数风险要素间的相互影响较容易实现，风险网络敏感度高，存在明显的小世界现象。

通过上述分析可知，URT-PPP项目全生命周期内资产虚化风险较大，并且整个风险网络较为敏感。但是仅仅了解项目的整体风险还不够深入，需要找出网络中根本性风险及传导性风险因素，对相关因素进行控制和预防，才能达到降低整体风险的目的。

```
GEODESIC DISTANCE
--------------------------------------------------------------------------------

Type of data:          ADJACENCY
Nearness transform:      NONE
Input dataset:         成本（终）(C:\Program Files (x86)\Analytic Technologies\Ucinet 6\datafiles\"C:\Program Files (x86)\Analytic Technologies\Ucinet 6\DataFiles\成本（终）)
Output distance:         C:\Program Files (x86)\Analytic Technologies\Ucinet 6\DataFiles\成本（终）-Geo

For each pair of nodes, the algorithm finds the # of edges in the shortest path
between them.
Average distance (among reachable pairs)    = 1.734
Distance-based cohesion ("Compactness")     = 0.427
 (range 0 to 1; larger values indicate greater cohesiveness)
Distance-weighted fragmentation ("Breadth") = 0.573


Frequencies of Geodesic Distances

      Frequen Proport
      ------- -------
  1   120.000   0.372
  2   170.000   0.526
  3    32.000   0.099
  4     1.000   0.003
```

图6–6　成本性资产虚化风险网络凝聚度分析指标结果

```
GEODESIC DISTANCE
--------------------------------------------------------------------------------

Type of data:          ADJACENCY
Nearness transform:      NONE
Input dataset:         功能（終）(C:\Program Files (x86)\Analytic Technologies\Ucinet 6\datafiles\"C:\Program Files (x86)\Analytic Technologies\Ucinet 6\DataFiles\功能（終））
Output distance:         C:\Program Files (x86)\Analytic Technologies\Ucinet 6\DataFiles\功能（終）-Geo

For each pair of nodes, the algorithm finds the # of edges in the shortest path
between them.
Average distance (among reachable pairs)    = 2.101
Distance-based cohesion ("Compactness")     = 0.475
 (range 0 to 1; larger values indicate greater cohesiveness)
Distance-weighted fragmentation ("Breadth") = 0.525


Frequencies of Geodesic Distances

     Freque Propor
     ------ ------
  1  50.000  0.298
  2  72.000  0.429
  3  31.000  0.185
  4  10.000  0.060
  5   4.000  0.024
  6   1.000  0.006
```

图6-7　功能性资产虚化风险网络凝聚度分析指标结果

（二）个体网络分析

网络中节点之间直接或非直接的连接关系，一般通过度数中心度和中间中心度两个指标进行衡量，其中中间中心度包括点的中间中心度和线的中间中心度。

1. 度数中心度

（1）度数中心度

度数中心度描述的是节点与其他节点交互的数量，根据关系的方向，进一步可以分为点入度和点出度。点入度是指向节点的连接数，点出度是节点指向其他节点的连接数（Park et al.，2011；Ting和Tsang，2014）。每个节点度是基于该点与其相邻点的联系，即线上的权重之和，计算见公式（6-3）、公式（6-4）。另外，点入度和点出度的差值如果为正，表示别的因素对此因素造成的影响比其自身给别的因素造成的影响大，计算见公式（6-5）。

$$InDegree_{R_i}=\sum_{R_i\in G}RSM_{R_i,\ R_j} \tag{6-3}$$

式中：$InDegree_{R_i}$——R_i因素的入度值。

RSM——风险矩阵。

$$OutDegree_{R_i}=\sum_{R_i\in G}RSM_{R_i,\ R_j} \tag{6-4}$$

式中：$OutDegree_{R_i}$——R_i因素的出度值。

$$GapDegree_{R_i}=OutDegree_{R_i}-InDegree_{R_i} \tag{6-5}$$

式中：$GapDegree_{R_i}$——R_i因素的出入度差值。

（2）成本性资产虚化风险网络分析

按照上述计算公式，可以计算出URT-PPP项目全生命周期内成本性资产虚化风险网络中各节点的点出度、点入度及度差，如表6-8所示。

URT–PPP项目成本性资产虚化风险因素度数中心度　　表6–8

序号	风险因素	出度	入度	度差
1	合同权利义务设定不合理（R15）	13	5	8
2	部分财政支出责任识别不完备（R6）	12	6	6
3	政府对自身项目管理建设能力认知不清晰（R17）	12	7	5
4	物有所值定量评价测算不合理（R5）	11	3	8
5	投资估算不合理（R3）	8	4	4
6	磋商小组设置不合理（R13）	7	4	3
7	政府谈判能力不足（R11）	7	3	4
8	回报机制测算不合理（R2）	7	4	3
9	风险分担框架不清晰（R14）	7	5	2
10	财政支出测算不合理（R7）	6	7	–1
11	政府审批延误（R19）	5	5	0
12	进度监管不足（R21）	4	7	–3
13	可研编制专业性不足（R18）	4	6	–2
14	物有所值定性评价指标选择不合理（R4）	4	2	2
15	政府介入不合理（R20）	4	6	–2
16	政府支付不及时（R23）	3	7	–4
17	收费变更不合理（R24）	3	7	–4
18	资格审查条件设置不合理（R16）	2	3	–1
19	绩效考核标准不清晰（R25）	1	7	–6
20	项目竣工延期（R22）	0	7	–7
21	运营质量监管不足（R26）	0	5	–5
22	再谈判不及时（R27）	0	4	–4
23	再谈判结果落地不及时（R28）	0	6	–6

基于上述结果，对成本性资产虚化风险进行分析：

1）点入度

根据各节点的入度由大到小进行排序，可以发现“R17政府对自身项目管理建设能力认知不清晰”“R7财政支出测算不合理”“R21进度监管不足”“R23政府支付不及时”“R24收费变更不合理”“R25绩效考核标准不清晰”“R22项目竣工延期”是排名比较靠前的风险因素。说明这些因素受到其他因素影响的可能性较大，更接近网络的中心位置。

2）点出度

根据各节点的点出度由大到小进行排序，可以发现“R15合同权利义务设定不合理”“R6部分财政支出责任识别不完备”“R17政府对自身项目管理建设能力认知不清晰”“R5物有所值定量评价测算不合理”“R3投资估算不合理”是排名靠前的风险因素。上述5个风险因素均处于资产规划阶段，容易对资产形成、资产运营阶段产生直接的影响，不易受到其他阶段风险因素的影响，分析结果符合现实情况。此外，上述5个因素是风险网络中绝大多数风险链条的前端，因此在风险管控中需要特别注意。

（3）功能性资产虚化风险网络

按照上述计算公式，可以计算出URT-PPP项目全生命周期内功能性资产虚化风险网络中各节点的点出度、点入度及度差，如表6-9所示。

URT-PPP项目功能性资产虚化风险因素度数中心度　　表6-9

序号	风险因素	点出度	点入度	度差
1	市场预测不合理（R1）	6	3	3
2	政府对自身项目管理建设能力认知不清晰（R17）	6	6	0
3	可研方案设计不合理（R8）	5	3	2
4	授权关系不明确（R9）	5	2	3
5	政府谈判能力不足（R11）	5	2	3
6	合同权利义务设定不合理（R15）	5	3	2
7	风险分担框架不清晰（R14）	5	7	−2
8	磋商小组设置不合理（R13）	4	1	3
9	实施方案经济技术指标设定不清晰（R10）	4	2	2
10	项目产出说明不合理（R12）	2	4	−2
11	可研编制专业性不足（R18）	2	4	−2
12	资格审查条件设置不合理（R16）	1	3	−2
13	进度监管不足（R21）	0	5	−5
14	运营质量监管不足（R26）	0	3	−3
15	再谈判结果落地不及时（R28）	0	2	−2

基于上述结果，对功能性资产虚化风险进行如下分析。

1）点入度

根据各节点的点入度由大到小进行排序，可以发现“R14风险分担框架不清晰”“R17政府对自身项目管理建设能力认知不清晰”“R21进度监管不足”“R12项目产出说明不合理”“R18可研编制专业性不足”是排名比较靠前的风险因素。说明这些因素具有较高的影响力，更接近网络的中心位置。

2）点出度

根据各节点的点出度由大到小进行排序，可以发现“R1市场预测不合理”“R17政府对自身项目管理建设能力认知不清晰”“R8可研方案设计不合理”“R9授权关系不明确”“R11政府谈判能力不足”是排名靠前的风险因素。上述5个风险因素均处于资产规划阶段，容易对资产形成、资产运营阶段产生直接的影响，不易被其他阶段的风险因素所影响，分析结果符合现实情况。上述5个因素是风险网络中绝大多数风险链条的前端，因此，在风险管控中需要特别注意。

2. 中间中心度

中间中心度可以表示某一节点或链条在连接其他节点中的传导作用，它是指某一节点/链落在其他两个节点/链之间的关联度，反映了节点/链在网络中作为媒介的能力。中间中心度数值高的节点/链对通过它的节点/链的控制水平较高。中间中心度可以分为点的中间中心度和线的中间中心度。

（1）点的中间中心度

点的中间中心度表示网络中某节点连接其他节点的最短路径的数量。中间中心度数值越大，表示对其相连节点信息传递的影响越大，约束控制力越强。测量点的中间中心度，就是计算节点位于其他节点对上的频率，详见公式（6-6）。

$$C_i=\sum_{h}^{n}\sum_{j}^{n}b_{hj}(i)=\frac{\sum_{h}^{n}\sum_{j}^{n}g_{hk}(i)}{g_{hk}}，h\neq i\neq j，且 h<k \tag{6-6}$$

式中：C_i——点 i 的绝对中间中心度；

$b_{hj}(i)$——点 i 控制点 h 和点 j 的交流能力；

g_{hk}——点 h 和点 k 之间存在的条数；

$g_{hk}(i)$——点 h 和点 k 之间存在经过第三点 i 的数目。

（2）线的中间中心度

线的中间中心度是一条线对信息的控制程度。在测量各节点关系 $e\rightarrow f$ 的中间中心度时，要考虑所有经过 $e\rightarrow f$ 的捷径数量，计算关系经过 $e\rightarrow f$ 的捷径在全部捷径中所占的比例，其中（$e\rightarrow f$）表示关系 $e\rightarrow f$ 控制点 i 和控制点 j 的交流能力，计算详见公式（6-7）。

$$C_{e\to f}=\sum_{h}^{n}\sum_{j}^{n}b_{ij}(e\to f)=\frac{\sum_{i}^{n}\sum_{j}^{n}g_{ij}(e\to f)}{g_{ij}},\quad i\neq e\neq f\neq j，且i\neq j \tag{6-7}$$

式中：$C_{e\to f}$——关系$e\to f$是绝对中间中心度；

$b_{ij}(e\to f)$——关系$e\to f$控制点i和点j的交流能力；

$g_{ij}(e\to f)$——点i和点j之间存在的经过$e\to f$的数目；

g_{ij}——点i和点j之间存在的条数。

（3）数据分析

中间中心度高的节点，在整个网络中处于关键位置，起到“桥”的连接作用。下面计算URT-PPP项目资产虚化风险网络中点的中间中心度和线的中心度，并分别分析成本性资产虚化风险网络与功能性资产虚化风险网络。由于风险因素数量较多，因素之间的连接较为复杂，Zhang等在研究PPP基础设施项目风险传播机制的过程中列出了排在前十个的风险因素（Zhang et al.，2021），本研究参照此做法也只列出了属性值最高的十个风险链，完整的数据见附录4。

1）成本性资产虚化风险网络

基于公式（6-6）、公式（6-7），计算结果如表6-10、表6-11所示。

URT-PPP项目成本性资产虚化风险点的中间中心度　　表6-10

排序	风险因素	点的中间中心度
1	政府对自身项目管理建设能力认知不清晰（R17）	35.672
2	部分财政支出责任识别不完备（R6）	31.201
3	合同权利义务设定不合理（R15）	24.723
4	财政支出测算不合理（R7）	16.889
5	投资估算不合理（R3）	16.440
6	风险分担框架不清晰（R14）	13.954
7	收费变更不合理（R24）	12.864
8	政府介入不合理（R20）	12.220
9	磋商小组设置不合理（R13）	10.121
10	进度监管不足（R21）	10.060
11	物有所值定量评价测算不合理（R5）	9.893
12	回报机制测算不合理（R2）	9.698
13	可研编制专业性不足（R18）	8.595
14	政府谈判能力不足（R11）	8.119

续表

排序	风险因素	点的中间中心度
15	政府支付不及时（R23）	6.577
16	政府审批延误（R19）	5.029
17	物有所值定性评价指标选择不合理（R4）	2.591
18	绩效考核标准不清晰（R25）	1.286
19	资格审查条件设置不合理（R16）	1.067
20	项目竣工延期（R22）	0
21	运营质量监管不足（R26）	0
22	再谈判不及时（R27）	0
23	再谈判结果落地不及时（R28）	0

URT-PPP项目成本性资产虚化风险线的中间中心度　　表6-11

排序	关系	关系名称	线的中间中心度
1	R18→R3	可研编制专业性不足→投资估算不合理	16.643
2	R3→R6	投资估算不合理→部分财政支出责任识别不完备	14.321
3	R16→R17	资格审查条件设置不合理→政府对自身项目管理建设能力认知不清晰	11.967
4	R16→R15	资格审查条件设置不合理→合同权利义务设定不合理	11.100
5	R20→R24	政府介入不合理→收费变更不合理	10.832
6	R7→R5	财政支出测算不合理→物有所值定量评价测算不合理	9.476
7	R2→R6	回报机制测算不合理→部分财政支出责任识别不完备	9.171
8	R13→R7	磋商小组设置不合理→财政支出测算不合理	8.874
9	R7→R14	财政支出测算不合理→风险分担框架不清晰	8.598
10	R4→R17	物有所值定性评价指标选择不合理→政府对自身项目管理建设能力认知不清晰	8.302

根据表6-10可知，在点中间中心度的计算结果中，“R17政府对自身项目管理建设能力认知不清晰”“R6部分财政支出责任识别不完备”“R15合同权利义务设定不合理”“R7财政支出测算不合理”“R3投资估算不合理”这五个风险因素的中间中心度数值较高，表示这5个风险因素处于多条因素交互路径上，并且传播能力强，在网络中是影响传播的介质，即说明在对上述五项风险因素进行有效控制，那么在整个网络模型中，被这五项风险因素影响的其他风险因素也会相对应受到有效的控制。

由表6-11可以发现，在点中间中心度的计算结果中数值较高的几个风险因素，同样出现在线的中心度较高的路径上，说明这些因素对其他因素的风险传导具有很大的影响力。其中“R3投资估算不合理”“R7财政支出测算不合理”这两个风险因素出现的次数较多，这也就表示如果能控制这些风险因素，则其他风险因素传递的路径也会受到影响，从而可以降低风险发生的概率，能够有效把控URT-PPP项目成本性资产虚化的风险因素。

2）功能性资产虚化风险网络

基于式（6-6）、式（6-7），计算结果如表6-12、表6-13所示。

URT-PPP项目功能性资产虚化风险点中间中心度　　表6-12

排序	风险因素	点的中间中心度
1	风险分担框架不清晰（R14）	34.700
2	政府对自身项目管理建设能力认知不清晰（R17）	26.617
3	可研编制专业性不足（R18）	26.500
4	合同权利义务设定不合理（R15）	22.117
5	可研方案设计不合理（R8）	20.467
6	市场预测不合理（R1）	15.917
7	项目产出说明不合理（R12）	14.917
8	授权关系不明确（R9）	11.583
9	政府谈判能力不足（R11）	5.833
10	实施方案经济技术指标设定不清晰（R10）	2.683
11	磋商小组设置不合理（R13）	2.083
12	资格审查条件设置不合理（R16）	1.583
13	进度监管不足（R21）	0
14	运营质量监管不足（R26）	0
15	再谈判结果落地不及时（R28）	0

URT-PPP项目功能性资产虚化风险线的中间中心度　　表6-13

排序	关系	关系名称	线的中间中心度
1	R12→R18	项目产出说明不合理→可研编制专业性不足	25.667
2	R18→R8	可研编制专业性不足→可研方案设计不合理	20.550
3	R18→R15	可研编制专业性不足→合同权利义务设定不合理	19.950
4	R14→R9	风险分担框架不清晰→授权关系不明确	17.583
5	R16→R11	资格审查条件设置不合理→政府谈判能力不足	15.583
6	R9→R13	授权关系不明确→磋商小组设置不合理	13.083

续表

排序	关系	关系名称	线的中间中心度
7	R17→R11	政府对自身项目管理建设能力认知不清晰→政府谈判能力不足	13.000
8	R14→R1	风险分担框架不清晰→市场预测不合理	11.783
9	R8→R14	可研方案设计不合理→风险分担框架不清晰	11.100
10	R17→R1	政府对自身项目管理建设能力认知不清晰→市场预测不合理	9.617

根据表6-12可知，在点中间中心度的计算结果中，“R14风险分担框架不清晰”“R17政府对自身项目管理建设能力认知不清晰”“R18可研编制专业性不足”“R15合同权利义务设定不合理”“R8可研方案设计不合理”这五个风险因素的中间中心度数值较高，表示这五个风险因素传播能力较强。同理，如果这些风险因素能够得到有效控制，那么被这五个风险因素影响的其他风险因素也会相应地得到有效控制。

通过分析表6-13可以发现，“R14风险分担框架不清晰”“R18可研编制专业性不足”这两个风险因素出现的次数较多，同理，如果能控制这些风险因素，就能够有效把控URT-PPP项目功能性资产虚化的风险因素。

第四节　URT-PPP项目全生命周期资产虚化风险传递路径分析

一、根本性风险因素判定

由上述分析可知，出度大的风险因素不易受到其他风险因素的影响，但是容易导致其他风险的发生，具有风险源的特征，即“风险源因素”。点的中间中心度较大的风险因素代表其在网络中传递作用较强，在整个网络中处于“桥梁”的位置，即“传导性风险因素”。由于本书主要考虑的是各个风险因素对其他风险因素的影响，所以选取风险因素的依据为“出度”与“点的中间中心度”。

帕累托原则也被称为80/20法则或因素稀疏法则，它指出对于大多数事件，大约80%的结果来自20%的原因（Zhang et al.，2021）。本章节依据此原则，分别选取风险因素出度和点的中间中心度排在前20%的因素确定为根本性风险源因素和根本性传导因素，如表6-14和表6-15所示。

通过表6-14可以看出，“R15合同权利义务设定不合理”“R6部分财政支出责任识别不完备”“R17政府对自身项目管理建设能力认知不清晰”“R3投资估算不合理”在成本性资产虚化风险网络中，既是根本性风险源因素，又是根本性传导风险因素，且都出现在资产规划阶段，证明这些风险因素都可能对资产形成阶段和资产运营阶段造成较大的影响，需要着重进行预防和管理。

同理，通过表6-15可以看出，“R17政府对自身项目管理建设能力认知不清晰”在功能性资产虚化风险网络中，既是根本性风险源因素，又是根本性传导风险因素。此外，“R17政府对自身项目管理建设能力认知不清晰”在两个维度中都是根本性风险因素，需要格外重视。

URT-PPP项目成本性资产虚化风险的根本性风险因素　　表6-14

编码	风险因素	分析结果
R15	合同权利义务设定不合理	根本性风险源因素
R6	部分财政支出责任识别不完备	
R17	政府对自身项目管理建设能力认知不清晰	
R5	物有所值定量评价测算不合理	
R3	投资估算不合理	
R17	政府对自身项目管理建设能力认知不清晰	根本性传导因素
R6	部分财政支出责任识别不完备	
R15	合同权利义务设定不合理	
R7	财政支出测算不合理	
R3	投资估算不合理	

URT-PPP项目功能性资产虚化风险的根本性风险因素　　表6-15

编码	风险因素	分析结果
R1	市场预测不合理	根本性风险源因素
R17	政府对自身项目管理建设能力认知不清晰	
R8	可研方案设计不合理	
R14	风险分担框架不清晰	根本性传导因素
R17	政府对自身项目管理建设能力认知不清晰	
R18	可研编制专业性不足	

二、数据结果的验证

为了验证上述结果的可靠性，在风险网络中去掉根本性风险因素得到了新的网络，如图6-8和图6-9所示，通过对比网络密度和凝聚度的变化来分析研究结果。在成本性资产虚化风险网络中，密度的变化为：0.238→0.166，凝聚度的变化为：0.427→0.285；在功能性资产虚化风险网络中，密度的变化为：0.237→0.154，凝聚度的变化为：0.475→0.239。通过数据分析可以得知网络的联结性均有所降低，表明风险网络整体影响降低，进而证明本研究识别的根本性风险因素的重要性。

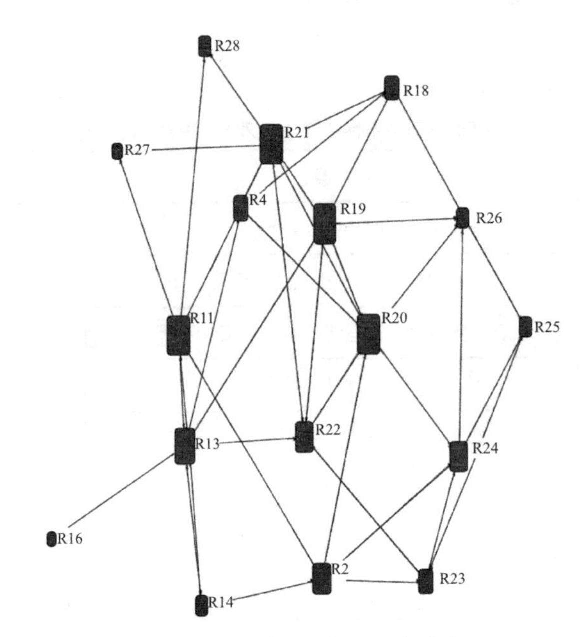

图6-8　去掉根本性风险因素后的成本性资产虚化风险网络图

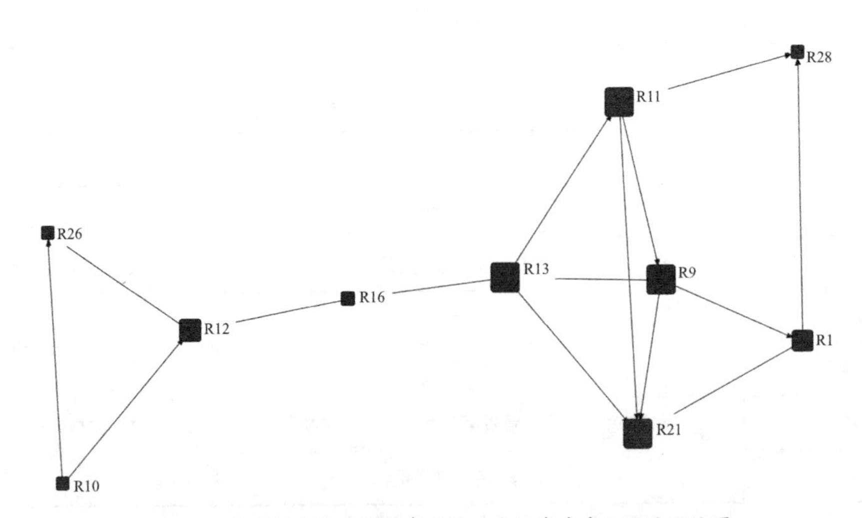

图6-9　去掉根本性风险因素后的功能性资产虚化风险网络图

三、结果分析

（一）“政府对自身建设能力认知不清晰”风险影响分析

政府对自身能力认知不清晰在成本性资产虚化和功能性资产虚化中都是根本性风险因

素，需要着重预防。①在物有所值评价阶段，如果政府对自身能力认知不准确，一方面，对于项目有关的定性指标很难进行有效描述（邓明然和夏喆，2006a）；另一方面，其他相关评价指标如财政能力评价、物有所值评价等将会因为缺乏依据而失准，对后续建设和运营产生一定的影响。②在采购阶段，政府方面临的问题则是可能过分依赖咨询机构，这样虽然可以减缓其对自身能力认知不足带来的负面影响，但同时也意味着咨询机构在很大程度上会左右PPP项目全生命周期资产的质量，这在无形中增加了PPP项目资产虚化的风险。③在项目建设阶段，政府方经验不足，过度干预项目建设，并提出不合理的变更，很可能导致工程质量不达标，引发功能性资产虚化。④在运营阶段，由于政府方能力不足，对于服务质量监管以及绩效考核标准不能发挥作用，也会造成运营成本超支或服务质量不达标，引发成本性资产虚化或功能性资产虚化。

例如，国道212线高楼山隧道项目中，无论政府方还是社会资本方，都存在经验不足的问题，引发一系列风险，最终资金链断裂，工程处于烂尾状态，政府方收入与支出失衡，引发价值性资产虚化。北京地铁4号线项目中，由于北京市政府存在信息盲区，即对京港公司的所有信息掌握不完全，但其根据北京地铁4号线项目的特点设置相应的收益分配机制，能实现与各参与方的牵制。北京市政府在项目资产规划阶段对自身管理建设能力的清晰认知有效降低了该项目在后期可能出现的资产虚化程度。政府的谈判能力也是至关重要的，实践中，项目实施机构往往以自身谈判能力不足为由不愿意采用此种方式，究其原因，是因为实施机构对于项目的了解不够深入，遇到问题因为经验不足不敢拍板、不愿质疑。在地铁4号线谈判阶段，北京市政府对谈判的内容认知存在不足，没有充分识别项目风险，由于税法变动导致项目相关优惠政策取消的法律风险和客流预测风险由项目公司承担，这显然是不合理的。虽然这在制定协议内容的时候看起来是对政府方有利的，但从后续再谈判成本和持续补偿来看，是得不偿失的。

（二）“市场预测不合理”“可研编制专业性不足”风险影响分析

除了“政府对自身建设能力认知不清晰”，还有一些风险因素也容易引起功能性资产虚化，由于本研究所收集到的案例资料有限，主要对“市场预测不合理”和“可研编制专业性不足”这两个因素展开分析。在实践过程中，许多项目往往存在市场预测合理性不足的问题，分为两种情况：第一种情况是高估了市场需求，如上海南浦大桥项目；第二种情况是低估了市场需求，如武汉长江三桥。对于城市轨道交通项目，市场预测不合理体现在对车流量的预测不够准确。这种预测的不合理，一方面为主观原因，可研编制专业性不足，可行性研究期间对市场的研究不充分，而且市场研究没有忠于实际，对于区域人口、区域交通资源、区域经济发展水平的判断不合理；另一方面为客观风险原因，PPP轨道交通项目受市场影响较大，且合约的期限较长，导致需求本身就是不准确的，政府方若存在尽快开建项目而刻意高估市场需求的主观态度，则更会加剧市场预测的偏差。例如，咸阳渭河三号大桥项目，资产规划阶段交通量预测不足，在资产运营阶段大桥交通堵塞，服务质量没有达到合同中的标准，引发公众反对。政府方为补救该现象，暂停收费，导致政府收益率低于支出收入费用分担约定值。

（三）“合同权利义务设定不合理”风险影响分析

除了“政府对自身建设能力认知不清晰”，还有一些风险因素的出现也容易产生成本性资产虚化现象，同样的，这里只对“合同权利义务设定不合理”展开风险影响分析。合同条款需要对双方的责任、权利以及发生纠纷时的解决途径等进行清晰的界定。但是在实际工程项目中，很多合同条款的设定并不合理，对于权利和义务的设定不够清晰，未结合轨道交通项目自身的特点进行具体的设计。这可能就会导致实施方案中风险分担不合理，政府若承担了超出合同规定之外的风险，就会产生相应的支出，通过影响政府的风险分担范围从而影响资产虚化的效果。相反，明确的合同条款为信息和知识共享建立了正式的程序，可以增强双方的信息交流，减少因信息不对称导致的成本增加（Wu et al.，2023）。例如，国道212线高楼山隧道项目，在资产规划阶段签订的合同中，针对双方对风险分担具体的责任说明没有做出清晰的界定，由于出现车流量分流的现象，项目收益降低，但是对于责任的归属，合同中并没有相关处理依据，双方各持己见，最终结果是政府方承担相应损失。除此之外，合肥轨道2号线建设过程中项目合同条款过于简单，缺乏明细规范，引发履约争议问题，最终也是由政府方承担损失，造成资产价值虚化。

第五节　全生命周期URT-PPP项目资产虚化诊治方案构建

根据风险网络分析得出全生命周期URT-PPP项目资产虚化根本性风险源因素和根本性传导因素，通过表6-14和表6-15可以发现，不管是成本性资产虚化还是功能性资产虚化，根本的风险因素都分布在资产规划阶段。PPP项目的资产规划阶段指的是合同签订前对项目进行统筹规划的时间段，其筹划成果对于PPP项目全生命周期的建设和运营都有至关重要的影响，因此根本性风险源因素和根本性传导因素大多都在此阶段内产生。但是资产形成阶段和资产运营阶段的风险因素也都分布在各个风险链上，对其进行合理准确的诊治和预防也能有效阻止风险传导，降低资产虚化的风险。通过社会网络分析，可以确定风险应对的优先级，做到精准应对所有可能导致资产虚化的风险因素。在此基础上，本章节提出以下资产虚化诊治和预防建议，以供政府方参考。

一、重视监管责任，建立动态监管机制

对主要风险因素进行预防和诊治，政府方要重视监管责任，在全生命周期内建立动态监管机制，采取实时监测的策略，保证资金的有效利用，防控资产虚化风险。政府部门要做好监管工作，可以从两个方面入手：一方面是采取直接监管的措施，比如对轨道交通的

安全、准点率等进行监管以保障客流量充足；另一方面，可以从项目收益方面进行监管，政府部门委托专业的机构制定合理的票价调节机制，要对票价机制运营的经济效益和当地政府对票价的补贴进行监管，使票价调节机制能够发挥作用。此外，要建立项目动态监测与分析，出现偏差及时纠偏，避免出现工程结算时才发现超支的情况，增加政府投资费用损失。例如，可以在竣工验收过程中进行实时监测，主要是要对整个建设程序的规定以及质量标准进行监测，此外还要注意结算资料的合规性和完整性。政府监管是所有诊治预防方案的前提和基础，因此需要格外重视。

二、提高自我能力认知，培养专业人才队伍

为预防PPP项目资产虚化，关于政府对自身管理建设能力认知不足的问题，主要解决路径在于专业人才的培养。一是培养短期内亟需的专业人才，主要是向专业的PPP项目咨询机构、运营管理机构等实行人才引进，即通过社会招聘的形式培养懂经营、会管理的人才充实项目队伍。二是解决长远发展所需的人才，主要解决方法是与当地或著名高校合作，即通过订单式合作，与高校共同培养PPP项目资产管理、采购管理专员，完成人才的储备。三是培养把握项目定位的管理层人才，主要解决方法是对现有管理人员进行进一步的培训，可通过派驻项目或委托高校培养的形式形成复合型领导人才。总的来说，PPP项目中政府方要强化风险防范意识，结合企业的实际情况适当地参与到项目中。

三、严格论证项目可行性，提高投资估算准确度

在PPP项目决策阶段开展项目投资评估，是编制工程可行性方案的一项重要内容。投资估算数值的精确性会直接影响到PPP项目整体的经济效益评估以及可行性，影响项目投资决策的落实，这也是工程项目投资估算的核心功能。由于PPP项目自身投资规模大、建设周期长等特点，在人力、物力等方面都要投入大量的资金，若不能在投资决策中作出科学合理的预判和分析，可能导致资金无法支撑项目建设，只能由政府方补贴，增加政府的财政压力。

因此，PPP项目投资估算过程中应该做好严格的立项和可行性论证。在工程项目技术方案进行论证的过程中，社会资本方要重视市场调研，及时、准确地掌握各种施工情况，与工程咨询机构信息共享，加强沟通和交流，以达到预期的技术论证目标。此外，要遵循标准的投资评估准则，提高投资估算的精确性，并严格进行可行性论证，避免流于形式。在进行投资评估时，还要综合考虑各种影响因素，并尽可能综合、细致地进行分析和论证。

四、完善风险控制及分担机制

PPP项目的风险贯穿整个项目的生命周期，常见风险通常包括：政治法规风险、市场风险、技术风险、信用风险、操作风险、运行风险、不可抗力风险等。首先，在项目开始

前，要根据国内外已有类似项目分析可能会遇见的风险，进行风险预案设计，以便在风险发生时能够有效应对。PPP项目的风险预案设计应根据项目自身特点着重分析其风险的成因及发生的可能性，分清主次、突出重点，提前设计不同应对方案。其次，在项目进行中，时刻保持警惕。风险的发生往往不是单独而起，这就需要项目参与者重视风险的重要度，合理排序，先着重解决关键风险后再制定措施解决其他风险。最后，当风险发生时，积极应对，尽量将损失控制在最小范围内，使项目资产价值最大化。

完善的风险分担机制是PPP项目成功的重要保证，直接关系到PPP项目是否能够成功运行。在PPP项目中，政府和私人部门出于各自的利益需求建立了伙伴关系：政府希望通过PPP项目吸收社会资本，减少财政支出，并借鉴私人部门先进的管理经验和经营理念，从而达到提高城市轨道交通项目运营效率和服务质量的目的；私人部门希望通过PPP项目参与公共领域，提高自身知名度，获取利润。根据政府和私人部门在PPP项目中所得的不同利益，双方需要进行合理的风险分担。

在实际操作中，应遵循以下几点原则：一是风险应由最具控制力的一方承担；二是风险与收益相匹配；三是承担风险有上限。根据这几点原则，建议可由政府承担政治风险、法律风险、经济风险等风险，私人部门承担市场风险、建设风险、运行风险等风险，双方平等协商共同分担不可抗力风险。总之，在制定风险控制和分担机制时，应针对项目特点，充分考虑各参与方的风险承受能力，采取成本与效益兼顾原则，制定快速、有效、全面的风险防范措施。当风险发生，损失不可避免时，要积极总结经验教训，找出问题所在，不断完善风险控制机制，建立严格的问责机制。只有这样才能保证PPP项目平稳、有序进行。

五、完善财政支出测算和责任识别

由于财政体制不够健全，地方政府往往存在机会主义行为，导致PPP项目投资被滥用或异化；行业主管部门对于财政支出的测算存在一定程度的不合理性，低估了PPP项目给政府带来的隐形支出负担和相关的债务风险。此外，部分财政支出责任识别不完备，可能会诱发地方政府滥用或异化PPP项目投资资金以应对财政压力，与预期的效益差距较大。因此，要进一步完善财政支出测算和责任识别的制度和体系，减小政府方的财政压力。首先，要建立科学合理的PPP项目财政承受能力论证制度，清晰PPP项目财政支出责任给地方政府带来的实际财政压力；在技术层面，要设计出精确的测算公式和合理的参数取值，针对不同区域的实际特征，在财政压力测算时确定调节参数。其次，准确划分PPP项目的财政支出责任。针对投资规模较大或存在跨区域合作的PPP项目，若给市本级财政和区县级财政都带来较大的财政支出责任压力，可以允许由市本级和项目涉及的区县分担财政支出责任，在不超过各自预算10%“红线”的前提下做好项目落实工作。最后，对于PPP项目财政支出责任已经或者即将超过10%“红线”的地区，要坚决贯彻落实财政部《关于规范政府和社会资本合作（PPP）综合信息平台项目库管理的通知》（财办金〔2017〕92号）

的精神，对于存量PPP项目，未按规定开展“两个论证”、不宜继续采用PPP模式实施、不符合规范运作要求或构成违法举债担保和未按规定进行信息公开的项目要坚决清理出库。

六、提高可研编制专业性

可行性研究报告在项目立项阶段由项目单位委托具有相应资质的编制单位，根据建设项目的工程和费用内容进行编制，由经过批复的项目建议书进行指导和控制，在PPP项目全生命周期的建设管理工作中都起着“承上启下”的关键作用。如果可研报告的编制质量不高或与项目的实际情况不符，在可研报告工作环节未能明确项目建设的可行性和必要性等主要内容，很大程度上会影响政府投资决策，或增加政府的不必要支出。因此，要不断提高可研编制的专业性。

《政府投资条例》(以下简称《条例》)是我国政府投资领域的第一部行政法规。《条例》第十二条明确规定：“初步设计提出的投资概算超过经批准的可行性研究报告提出的投资估算10%的，项目单位应当向投资主管部门或者其他有关部门报告，投资主管部门或者其他有关部门可以要求项目单位重新报送可行性研究报告”，由此可见可研报告的重要程度。提高可研报告编制的专业性有如下几种应对措施：首先，编制者必须端正工作态度，要把编制可研报告作为依法管理政府投资项目前期工作的重要组成部分，在此基础上才能保证报告的专业性；其次，可研报告的编制必须具备科学严谨的研究方法与手段，必须在充分调查研究的基础上进行，全面考虑项目建设过程中可能发生的各种情况，不允许弄虚作假；最后，尽快研究制订可研报告的编审规范和质量标准及配套使用的投资估算指标，完善可研报告编制的规范性和科学性。

除了这些预防和诊治建议，在第三章至第五章中提到的一些诊治方案对于主要风险因素的预防同样适用，如第三章“基于‘保底不兜底’原则进行市场预测”“掌握合同要点，加强关键内容审核”等，为了避免重复，本章节不再一一赘述，政府方可综合选择进行参考。

| 第七章 |

总结与展望

第一节　研究结论

作为政府付费类项目，URT-PPP项目因其公共属性突出、外溢性强、本身盈利性较低、运行时资金量巨大、支付保障体制缺失等特点，导致政府支出价值与项目实际价值不符的资产虚化风险逐渐凸显，而这与“花钱必问效，无效必问责”的预算绩效管理理念相背。因此，剖析资产虚化产生的原因和机理，构建资产全生命周期动态诊治方案，边诊治边预防，是提高财政资金利用效率、降低国有资产流失风险和防止公共利益折损的当务之急。为此，本书以我国全面实施预算绩效管理为研究背景，以URT-PPP项目面临的资产虚化风险为研究对象，以资产全生命周期管理为研究理念，以提高PPP项目“花钱”效率为管理目标，展开URT-PPP项目资产虚化影响的相关研究。研究过程如下：在对URT-PPP项目资产虚化概念界定、维度划分和相关文献综述的基础上，基于扎根理论、系统动力学、多案例研究等方法，分别探究了资产规划阶段、资产形成阶段和资产运营阶段的URT-PPP项目资产虚化影响机理；并进一步整合不同阶段的关键风险因素，运用社会网络分析方法探究资产全生命周期不同风险因素间的关联关系。具体各部分的研究成果如下。

一、资产规划阶段URT-PPP项目资产虚化的影响机理

（1）识别了资产规划阶段URT-PPP项目资产虚化的风险因素：

基于扎根理论，对4份政策文件、134篇文献、8个典型案例以及5位专家访谈等原始资料，通过开放性、主轴和选择性三级编码，确定了项目识别阶段、项目准备阶段、项目采购阶段3个核心范畴，包括可行性研究报告编制、物有所值评价编制、财政承受能力评价编制、监管架构设置等8个主范畴，以及区域政策指导性、可研编制专业性、市场预测合理性、可研投资估算合理性、可研方案设计合理性、可研项目产出说明合理性等35个副范畴。

（2）甄别出资产规划阶段URT-PPP项目资产虚化的关键风险因素：

运用系统动力学对具体案例（北京地铁4号线）进行仿真模拟，在35个副范畴中甄别出18个关键风险因素。其中，资格审查条件设置合理性、实施方案风险分担框架清晰性、合同权利义务设定合理性、磋商小组设置合理性、政府对自身项目管理建设能力认知、可研编制专业性、政府谈判能力是同时引起成本性和功能性资产虚化的关键风险因素；除此之外，引起成本性资产虚化的关键风险因素还包括实施方案交易结构回报机制测算设计合理性、可研投资估算合理性、物有所值定性评价指标选择合理性、物有所值定量评价测算合理性、部分财政支出责任识别完备性、财政支出测算合理性；引起功能性资产虚化的关键风险因素还包括市场预测合理性、可研方案设计合理性、可研项目产出说明合理性、授权关系明确性、实施方案经济技术指标设定清晰性。

（3）基于研究结论，提出合理确定市场预测、兼顾约束与激励进行实施方案交易结构回报机制测算、提高自我能力认知、加强合同要点内容审核等资产虚化预防建议。

二、资产形成阶段URT–PPP项目资产虚化的影响机理

（1）识别了资产形成阶段URT-PPP项目资产虚化的风险因素：

基于扎根理论，对4份政策文件、48篇相关文献、5个典型案例以及5位专家访谈等原始资料，通过开放性、主轴和选择性三级编码，确定了政府方履约行为、政府方监管行为两个核心范畴，包括建设前期政府方履约行为、建设过程政府方履约行为、建设过程监管行为等主范畴以及政府审批延误、政府方资金到位不及时、政府介入不合理等8个副范畴。

（2）甄别出资产形成阶段URT-PPP项目资产虚化的关键风险因素：

选取北京地铁4号线、深圳地铁4号线二期工程等5个典型案例，运用案例内分析和跨案例分析的多案例研究方法，在8个副范畴中遴选出3个关键风险因素，即政府审批延误、政府介入不合理、进度监管不足是引起成本性资产虚化的关键风险因素；进度监管不足是引起功能性资产虚化的关键风险因素。

（3）根据研究结果，提出精简行政审批程序、明确政府监管职能边界、建立长效监管机制等资产虚化预防策略。

三、资产运营阶段URT–PPP项目资产虚化的影响机理

（1）识别了资产运营阶段URT-PPP项目资产虚化的风险因素：

基于扎根理论，对6份政策文件、140篇相关文献、5个典型案例以及5位专家访谈等原始资料，通过开放性、主轴和选择性三级编码，确定了政府方履约行为、政府方监管行为以及再谈判行为3个核心范畴，包括前期履约不合理、过程履约不合理、项目监管不合理、社会监管不合理、再谈判触发条件不合理、再谈判过程不合理6个主范畴以及项目竣工延期、政府支付不及时等14个相关副范畴因素。

（2）遴选出资产运营阶段URT-PPP项目资产虚化的关键风险因素：

基于多案例研究方法，通过对北京地铁4号线、成都地铁18号线等5个典型案例进行案例内分析和跨案例分析，在14个副范畴中遴选出7个关键风险因素，即政府支付不及时、项目竣工延期、收费变更不合理、绩效考核标准不清晰、运营质量监管不足、再谈判不及时和再谈判结果落地不及时是引起成本性资产虚化的关键风险因素；运营质量监管不足和再谈判结果落地不及时是引起功能性资产虚化的关键风险因素；同时，通过案例间纵向对比分析，证实了政府制度能力、社会资本方动态能力和政企关系三个边界因素在影响机理中发挥的调节作用。

（3）根据资产运营阶段研究结果，提出完善项目运营动态监管、拓宽社会公众需求接收渠道、提高专业人才谈判能力等资产虚化预防策略。

四、全生命周期资产虚化的关键风险因素关联研究

整合资产规划、资产形成和资产运营阶段已遴选出的28个关键风险因素，利用专家访

谈法分别构建影响资产全生命周期URT-PPP项目成本性资产虚化和功能性资产虚化风险因素的邻接矩阵，并借助Ucinet和Netdraw软件进行网络分析。结果发现不管是成本性资产虚化还是功能性资产虚化，其根本性风险源因素和根本性传导因素基本属于资产规划阶段的因素：①甄别了5个影响成本性资产虚化的根本性风险源因素，即合同权利义务设定不合理、部分财政支出责任识别不完备、政府对自身项目管理建设能力认知不清晰、物有所值定量评价测算不合理、投资估算不合理；5个影响成本性资产虚化的根本性传导因素，即政府对自身项目管理建设能力认知不清晰、部分财政支出责任识别不完备、合同权利义务设定不合理、财政支出测算不合理、投资估算不合理。②确定了3个影响功能性资产虚化的根本性风险源因素，即市场预测不合理、政府对自身项目管理建设能力认知不清晰、可研方案设计不合理；3个影响功能性资产虚化的根本性传导因素，即风险分担框架不清晰、政府对自身项目管理建设能力认知不清晰、可研编制专业性不足。这也进一步佐证了资产规划阶段对于PPP项目后续资产形成和资产运营阶段的引领性作用。根据研究结果，补充了相应的资产诊治和预防建议。

第二节　研究创新

本研究的创新点主要体现在以下方面。

（1）拓展了PPP项目资产管理视角。政府付费类（政府付费和可行性缺口补助）PPP项目资产虚化风险突出，但目前对凸显在移交阶段的资产虚化问题却鲜有系统性研究，因此，对PPP项目资产虚化进行诊治是加强政府监管的体现，可以有效提高PPP项目预算绩效管理的效率，贯彻“花钱必有效，无效必问责”的宗旨，拓展了PPP项目绩效问责和问效的路径和视角。

（2）综合运用多种研究方法，提高了研究结论的精度。基于扎根理论方法识别了URT-PPP项目资产管理各个阶段资产虚化风险因素集，运用系统动力学或多案例研究方法探究了不同阶段影响资产虚化的关键风险因素，借助社会网络分析方法揭示了不同阶段关键风险因素间的传导机制，为资产虚化的正确诊治和精准预防提供理论指导，同时丰富了PPP项目预算绩效管理的研究成果。

第三节　不足与展望

囿于研究时间、研究者能力和可获样本量等的限制，本研究尚存在一定局限性。

（1）案例样本数量有限。样本项目和可获资料的限制，使得本研究结果尚有提升空间。伴随进入运营和移交阶段的城市轨道交通项目数量的增加，后续可跟进研究，用来佐证、补充或调整现有研究结论。

（2）研究结论在其他类型PPP项目中的普适性有待进一步验证。本书的研究结论主要基于城市轨道交通类项目得出，虽然很多结论也可能同时适用于其他类型的PPP项目，但使用时不能直接套用，需要进一步验证其适用性。

（3）扎根理论不可避免存在的主观性。本书基于扎根理论的研究方法构建URT-PPP项目资产管理各个阶段资产虚化风险因素集，扎根理论属于质性研究，该研究实施的过程不可避免地存在主观性。虽然通过严格确定专家选择标准尽量降低主观性的影响，但无法完全排除主观因素对研究结论产生的影响，因此在后续研究中可尽量削弱主观性对于风险因素识别的影响。

（4）基于社会网络分析方法构建资产全生命周期URT-PPP项目资产虚化风险网络时，存在可改进之处。关于邻接矩阵的判断，一方面，专家凭借经验评析风险因素间是否存在关系也存在一定的主观性；另一方面，对风险关系进行处理时，采用二值有向关系，但在实际工程项目中，评判风险因素间关系并不是简单的有或无，同一风险因素对不同风险因素的关联关系也存在差异。未来的研究中，可以进一步采用多值有向关系更精准地判断风险因素关系的关联程度。

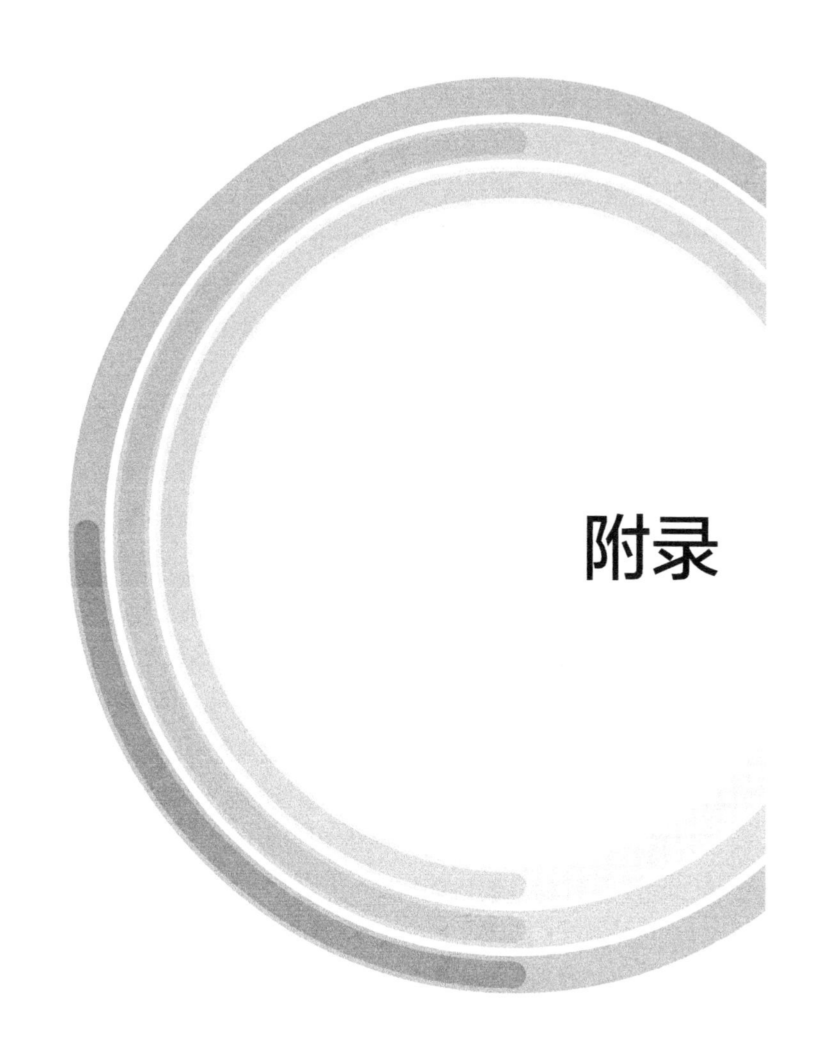

附录

附录1 边界风险因素专家访谈表

各位专家：

您好！为了识别出轨道交通PPP项目资产规划阶段资产虚化的关键风险因素，促进轨道交通项目的发展，减少政府的财政资金浪费。现需要您抽出宝贵的时间给出相应的数据，下面对项目主要情况做简单介绍。

北京地铁4号线是北京城市轨道交通路网中的一条重要交通干线，干线全长28.177km。北京地铁4号线贯通城区南北，线路既通过行政区又通过繁华的街区，已成为南北走向轨道交通系统的主干道。目前北京地铁4号线全线设置正线站点24座，包括23座地底车站、1座地面站、10座有道岔设备车站、14座无道岔设备车站。此外，还在马家堡设置了一所车辆段，内容包括综合维修中心、培训中心、备用的自动控制中心等；在龙背镇设有一座停车场；在小营设有自动控制中心。北京地铁4号线于2003年底正式开工，2009年9月30日开始试运营，2011年正式运营。北京地铁4号线资产规划阶段准备十分充分，在可行性研究报告之前，北京市人民政府已经耗时近一年左右时间对其开展了研究和咨询工作。在研究了是否可以使用PPP模型之后，从2004年2月起，北京市政府又聘用了多名专门的法律和金融市场等方面的专家顾问，开展了客流和收入方面的大数据分析研究与预测。此外，还邀请技术顾问对北京地铁4号线路口设计方案进行技术评审；并多次组织项目推介会等招商引资活动，主要根据项目有合作意向者的社会融资状况确定。而北京地铁4号线建设项目为保证特许运营合同履行的合法性，附件多达16册，内容涵盖《融资文件》《试运行考核技术要求》《客流预测》《客运服务要求和违约处理方法》等，相应具体指标、表现要求、处理方案等均有十分详细的规定。

为了保证数据的一致性，请您在0～1的范围内对风险因素进行赋值，0表示风险发生的概率为零，1表示风险发生的概率为100%，打分数值保留一位小数（附表1-1）。

项目边界风险因素数值估计表 附表1-1

边界风险因素	风险值
区域政策指导性	
市场预测合理性	
监管方式合理性	
估算编制合理性	
政府对自身项目管理建设能力认知	
政府谈判能力	

附录2 G1法下专家打分表

各位专家：

您好！非常感谢您们对本研究的大力支持，在您们的关怀下，我们的研究始终都在顺利开展着。由于科研的不断深入，现再次需要您的宝贵意见。

以可研投资估算合理性为例，边界因素包括：y_1区域政策指导性、y_2政府对自身项目管理建设能力认知、y_3可研估算编制专业性。将其按照对资产虚化风险因素影响程度，从大到小依次排序，并给出前一风险因素相对于相邻后一风险因素的权重。

填写完成之后烦请您将文件反馈至XXXX@163.com，再次感谢！

理性赋值参考表 附表2-1

γ_k	含义
1.0	指标y_{k-1}与指标y_k同样重要
1.2	指标y_{k-1}比指标y_k稍微重要
1.4	指标y_{k-1}比指标y_k显然重要
1.6	指标y_{k-1}比指标y_k强烈重要
1.8	指标y_{k-1}比指标y_k极端重要
1.1；1.3；1.5；1.7	上述相邻赋值的中间值，如表所示指标y_{k-1}与指标y_k相比的重要性介于同样重要和稍微重要之间

（1）可研投资估算合理性边界风险因素：

y_1区域政策指导性、y_2政府对自身项目管理建设能力认知、y_3可研估算编制专业性重新排序及相邻重要程度赋值：

$$y_1^*(\quad)>y_2^*(\quad)>y_3^*(\quad)$$

（2）物有所值定性评价资料完备性边界风险因素：

y_1可研方案设计合理性、y_2可研项目产出说明合理性重新排序及相邻重要程度赋值：

$$y_1^*(\quad)>y_2^*(\quad)$$

（3）物有所值定量评价测算合理性边界风险因素：

y_1物有所值定量评价参照项目选择合理性、y_2可研投资估算合理性重新排序及相邻重要程度赋值：

$$y_1^*(\quad)>y_2^*(\quad)$$

（4）部分财政支出责任识别完备性边界风险因素：

y_1物有所值定性评价指标选择的合理性、y_2物有所值定量评价参照项目选择合理性、y_3政府对自身项目管理建设能力认知重新排序及相邻重要程度赋值：

$$y_1^*(\quad)>y_2^*(\quad)>y_3^*(\quad)$$

（5）评审标准设定合理性边界风险因素：

y_1资格审查条件合理性、y_2选择中介咨询服务机构的专业能力、y_3评审方式设计合理性重新排序及相邻重要程度赋值：

$$y_1^*(\quad)>y_2^*(\quad)>y_3^*(\quad)$$

（6）合同权利义务设定合理性边界风险因素：

y_1实施方案风险分担框架清晰性、y_2评审小组设置合理性、y_3监管方式合理性、y_4合同履约保障约定清晰性重新排序及相邻重要程度赋值：

$$y_1^*(\quad)>y_2^*(\quad)>y_3^*(\quad)>y_4^*(\quad)$$

（7）采购方式设定合理性边界风险因素：

y_1选择中介咨询服务机构的专业胜任能力、y_2政府对自身项目管理建设能力认知重新排序及相邻重要程度赋值：

$$y_1^*(\quad)>y_2^*(\quad)$$

（8）合同履约保障约定清晰性边界风险因素：

y_1政府对自身项目管理建设能力认知、y_2政府谈判能力重新排序及相邻重要程度赋值：

$$y_1^*(\quad)>y_2^*(\quad)$$

（9）可研方案设计合理性边界风险因素：

y_1可研市场预测合理性、y_2政府对自身项目管理建设能力认知不足重新排序及相邻重要程度赋值：

$$y_1^*(\quad)>y_2^*(\quad)$$

（10）物有所值定性评价指标选择合理性边界风险因素：

y_1物有所值定性评价资料完备性、y_2可研投资估算合理性、y_3物有所值定性评价操作过程规范性、y_4物有所值定性评价专家选择合理性、y_5可研方案设计合理性重新排序及相邻重要程度赋值：

$$y_1^*(\quad)>y_2^*(\quad)>y_3^*(\quad)>y_4^*(\quad)>y_5^*(\quad)$$

（11）财政支出测算合理性边界风险因素：

y_1部分财政支出责任识别完备性、y_2物有所值定量评价测算合理性重新排序及相邻重要程度赋值：

$$y_1^*(\quad) > y_2^*(\quad)$$

（12）实施方案经济技术指标设定清晰性边界风险因素：

y_1财政承受能力评估合理性、y_2物有所值定性评价资料完备性、y_3物有所值评价指标选择合理性重新排序及相邻重要程度赋值：

$$y_1^*(\quad) > y_2^*(\quad) > y_3^*(\quad)$$

（13）实施方案交易结构回报机制测算设计合理性边界风险因素：

y_1财政支出测算方法设置合理性、y_2财政承受能力评估合理性、y_3实施方案交易结构投融资结构设计合理性重新排序及相邻重要程度赋值：

$$y_1^*(\quad) > y_2^*(\quad) > y_3^*(\quad)$$

（14）合同支出收入分担清晰性边界风险因素：

y_1财政支出测算方法设置合理性、y_2政府谈判能力、y_3实施方案交易结构回报机制测算设计合理性、y_4合同权利义务设定合理性、y_5合同变更处置方案设置合理性重新排序及相邻重要程度赋值：

$$y_1^*(\quad) > y_2^*(\quad) > y_3^*(\quad) > y_4^*(\quad) > y_5^*(\quad)$$

（15）可研项目产出说明合理性边界风险因素：

y_1可研市场预测合理性、y_2可研方案设计合理性重新排序及相邻重要程度赋值：

$$y_1^*(\quad) > y_2^*(\quad)$$

（16）物有所值定量评价参照项目选择合理性边界风险因素：

y_1区域政策指导性、y_2可研市场预测合理性重新排序及相邻重要程度赋值：

$$y_1^*(\quad) > y_2^*(\quad)$$

（17）财政支出测算方法设置合理性边界风险因素：

y_1财政支出责任认定合理性、y_2物有所值定量评价测算合理性重新排序及相邻重要程度赋值：

$$y_1^*(\quad) > y_2^*(\quad)$$

（18）财政承受能力评估合理性边界风险因素：

y_1政府对自身项目管理建设能力认知、y_2可研市场预测合理性重新排序及相邻重要程度赋值：

$$y_1^*(\quad) > y_2^*(\quad)$$

（19）实施方案风险分担框架清晰性边界风险因素：

y_1授权关系明确性、y_2政府对自身项目管理建设能力认知重新排序及相邻重要程度赋值：

$$y_1^*(\quad) > y_2^*(\quad)$$

（20）授权关系明确性边界风险因素：

y_1区域政策指导性、y_2政府对自身项目管理建设能力认知重新排序及相邻重要程度赋值：

$$y_1^*(\quad) > y_2^*(\quad)$$

（21）资格审查条件设置合理性边界风险因素：

y_1采购方式设定合理性、y_2选择中介咨询服务机构的专业胜任能力重新排序及相邻重要程度赋值：

$$y_1^*(\quad) > y_2^*(\quad)$$

（22）合同交易条件约定合理性边界风险因素：

y_1实施方案经济技术指标设定清晰性、y_2评审标准设定合理性、y_3政府对自身项目管理建设能力认知重新排序及相邻重要程度赋值：

$$y_1^*(\quad) > y_2^*(\quad) > y_3^*(\quad)$$

附录3　资产虚化风险邻接矩阵

成本性资产虚化风险邻接矩阵　　附表3-1

	R2	R3	R4	R5	R6	R7	R11	R13	R14	R15	R16	R17	R18	R19	R20	R21	R22	R23	R24	R25	R26	R27	R28
R2	0	1	0	1	1	1	0	0	0	0	0	0	0	0	1	0	0	1	1	0	0	0	0
R3	0	0	0	1	1	1	0	0	0	0	0	0	1	0	0	1	0	1	1	1	0	0	0
R4	0	0	0	0	0	0	1	0	0	0	0	1	1	0	1	0	0	0	0	0	0	0	0
R5	1	1	0	0	1	1	0	0	1	0	1	0	1	0	0	0	0	1	1	1	0	0	1
R6	0	0	0	0	0	1	1	1	1	1	0	1	1	1	1	0	1	1	1	0	0	0	0
R7	1	1	0	1	0	0	0	0	1	0	0	0	1	0	0	0	0	0	1	0	0	0	0
R11	1	0	0	0	0	0	0	1	0	1	0	1	0	0	0	1	0	0	0	0	0	1	1
R13	0	0	1	0	0	0	0	0	1	1	1	1	0	1	0	0	1	0	0	0	0	0	0
R14	1	0	0	0	1	1	1	1	0	1	0	1	0	0	0	0	0	0	0	0	0	0	0
R15	0	0	0	0	1	1	0	0	1	0	1	1	0	1	1	1	0	1	0	1	1	1	1
R16	0	0	0	0	0	0	0	0	0	1	0	1	0	0	0	0	0	0	0	0	0	0	0
R17	0	0	1	0	1	1	0	1	0	0	0	0	1	1	0	1	1	0	0	1	1	1	1
R18	0	1	0	0	0	0	0	0	0	0	0	0	0	1	0	1	0	0	0	1	0	0	0
R19	0	0	0	0	0	0	0	0	0	0	0	0	0	0	1	1	1	0	0	0	1	0	1
R20	0	0	0	0	0	0	0	0	0	0	0	0	0	0	0	1	1	0	1	0	1	0	0
R21	0	0	0	0	0	0	0	0	0	0	0	0	0	0	1	0	1	0	0	0	0	1	1
R22	0	0	0	0	0	0	0	0	0	0	0	0	0	0	0	0	0	0	0	0	0	0	0
R23	0	0	0	0	0	0	0	0	0	0	0	0	0	0	0	0	1	0	1	1	0	0	0
R24	0	0	0	0	0	0	0	0	0	0	0	0	0	0	0	0	0	1	0	1	1	0	0
R25	0	0	0	0	0	0	0	0	0	0	0	0	0	0	0	0	0	1	0	0	0	0	0
R26	0	0	0	0	0	0	0	0	0	0	0	0	0	0	0	0	0	0	0	0	0	0	0
R27	0	0	0	0	0	0	0	0	0	0	0	0	0	0	0	0	0	0	0	0	0	0	0
R28	0	0	0	0	0	0	0	0	0	0	0	0	0	0	0	0	0	0	0	0	0	0	0

附表3-2

功能性资产虚化风险邻接矩阵

	R1	R8	R9	R10	R11	R12	R13	R14	R15	R16	R17	R18	R21	R26	R28
R1	0	1	0	1	0	1	0	0	0	1	1	1	0	0	0
R8	0	0	0	1	0	1	0	1	0	1	1	0	0	0	0
R9	0	0	0	0	0	0	1	1	1	0	1	0	1	0	0
R10	1	0	0	0	0	1	0	1	0	0	0	0	0	1	0
R11	0	0	1	0	0	0	0	1	0	0	1	0	1	0	1
R12	0	0	0	0	0	0	0	0	0	0	0	1	0	1	0
R13	0	0	0	0	1	0	0	1	0	1	0	0	1	0	0
R14	1	0	1	0	0	0	0	0	1	0	1	1	0	0	0
R15	0	1	0	0	0	0	0	1	0	0	1	0	1	0	1
R16	0	0	0	0	0	1	0	0	0	0	0	0	0	0	0
R17	1	0	0	0	1	0	0	1	0	0	0	1	1	1	0
R18	0	1	0	0	0	0	0	0	1	0	0	0	0	0	0
R21	0	0	0	0	0	0	0	0	0	0	0	0	0	0	0
R26	0	0	0	0	0	0	0	0	0	0	0	0	0	0	0
R28	0	0	0	0	0	0	0	0	0	0	0	0	0	0	0

附录4 资产虚化风险线的中间中心度完整数据

成本性资产虚化风险线的中间中心度

附表4-1

		1	2	3	4	5	6	7	8	9	10	11	12	13	14	15	16	17	18	19	20	21	22	23
		R2	R3	R4	R5	R6	R7	R11	R13	R14	R15	R16	R17	R18	R19	R20	R21	R22	R23	R24	R25	R26	R27	R28
1	R2	0.000	3.867	0.000	5.917	9.171	1.917	0.000	0.000	0.000	0.000	0.000	0.000	0.000	0.000	4.771	0.000	0.000	2.881	3.174	0.000	0.000	0.000	0.000
2	R3	0.000	0.000	0.000	6.500	14.321	3.667	0.000	0.000	0.000	0.000	0.000	0.000	1.750	0.000	0.000	5.405	0.000	2.298	3.000	1.500	0.000	0.000	0.000
3	R4	0.000	0.000	0.000	0.000	0.000	0.000	7.686	0.000	0.000	0.000	0.000	8.302	4.536	0.000	4.067	0.000	0.000	0.000	0.000	0.000	0.000	0.000	0.000
4	R5	2.500	1.600	0.000	0.000	5.188	1.000	0.000	0.000	4.367	0.000	6.067	0.000	2.350	0.000	0.000	0.000	0.000	1.821	2.000	1.500	0.000	0.000	3.500
5	R6	0.000	0.000	0.000	0.000	0.000	2.833	7.383	7.533	2.867	6.783	0.000	7.983	2.783	3.867	2.950	0.000	2.952	2.176	3.089	0.000	0.000	0.000	0.000
6	R7	6.214	6.331	0.000	9.476	0.000	0.000	0.000	0.000	8.598	0.000	0.000	0.000	4.010	0.000	0.000	0.000	0.000	0.000	4.261	0.000	0.000	0.000	0.000
7	R11	7.310	0.000	0.000	0.000	0.000	0.000	0.000	4.200	0.000	6.510	0.000	4.833	0.000	0.000	0.000	2.417	0.000	0.000	0.000	0.000	0.000	2.767	2.083
8	R13	0.000	0.000	6.491	0.000	0.000	0.000	0.000	0.000	5.506	6.280	4.167	4.932	0.000	0.000	0.000	0.000	1.738	0.000	0.000	0.000	0.000	0.000	0.000
9	R14	5.674	0.000	0.000	0.000	3.662	3.508	5.050	5.188	0.000	6.050	0.000	6.821	0.000	0.000	0.000	0.000	0.000	0.000	0.000	0.000	0.000	0.000	0.000
10	R15	0.000	0.000	0.000	0.000	4.258	7.091	0.000	0.000	4.617	0.000	2.833	2.833	0.000	2.250	3.674	2.500	0.000	4.650	0.000	3.200	3.033	3.367	2.417
11	R16	0.000	0.000	0.000	0.000	0.000	0.000	0.000	0.000	0.000	11.100	0.000	11.967	0.000	0.000	0.000	0.000	0.000	0.000	0.000	0.000	0.000	0.000	0.000
12	R17	0.000	0.000	8.100	0.000	6.600	8.874	0.000	5.200	0.000	0.000	0.000	0.000	5.167	2.833	0.000	2.833	3.405	0.000	0.000	4.343	3.533	3.867	2.917
13	R18	0.000	16.643	0.000	0.000	0.000	0.000	0.000	0.000	0.000	0.000	0.000	0.000	0.000	6.071	0.000	5.288	0.000	0.000	0.000	2.593	0.000	0.000	0.000
14	R19	0.000	0.000	0.000	0.000	0.000	0.000	0.000	0.000	0.000	0.000	0.000	0.000	0.000	0.000	5.174	2.500	1.738	0.000	0.000	0.000	2.533	0.000	2.083
15	R20	0.000	0.000	0.000	0.000	0.000	0.000	0.000	0.000	0.000	0.000	0.000	0.000	0.000	0.000	0.000	4.117	2.071	0.000	10.832	0.000	3.200	0.000	0.000
16	R21	0.000	0.000	0.000	0.000	0.000	0.000	0.000	0.000	0.000	0.000	0.000	0.000	0.000	0.000	6.583	0.000	2.476	0.000	0.000	0.000	0.000	6.000	3.000
17	R22	0.000	0.000	0.000	0.000	0.000	0.000	0.000	0.000	0.000	0.000	0.000	0.000	0.000	0.000	0.000	0.000	0.000	0.000	0.000	0.000	0.000	0.000	0.000
18	R23	0.000	0.000	0.000	0.000	0.000	0.000	0.000	0.000	0.000	0.000	0.000	0.000	0.000	0.000	0.000	0.000	4.619	0.000	4.508	1.450	0.000	0.000	0.000
19	R24	0.000	0.000	0.000	0.000	0.000	0.000	0.000	0.000	0.000	0.000	0.000	0.000	0.000	0.000	0.000	0.000	0.000	5.464	0.000	4.700	6.700	0.000	0.000
20	R25	0.000	0.000	0.000	0.000	0.000	0.000	0.000	0.000	0.000	0.000	0.000	0.000	0.000	0.000	0.000	0.000	0.000	5.286	0.000	0.000	0.000	0.000	0.000
21	R26	0.000	0.000	0.000	0.000	0.000	0.000	0.000	0.000	0.000	0.000	0.000	0.000	0.000	0.000	0.000	0.000	0.000	0.000	0.000	0.000	0.000	0.000	0.000
22	R27	0.000	0.000	0.000	0.000	0.000	0.000	0.000	0.000	0.000	0.000	0.000	0.000	0.000	0.000	0.000	0.000	0.000	0.000	0.000	0.000	0.000	0.000	0.000
23	R28	0.000	0.000	0.000	0.000	0.000	0.000	0.000	0.000	0.000	0.000	0.000	0.000	0.000	0.000	0.000	0.000	0.000	0.000	0.000	0.000	0.000	0.000	0.000

附表4-2

功能性资产虚化风险线的中间中心度

		1	2	3	4	5	6	7	8	9	10	11	12	13	14	15
		R1	R8	R9	R10	R11	R12	R13	R14	R15	R16	R17	R18	R21	R26	R28
1	R1	0.000	4.333	0.000	6.833	0.000	4.833	0.000	0.000	0.000	4.667	6.417	2.833	0.000	0.000	0.000
2	R8	0.000	0.000	0.000	6.850	0.000	4.167	0.000	11.100	0.000	4.000	8.350	0.000	0.000	0.000	0.000
3	R9	0.000	0.000	0.000	0.000	0.000	0.000	13.083	2.583	4.250	0.000	4.083	0.000	1.583	0.000	0.000
4	R10	5.517	0.000	0.000	0.000	0.000	1.333	0.000	7.917	0.000	0.000	0.000	0.000	0.000	1.917	0.000
5	R11	0.000	0.000	5.000	0.000	0.000	0.000	0.000	4.333	0.000	0.000	5.500	0.000	1.000	0.000	4.000
6	R12	0.000	0.000	0.000	0.000	0.000	0.000	0.000	0.000	0.000	0.000	0.000	25.667	0.000	3.250	0.000
7	R13	0.000	0.000	0.000	0.000	3.833	0.000	0.000	7.333	0.000	3.917	0.000	0.000	1.000	0.000	0.000
8	R14	11.783	0.000	17.583	0.000	0.000	0.000	0.000	0.000	8.917	0.000	5.417	5.000	0.000	0.000	0.000
9	R15	0.000	6.583	0.000	0.000	0.000	0.000	0.000	9.100	0.000	0.000	7.850	0.000	4.583	0.000	8.000
10	R16	0.000	0.000	0.000	0.000	0.000	15.583	0.000	0.000	0.000	0.000	0.000	0.000	0.000	0.000	0.000
11	R17	9.617	0.000	0.000	0.000	13.000	0.000	0.000	3.333	0.000	0.000	0.000	4.000	3.833	6.833	0.000
12	R18	0.000	20.550	0.000	0.000	0.000	0.000	0.000	0.000	19.950	0.000	0.000	0.000	0.000	0.000	0.000
13	R21	0.000	0.000	0.000	0.000	0.000	0.000	0.000	0.000	0.000	0.000	0.000	0.000	0.000	0.000	0.000
14	R26	0.000	0.000	0.000	0.000	0.000	0.000	0.000	0.000	0.000	0.000	0.000	0.000	0.000	0.000	0.000
15	R28	0.000	0.000	0.000	0.000	0.000	0.000	0.000	0.000	0.000	0.000	0.000	0.000	0.000	0.000	0.000

参考文献

[1] Ahmadabadi AA，Heravi G.Risk assessment framework of PPP-megaprojects focusing on risk interaction and project success[J].Transportation Research Part A-policy and Practice，2019，124（8）：169-188.

[2] Bae Y，Joo Y M.Pathways to meet critical success factors for local PPPs：The cases of urban transport infrastructure in Korean cities[J].Cities，2016，53（3）：35-42.

[3] Bashar T，Fung I W H，Jaillon L C，et al.Major obstacles to Public-Private Partnership（PPP）financed infrastructure development in China[J].Sustainability，2021，13（12）：1-14.

[4] Carbonara N，Costantino N，Pellegrino R.Revenue guarantee in Public-Private Partnerships：A fair risk allocation model[J].Construction Management and Economics，2014，32（4-6）：403-415.

[5] Charles A S，Alan C B.Asset life cycle management：Towards improving physical asset performance in the process industry[J].International Journal of Operations & Production Management，2005，25（6）：566-579.

[6] Daniel A，Germa B，Albert G.Politics，risk and white elephants in infrastructure PPPs[J].Utilities Policy，2019，58（1）：158-165.

[7] David H，George G.The substance of accounting for Public-Private Partnerships[J].Financial Accountability & Management，2011，27（2）：217-247.

[8] Duc N，Michael G.Life-cycle contract management strategies in US highway Public-Private Partnerships：Public control or concessionaire empowerment? [J].Journal of Management in Engineering，2019，35（4）：1-16.

[9] Eisenhardt K M.Building theories from case study research[J].Academy of Management Review，1989，14（4）：532-550.

[10] Elisabetta I，David M.Corruption in PPPs，incentives and contract incompleteness[J].International Journal of Industrial Organization，2016，44（1）：85-100.

[11] Fan Y Y，Yin Y L.Research on asset management in construction phase of PPP project——Based on tracking auditing perspective[J].IOP Conference Series：Materials Science and Engineering，2020，768（5）：052046.

[12] Fassinger R E.Paradigms，praxis，problems and promise：Grounded theory in counseling psychology research[J].Journal of Counseling Psychology，2005，52（2）：156-166.

[13] Feng Y T，Guo X M，Wei B L，et al.A fuzzy analytic hierarchy process for risk evaluation of urban rail transit PPP projects[J].Journal of Intelligent & Fuzzy Systems，2021，41（4）：5117-5128.

[14] Ghoniem M，Fekete J D，Castagliola P.A comparison of the readability of graphs using node-link and matrix-based representations[J].IEEE Symposium on Information Visualization，2004：17-24.

[15] Glaser B G，Strauss A L.The discovery of grounded theory：Strategies for qualitative research[J].Nursing Research，1967，17（4）：364.

[16] Grimsey D，Lewis M K.Evaluating the risks of Public-Private Partnerships for infrastructure projects[J].

International Journal of Project Management，2002，20（2）：107-118.

[17] Guevara J，Salazar J，Garvin M J.Social network analysis of road PPP equity markets in Canada，Chile，and the United States[J].Journal of Management in Engineering，2020，36（5），04020058.

[18] Han Z，Porras A J D，Sun U，et al.Monte Carlo simulation-based assessment of risks associated with Public-Private Partnership investments in toll highway infrastructure[J].Transportation Research Record：Journal of the Transportation Research Board，2017（2670）：59-67.

[19] Hastak M，Shaked A.ICRAM-1：Model for international construction risk assessment[J].Journal of Management in Engineering，2000，16（1）：59-69.

[20] He H Y，Zheng L N，Zhou G H.Linking users as private partners of utility tunnel Public-Private Partnership projects[J].Tunnelling and Underground Space Technology，2022，119（1）：1-13.

[21] Heravi G，Hajihosseini Z.Risk allocation in Public-Private Partnership infrastructure projects in developing countries：Case study of the tehran-chalus toll road[J].Journal of Infrastructure Systems，2012（18）：210-217.

[22] Homas A V，Kalidindi S N，Ganesh L S.Modelling and assessment of critical risks in BOT road projects[J].Construction Management and Economics，2006（24）：407-424.

[23] Iyer K C，Sagheer M.Hierarchical structuring of PPP risks using interpretative structural modeling[J].Journal of Construction Engineering and Management，2010，136（2）：151-159.

[24] Jiang W，Lei J，Sang M，et al.A conceptual framework for modeling social risk tolerance for PPP projects：An empirical case of China[J].Buildings，2021，11（11）：531.

[25] José M，Rui C M，Carlos O C.Maximizing the value for money of PPP arrangements through flexibility：An application to airports[J].Journal of Air Transport Management，2014，39（7）：72-80.

[26] Ke Y J，Wang S Q，Albert P C，et al.Preferred risk allocation in China's Public-Private Partnership（PPP）projects[J].International Journal of Project Management，2010a，28（5）：482-492.

[27] Ke Y J，Wang S Q.Risk allocation in Public-Private Partnership infrastructure projects：Comparative study[J].Journal of Infrastructure Systems，2010b，16（4）：343-351.

[28] Koubatis A，Schönberger J Y.Risk management of complex critical systems[J].International Journal of Critical Infrastructures，2005，1（2）：195-215.

[29] Kwame A，Emmanuel Y A，Mensah D C，et al.Sounds good on paper but problematic in practice：PPP in Ghana's transport sector[J].Research in Transportation Business & Management，2022，43（10）：30-47.

[30] Lawther W C.Availability payments and key performance indicators：Challenges in the effective implementation of performance management systems in transportation related Public-Private Partnerships[J].Public Works Management & Policy，2014，19（3）：219-234.

[31] Lee C，Chong H，Liao P，et al.Critical review of social network analysis applications in complex project management[J].Journal of Management in Engineering，2018，34（2）：4017061.

[32] Li B，Akintoye A，Edwards P J.The allocation of risk in PPP/PFI construction projects in the UK[J].International Journal of Project Management，2005，23（1）：25-35.

[33] Li Y.Using bargaining game theory for risk allocation of Public-Private Partnership projects: insights from different alternating offer sequences of participants[J].Journal of Construction Engineering and Management, 2017, 143 (3): 1-11.

[34] Lin C Y, Wu L, Wen Z, et al.Social network analysis in enterprise[J].Proceedings of the IEEE, 2012, 100 (9): 2759-2776.

[35] Liu J C, Gao R L, Charles Y J C.Pricing mechanism of early termination of PPP projects based on real option theory[J].Journal of Management in Engineering, 2017, 33 (6): 1-20.

[36] Liu J Q, Liu J C, Liu N N.Government's control rights influence investor's escalation of commitment in PPP project: Regulating effect of other-face concern[J].Physica A: Statistical Mechanics and its Applications, 2020, 545 (8): 1-12.

[37] Liu Z, Jiao Y, Li A, et al.Risk assessment of urban rail transit PPP project construction based on bayesian network[J].Sustainability, 2021, 13 (20): 1-23.

[38] Loosemore M, Cheung E.Implementing systems thinking to manage risk in Public-Private Partnership projects[J].International Journal of Project Management, 2015, 33 (6): 1325-1334.

[39] Luo L L, Zou Z R, Chen S.Discounting for Public-Private Partnership projects in China[J].Economic Modelling, 2021, 98 (5): 218-226.

[40] Luo L, Shen G Q, Xu G, et al.Stakeholder associated supply chain risks and their interactions in a prefabricated building project in Hong Kong [J].Journal of Management in Engineering, 2019, 35 (2): 5018015.

[41] Lv J N, Lin M Q, Zhou W, et al.How PPP renegotiation behaviors evolve with traffic changes: Evolutionary game approach[J].Journal of Construction Engineering and Management, 2021a, 147 (5): 1-31.

[42] Lv J N, Lin M Q, Zhou W.Fluctuation in construction costs and its effect on contract renegotiation behavior in PPP wastewater treatment projects: An evolutionary game analysis[J].Journal of Cleaner Production, 2021b, 314 (5): 128025.

[43] Mansourian Y.Adoption of grounded theory in LIS research[J].New Library World, 2013, 107 (9/10): 386-402.

[44] Rocha A, Paulo J, et al.Risk allocation in the melboume city link project[J].Project Finance, 2012 (1): 11-24.

[45] Marc V B, Andreas H.Asset management perspective on the duration of Public-Private Partnership contracts: Cost-control trade-off?[J].Journal of Construction Engineering and Management, 2014, 141 (3): 1-15.

[46] Moissenko F, Braicu C, Tomuleasa C, et al.Types of research designs[M].Springer International Publishing, 2015.

[47] Mu Z R, Tian G.PPP project life cycle renegotiation trigger event identification[J].IOP Conference Series: Materials Science and Engineering, 2020, 768 (5): 1-7.

[48] Pangeran M H, Notodarmojo S, Wirahadikusumah R D, et al.Assessing risk management capability

of public sector organizations related to PPP scheme development for water supply in indonesia[J].Civil Engineering Dimension，2012，14（1）：26-35.

[49] Park H，Han S H，Rojas E M，et al.Social network analysis of collaborative ventures for overseas construction projects[J].Journal of Construction Engineering and Management，2011，137（5）：344-355.

[50] Rasheed N，Shahzad W，Khalfan M，et al.Risk identification，assessment and allocation in PPP projects：A systematic review[J].Buildings，2022，12（8）：1108-1109.

[51] Rebeiz K S.Public-Private Partnership risk factors in emerging countries：BOOT illustrative case study[J].Journal of Management in Engineering，2012（28）：421-428.

[52] Richard S，Vivek S A M.Appropriating the value of flexibility in PPP megaproject design[J].Journal of Management in Engineering，2020，36（5）：1-12.

[53] Robert K Y.案例研究：设计与方法（中文第2版）[M].重庆：重庆大学出版社，2010.

[54] Roumboutsos A，Konstantinos P，Anagnostopoulos Y.Public-Private Partnership projects in Greece：Risk ranking and preferred risk allocation[J].Construction Management and Economics，2008，26（7）：751-763.

[55] Samuelson P A.The pure theory of public expenditure[J].Review of Economics & Statistics，1954，36（4）：387-389.

[56] Song J B，Hu Y B，Zhuo F.Factors influencing early termination of PPP projects in China[J].Journal of Management in Engineering，2018，34（1）：1-16.

[57] Song J，Song D，Zhang X，et al.Risk identification for PPP waste-to-energy incineration projects in China[J].Energy Policy，2013，61（1）：953-962.

[58] Tabassum S，Pereira F S，Fernandes S，et al.Social network analysis：An overview wiley interdisciplinary reviews[J].Data Mining and Knowledge Discovery，2018，8（5）：1-21.

[59] Ting S L，Tsang A H C.Using social network analysis to combat counterfeiting[J].International Journal of Production Research，2014，52（15）：4456-4468.

[60] Viegas J M.Questioning the need for full amortization in PPP contracts for transport infrastructure[J].Research in Transportation Economics，2010，30（1）：139-144.

[61] Wang Y，Song W，Zhang B，et al.Official tenure，fiscal capacity，and PPP withdrawal of local governments：evidence from China's PPP project platform[J].Sustainability，2021，13（24）：1-16.

[62] Wu G.Nonlinear forecasting model regarding evolutional risk of the PPP project[J].Journal of Advanced Transportation，2018（9）：2-18.

[63] Wu S Y，Yu L，Cao T T，et al.How dependence asymmetry and explicit contract shape contractor-subcontractor collaboration：A psychological perspective of fairness[J].Journal of Construction Engineering and Management，2023，149（11）：04023103.

[64] Wu Y，Xu C，Li L，et al.A risk assessment framework of PPP waste-to-energy incineration projects in China under 2-dimension linguistic environment[J].Journal of Cleaner Production，2018（183）：602-617.

[65] Xiao Z Q, Jasmine S, Lee L.Effects of project-specific government involvement actions on the attractiveness of port Public-Private Partnerships among private investors[J].Transport Policy, 2022, 125 (9): 59-69.

[66] Xiong W, Zhao X B, Wang H M.Information asymmetry in renegotiation of Public-Private Partnership projects[J].American Society of Civil Engineers, 2018, 32 (4): 1-11.

[67] Xu L, Liu N, Zhang S, et al.Efficiency and determinants analysis of Chinese infrastructure PPP projects in the construction and operation stages[J].International Journal of Strategic Property Management, 2019, 23 (3): 156-170.

[68] Xu Y L, Albert P C, John F Y.Developing a fuzzy risk allocation model for PPP projects in China[J]. Journal of Construction Engineering & Management, 2010, 136 (8): 894-903.

[69] Xu Y, Lu Y, Albert P C, et al.A computerized risk evaluation model for Public-Private Partnership (PPP) projects and its application[J].International Journal of Strategic Property Management, 2012, 16 (3): 277-297.

[70] Yaghootkar K, Gil N.The effects schedule-driven project management inmulti-project environments[J]. International Journal of Project Management, 2012, 30 (1): 127-140.

[71] Ye S, Tiong R L K.NPV-at-risk method in infrastructure project investment evaluation[J].Journal of Construction Engineering and Management, 2000, 126 (3): 227-233.

[72] Yehoue E B, Hammami M, Ruhashyankiko J F.Determinants of Public-Private Partnerships in infrastructure[J].Social Science Electronic Publishing, 2011, 6 (99): 1-37.

[73] Yin R.Case study research design and methods[M].Thousand Oaks: Sage Publication, 1994.

[74] Yuan J, Chan A P C, Xiong W, et al.Perception of residual value risk in Public-Private Partnership projects: Critical review [J].Journal of Management in Engineering, 2015, 31 (3): 04014041.

[75] Yuan J, Chan A P C, Xia B, et al.Cumulative effects on the change of residual value in PPP projects: A comparative case study[J].Journal of Infrastructure Systems, 2015, 22 (2): 05015006.

[76] Yuan J, Li X, Chen K, et al.Modelling residual value risk through ontology to address vulnerability of PPP project system[J].Advanced Engineering Informatics, 2018, 38 (10): 776-793.

[77] Zayed T, Amer M, Pan J Y.Assessing risk and uncertainty inherent in Chinese highway projects using AHP[J].International Journal of Project Management, 2008, 26 (4): 408-419.

[78] Zhang G M, Jin X H.Modelling optimal risk allocation in PPP projects using artificial neural networks[J]. International Journal of Project Management, 2011, 29 (5): 591-603.

[79] Zhang J, Ding X, Zhou X, et al.Performance of HIV detection in Zhejiang province in China: The pareto principle at work[J].Journal of Clinical Laboratory Analysis, 2021, 35 (6): 1-7.

[80] Zhang S, Albert P C, Feng Y B, et al.Critical review on PPP research: A search from the Chinese and international journals[J].International Journal of Project Management, 2016, 34 (4): 597-612.

[81] Zhang Y, Tsai C H, Liao P C.Rethinking risk propagation mechanism in Public-Private Partnership projects: Network perspective[J].Journal of Infrastructure Systems, 2011, 26 (2): 04020011.

[82] Zheng C, Yuan J, Li L, et al.Process-based identification of critical factors for residual value risk in

China's highway PPP projects[J].Advances in Civil Engineering，2019（2）：1-21.

[83] Zhou Y N，Liu J C.Influence of government credit risk on PPP projects in operation stage[J].International Journal of Strategic Property Management，2021，25(3)：216-227.

[84] Zhu W W.The Renegotiation on PPP contracts and subsidy efficiency[J].IOP Conference Series：Materials Science and Engineering，2020，960（3）：1-9.

[85] 白芙蓉，曾天浩，邵慧.管廊PPP项目可持续性风险系统动力学仿真研究[J].财会月刊，2020（16）：133-139.

[86] 白新华.基于社会网络分析法的农村基础设施PPP项目残值风险研究[J].农业经济，2023（5）：89-91.

[87] 包晓丽.基于履约管理视角的PPP项目前期费用支付问题与对策研究[J].项目管理技术，2021，19（1）：51-55.

[88] 鲍睿宁，舒家先.PPP项目运行绩效评价的难点与思考——基于安徽省池州市PPP示范项目的实证分析[J].经济研究参考，2016（53）：110-113.

[89] 曹堂哲，魏玉梅.政府购买服务中的绩效付酬：一种公共治理的新工具[J].改革，2019（3）：139-148.

[90] 柴王军，木喜艳，张路.新《体育法》背景下社会资本参与公共体育场馆PPP项目风险评价与分担[J].中国体育科技，2022，58（9）：80-87.

[91] 常雅楠."一带一路"背景下基础设施PPP项目风险分担研究[J].科技进步与对策，2016，33（12）：102-105.

[92] 陈方平."伪PPP项目"的特征以及引入可用性考核方法的探究[J].财政科学，2017（6）：128-134.

[93] 陈华，王晓.中国PPP融资模式存在问题及路径优化研究[J].宏观经济研究，2018（3）：81-88.

[94] 陈吉祥.建设项目投资估算控制对工程造价的影响[J].大众标准化，2023（11）：67-69.

[95] 陈恺文，徐鑫，袁竞峰，等.PPP项目残值风险本体知识库的构建与应用[J].科技管理研究，2017，37（2）：201-206.

[96] 陈丽乔.PPP项目再谈判博弈策略研究[D].成都：西华大学，2022.

[97] 陈权丽.建设项目跟踪审计存在的问题及对策研究[J].建筑经济，2017，38（9）：65-68.

[98] 陈少强，郭骊.不确定性视角下的PPP项目绩效管理研究[J].中央财经大学学报，2020（8）：14-23.

[99] 陈少强.完善PPP财政风险管理研究——基于流量管理和存量管理相结合的视角[J].中央财经大学学报，2018（12）：3-13.

[100] 陈少强.政府和社会资本合作的几个关键问题[J].经济研究参考，2017（49）：64-71.

[101] 陈婉玲.PPP长期合同困境及立法救济[J].现代法学，2018，40（6）：79-94.

[102] 陈晓.基于案例分析的PPP不成功项目失败历程及启示[J].建筑经济，2017，38（5）：29-33.

[103] 陈占涛，马海玉.PPP模式下建筑企业投资项目造价控制与管理研究[J].建筑经济，2019，40（6）：30-33.

[104] 崔晓艳，张蛟，杨凯旋.PPP产业投资基金在地铁项目中的运作管理研究——以青岛城市发展1号线基金为例[J].建筑经济，2021，42（1）：62-65.

[105] 代政，吕守军.PPP项目关键因素研究——基于政府和社会资本的比较分析[J].软科学，2019，33（4）：16-20.

[106] 邓斌超，赵博宇，彭鸣，等.WSR理论视角下PPP项目再谈判风险分担研究[J].建筑经济，2020，41（4）：34-39.

[107] 邓明然，夏喆.基于耦合的企业风险传导模型探讨[J].经济与管理研究，2006a（3）：66-68.

[108] 邓明然，夏喆.企业风险传导及其载体研究[J].财会通讯（学术版），2006b（1）：20-22，33.

[109] 卜炜玮，周振，林雪.城市基础设施PPP项目合同治理中的风险分担研究[J].建筑经济，2020，41（S1）：224-227.

[110] 邓小鹏，李启明，汪文雄，等.PPP模式风险分担原则综述及运用[J].建筑经济，2008（9）：32-35.

[111] 邓新勇.政府建设项目的投资失控治理研究[D].广州：华南理工大学，2018.

[112] 刁克.BOT融资模式在城市轨道交通项目中的应用[D].南昌：江西财经大学，2018.

[113] 丁慧平，孙素素.基于生命周期PPP项目资产保值管理[J].会计之友，2020（22）：113-119.

[114] 丁晓欣，刘凯，时淑君.基于故障树模型的城市地下综合管廊应用PPP模式风险评价[J].土木工程与管理学报，2020，37（1）：8-15.

[115] 董坤，解本政，张琳，等.PPP项目缔约阶段的风险分担研究[J].工程管理学报，2019，33（3）：75-80.

[116] 董丽洁.我国PPP项目会计核算问题研究[D].重庆：重庆大学，2014.

[117] 杜兴洋，李思佳，杜晓玲.政府与社会资本合作中的风险研究评述——基于社会角色理论视角[J].建筑经济，2022，43（S1）：693-698.

[118] 杜亚灵，査彤彤，刘丹.兼顾原则性与灵活性的PPP项目风险分担[J].工程管理学报，2020，34（2）：112-116.

[119] 杜亚灵，胡雯拯，尹贻林.风险分担对工程项目管理绩效影响的实证研究[J].管理评论，2014，26（10）：46-55.

[120] 方俊，黄慧，陈正福，等.长江经济带综合交通枢纽PPP项目运营绩效评价研究——以杭州市铁路南站为例[J].建筑经济，2020，41（10）：73-77.

[121] 费伦苏，邓明然.商业银行操作风险的传导载体、路径及效应分析[J].现代经济探讨，2007（7）：83-87.

[122] 高若兰，闫蕾，董雯.新建PPP项目和存量PPP资产的出路探析[J].管理现代化，2018（4）：8-12.

[123] 高天，尹贻林，王翔.PPP模式对工程造价管理的影响及需求研究[J].项目管理技术，2018，16（1）：30-35.

[124] 高雨萌，王守清，冯珂.印度德里机场快线PPP项目的失败原因与启示[J].建筑经济，2017，38（6）：27-31.

[125] 龚军姣，程倩萍.PPP项目控制权转移机制研究——基于探索性多案例的分析[J].经济理论与经济管理，2022，42（4）：98-112.

[126] 顾晋铭.成都地铁3号线一期工程BT建设模式存在的问题及对策研究[D].成都：西南交通大学，2017.

[127] 顾湘，傅之子，颜妍.基于SNA的基础设施建设PPP项目残值风险因素研究[J].建筑经济，2020，41（S2）：136-131.

[128] 郭桂霞，赵芳，庄芮.中国PPP项目的双边道德风险研究[J].产经评论，2022，13（4）：147-160.

[129] 郭平，刘钰芸，黄恒波，等.养老地产PPP项目关键成功因素及作用机理研究[J].西安理工大学学报，2023，39（2）：241-254.

[130] 郭添悦.交通基础设施PPP项目设计过程风险评价研究[D].南京：东南大学，2019.

[131] 何楠，张亚琼，李佳音，等.基于黄河流域治理的生态水利PPP项目风险评估[J].人民黄河，2021，43（3）：11-17.

[132] 何寿奎.固定经营期下基于运行绩效的PPP项目服务价格形成机制研究[J].运筹与管理，2019，28（8）：141-149.

[133] 何亚伯，徐冰，常秀峰.基于改进熵权灰色关联模型的城市轨道交通PPP项目风险评价[J].项目管理技术，2016，14（3）：112-117.

[134] 胡春艳，王晟，周付军.PPP责任实现问题研究——以城市垃圾焚烧项目为例[J].东北大学学报（社会科学版），2021，23（2）：64-71，111.

[135] 胡秀芳，夏立明，柯洪.PPP项目全寿命周期风险因素研究——基于社会网络分析法[J].建筑经济，2018，39（7）：54-60.

[136] 胡长改，杨德磊，李洋，等.政府与社会资本合作（PPP）项目利益相关者价值网络研究[J].工程管理学报，2019，33（6）：72-77.

[137] 黄立.探索PPP项目履约阶段的问题[J].科技资讯，2021，19（31）：111-113.

[138] 黄玉银.境外PPP项目全过程造价管理研究——以阿联酋围海造地工程PPP项目为例[J].建筑经济，2021，42（1）：69-73.

[139] 江春霞.交通基础设施PPP项目失败诱因及启示——基于25个PPP典型案例的分析[J].北京交通大学学报（社会科学版），2016，15（3）：50-58.

[140] 江小燕，闫碧琼，于竞宇，等.基于ISM-fuzzy MICMAC方法的PPP项目关键风险层级关系识别[J].土木工程与管理学报，2018，35（6）：70-77.

[141] 姜影，叶卓卉，杨澜.海底隧道PPP项目关键风险识别实证研究——以D市海底隧道PPP项目为例[J].建筑经济，2021，42（5）：62-66.

[142] 蒋安和，张军，卢建新.基于改进可拓物元的湿地公园PPP项目绩效评价研究[J].建筑经济，2020，41（5）：30-34.

[143] 焦媛媛，付轼辉，沈志锋.全生命周期视角下PPP项目利益相关者关系网络动态分析[J].项目管理技术，2016，14（8）：32-37.

[144] 柯洪，何妍.基于预算绩效管理的PPP项目全过程跟踪问效机制研究[J].建筑经济，2019，40（8）：37-41.

[145] 柯永建，王守清，陈炳泉.基础设施PPP项目的风险分担[J].建筑经济，2008（4）：31-35.

[146] 柯永建，王守清，陈炳泉.英法海峡隧道的失败对PPP项目风险分担的启示[J].土木工程学报，2008（12）：97-102.

[147] 乐云，林洪波，阚洪生，等.重大基础设施类PPP项目利益相关方关系网络研究——以郑州轨道交通3号线项目为例[J].华东经济管理，2016，30（6）：1-5，193.

[148] 冷强军，邹豪波，李琪，等.基于贝叶斯网络的电网工程质量管理风险研究——以川藏电力联网工程为例[J].科技管理研究，2017，37（1）：88-92.

[149] 黎竞.施工企业如何系统性防范PPP项目风险[J].国际商务财会，2022（12）：71-73.

[150] 李丽，丰景春，钟云，等.全生命周期视角下的PPP项目风险识别[J].工程管理学报，2016，30（1）：54-59.

[151] 李茂源.基于多案例分析的中国铁路“走出去”商业模式创新研究[D].北京：北京交通大学，2020.

[152] 李梦珂.PPP模式下政府职能转变研究[D].广州：广东财经大学，2023.

[153] 李明，瞿权华，薛松，等.基于系统动力学的基础设施PPP项目价值增值机理研究[J].软科学，2023，37（1）：135-144.

[154] 李慕.PPP模式在天津市基础设施建设中的问题研究[D].天津：天津科技大学，2021.

[155] 李启东，庞明宝.“两标并一标”轨道交通PPP项目风险规避机制[J].铁道科学与工程学报，2020，17（11）：2962-2968.

[156] 李荣平，袁竞峰，张星，等.PPP项目残值风险路径及其脆弱性研究[J].项目管理技术，2011，9（10）：30-34.

[157] 李士萍，毛星.政府在PPP项目中如何防范合同风险[J].吉首大学学报（社会科学版），2018，39（S1）：38-40.

[158] 李素英，解华，吴永立.铁路建设EPC项目业主工程质量影响因素研究[J].铁道工程学报，2018，35（11）：92-96

[159] 李妍，薛俭.不完全信息视角下公私合作模式风险分担研究——基于参与主体的不同出价顺序[J].科研管理，2021，42（6）：202-208.

[160] 李妍.不完全信息动态博弈视角下的PPP项目风险分担研究——基于参与方不同的出价顺序[J].财政研究，2015（10）：50-57.

[161] 李永生.政府和社会资本合作（PPP）项目投资估算研究[J].中国集体经济，2018（10）：46-47.

[162] 林媛，李南.PPP项目的风险分担模型研究[J].项目管理技术，2011，9（1）：23-27.

[163] 刘鹤冰.PPP模式下高速公路项目设计优化全过程管理探究[J].铁道建筑技术，2022（9）：131-135.

[164] 刘华，冯雪.PPP项目失败案例的组态清晰集定性比较分析[J].财会月刊，2020（13）：140-144.

[165] 刘骅，卢亚娟.基于现金流视角的PPP项目财务风险预警研究[J].财经论丛，2018（12）：47-54.

[166] 刘继才，王颖林，唐丝丝.我国PPP项目关键风险实证研究[J].生产力研究，2013（4）：93-96.

[167] 刘丽云.PPP投资的风险治理研究[D].合肥：中国科学技术大学，2010.

[168] 刘佩.基于系统动力学的城市地下综合管廊PPP项目风险管理研究[D].成都：西南交通大学，2018.

[169] 刘秦南，王艳伟，姚明来，等.基于系统动力学的PPP项目运营风险演化与仿真研究[J].工程管理学报，2017，31（5）：57-61.

[170] 刘润秋，黄志兵.基于S-CAD方法的宅基地退出试点政策评估——以成都市为例[J].四川大学学报（哲学社会科学版），2021（5）：138-147.

[171] 刘婷，赵桐，王守清.基于案例的我国PPP项目再谈判情况研究[J].建筑经济，2016，37（9）：31-34.

[172] 刘宪宁，王建波，赵辉，等.基于AHP与改进灰色关联度理论的城市轨道交通PPP项目融资风险综合评价[J].项目管理技术，2011，9（8）：43-46.

[173] 刘晓月，韩轶，张小彦，等.PPP项目再谈判触发事件识别及其合同设计研究[J].建筑经济，2021，42（10）：25-30.

[174] 刘欣奕.努力提高政府投资项目可研报告的编制质量为科学决策提供可靠依据[J].建筑与预算，2020，(3)：10-13.

[175] 刘新平，王守清.试论PPP项目的风险分配原则和框架[J].建筑经济，2006(2)：59-63.

[176] 刘亚梅.基于委托代理的PPP项目政府监管机制研究[D].武汉：华中科技大学，2016.

[177] 刘垚.PPP项目再谈判触发原因及应对措施浅析[J].中国投资，2022(Z9)：90-91.

[178] 刘用铨.新基建领域推行PPP模式探析——以北京地铁四号线为例[J].财会月刊，2020(13)：145-151.

[179] 柳学信，张宇霖，曹晓芳.PPP项目、金融市场化与地方政府杠杆[J].金融发展研究，2020(12)：35-42.

[180] 娄燕妮，孙洁，李秀婷，等.基于SNA的交通领域PPP项目利益相关者风险传染研究——以刺桐大桥为例[J].财政研究，2018(2)：52-63，120.

[181] 吕俊娜，何雨霜，冉晓兰.柔性合同下交通PPP再谈判行为抑制研究[J].工程管理学报，2021，35(6)：85-90.

[182] 梅建明，邵鹏程.PPP模式的经济增长质量效应研究——来自微观层面的证据[J].南方经济，2022(9)：1-17.

[183] 梅建明，张宽.PPP项目风险合理分担风险因素的ISM-MICMAC研究[J].中南民族大学学报(人文社会科学版)，2021，14(1)：132-140.

[184] 孟宪薇，韩锡沙.准经营性PPP项目融资风险研究[J].工程管理学报，2018，32(3)：58-63.

[185] 欧纯智，贾康.西班牙—法国跨境高铁PPP项目失败的教训与启示——基于PPP模式发展公用事业的风险分析[J].当代财经，2018(10)：24-32.

[186] 彭博.PPP垃圾焚烧发电项目的风险识别及应对研究[D].北京：北京建筑大学，2023.

[187] 亓霞，柯永建，王守清.基于案例的中国PPP项目的主要风险因素分析[J].中国软科学，2009(5)：107-113.

[188] 钱雪弯.城市轨道交通建设PPP模式风险管理分析[D].天津：天津大学，2022.

[189] 邱实，汪雯娟.PPP大潮中的政府支出责任之我见[EB/OL].[2017-02-17].http：www.cppc.org/PPPsj/994734.jhtml.

[190] 曲久龙，胡雪莹.基于扎根理论的公共图书馆政府与社会资本合作项目风险管理研究[J].图书馆学研究，2023(6)：42-51.

[191] 任兵杰，李瑶瑶，王子甲.城市轨道交通PPP投融资模式探讨[J].铁道运输与经济，2019，41(6)：106-111.

[192] 任志涛，武继科，谷金雨.基于系统动力学的PPP项目失败风险因素动态反馈分析[J].工程管理学报，2016，30(4)：051-056.

[193] 任志涛，武继科.基于结构方程的PPP项目失败关键风险因素分析[J].天津城建大学学报，2017，23(1)：60-65.

[194] 任志涛，杨浩，李海平，等.基于扎根理论的环境治理PPP项目责任分担障碍研究[J].项目管理技术，2022，20(5)：1-6.

[195] 沈炜，周林意.公众参与下交通基础设施公私合作项目风险分担再谈判演化博弈[J].同济大学学报

（自然科学版），2022，50（5）：635-641.
[196] 审计署昆明特派办理论研究会课题组，周应良，何先民，等.PPP模式的发展及审计对策[J].审计研究，2023（4）：3-10.
[197] 盛迪.国内城市轨道交通PPP项目分析及可持续发展建议[J].城市轨道交通研究，2022（S1）：1-5，21.
[198] 石世英，傅晓，齐寒月，等.PPP项目中合作目标互依对团队绩效的影响机制——探索性案例研究[J].管理案例研究与评论，2023，16（1）：17-34.
[199] 石世英，叶晓甦，安妮.PPP项目伙伴关系价值要素识别与作用关系分析[J].项目管理技术，2020，18（12）：6-11.
[200] 史玉芳，宋平平.城市轨道交通PPP项目成功关键影响因素研究[J].建筑经济，2019，40（8）：42-47.
[201] 宋沛奇.PPP项目运作过程中的风险识别及管控[J].交通财会，2021（4）：47-49，54.
[202] 宋小东，王海莲，俞福民，等.市政供水PPP项目运营期绩效评价指标体系研究[J].中国产经，2022（16）：58-60.
[203] 苏海红，高永林，蔡菊芳.基于属性测度的PPP项目关键风险评价研究[J].昆明理工大学学报（自然科学版），2018，43（1）：97-102.
[204] 宿辉，陆元亮.基于实证的PPP项目再谈判触发机制研究[J].建筑经济，2019，40（5）：45-48.
[205] 孙海法，刘运国，方琳.案例研究的方法论[J].科研管理，2004（2）：107-112.
[206] 孙慧，动晓鹏，范志清.PPP项目中再谈判关键影响因素的研究[J].国际经济合作，2010（3）：58-61.
[207] 孙荣霞.基于霍尔三维结构的公共基础设施PPP项目融资模式的风险研究[J].经济经纬，2010（6）：142-146.
[208] 谭克虎，杨荇，王永.高铁PPP项目与商业银行风险——影响机理和博弈分析[J].金融论坛，2021，26（7）：17-26，38.
[209] 陶思平.PPP模式风险分担研究——基于北京市轨道交通的分析[J].管理现代化，2015，35（4）：85-87.
[210] 汪振双，程浩恩，刘景矿，等.基于Fuzzy-ISM的建筑垃圾处理PPP项目风险因素关系研究[J].工程管理学报，2020，34（5）：125-130.
[211] 王超，赵新博，王守清.基于CSF和KPI的PPP项目绩效评价指标研究[J].项目管理技术，2014，12（8）：18-24.
[212] 王朝才，樊轶侠.关于PPP项目下资产与支出责任管控的若干问题[J].财政科学，2017，16（4）：39-45.
[213] 王建波，刘芳梦，有维宝，等.城市轨道交通PPP项目全生命周期绩效评价[J].土木工程与管理学报，2018，35（6）：35-28.
[214] 王建波，刘宪宁，赵辉，等.城市轨道交通PPP融资模式风险分担机制研究[J].青岛理工大学学报，2011，32（2）：95-100.
[215] 王建波，王政权，张娜，等.基于灰色关联与D-S证据理论的城市地下综合管廊PPP项目风险分担[J].隧道建设，2019，39（S2）：28-35.

[216] 王建波，有维宝，刘芳梦，等.基于改进熵权与灰色模糊理论的城市轨道交通PPP项目风险评价研究[J].隧道建设，2018，38（5）：732-739.

[217] 王江楠.PPP项目私人投资者合理回报及其匹配财政政策研究[J].统计与决策，2018，34（8）：160-164.

[218] 王军武，汪前进.准经营性PPP项目政府财政支出的动态管理模型研究[J].地方财政研究，2018（2）：67-73.

[219] 王琨.基于典型案例的县域城镇化进程中PPP项目失败因素分析及启示[J].工程管理学报，2017，31（3）：64-69.

[220] 王莲乔，马汉阳，孙大鑫，等.PPP项目财务风险：融资结构和宏观环境的联合调节效应[J].系统管理学报，2018，27（1）：83-92.

[221] 王明月.城市轨道交通PPP模式中政企关系研究[D].深圳：深圳大学，2022.

[222] 王其藩.系统动力学[M].上海：上海财经大学出版社，2009.

[223] 王守清，刘婷.PPP项目监管：国内外经验和政策建议[J].地方财政研究，2014（9）：7-12，25.

[224] 王守清，牛耘诗，伍迪，等.PPP项目控制权配置影响因素及合理配置原则[J].清华大学学报（自然科学版），2019，59（8）：663-669.

[225] 王守清，伍迪，彭为，等.PPP模式下城镇建设项目政企控制权配置[J].清华大学学报（自然科学版），2017，57（4）：369-375.

[226] 王淑霞.公共基础设施资产价值管理与会计核算探析——以厦门市为例[J].财务与会计，2020（18）：65-68.

[227] 王帅，郝生跃.基于扎根理论的PPP项目再谈判效果影响因素研究[J].工程管理学报，2020，34（4）：94-99.

[228] 王松江，王东.PPP模式下控制权配置对激发民间投资活力的影响——基于双因素激励理论的讨论[J].昆明理工大学学报（自然科学版），2018，43（2）：128-139.

[229] 王松江，徐佳乐.基于演化博弈的PPP项目非正常退出补偿问题剖析[J].昆明理工大学学报（社会科学版），2020，20（3）：83-96.

[230] 王玺，夏强.政府与社会资本合作（PPP）财政承诺管理研究——以青岛地铁×号线PPP项目为例[J].财政研究，2016（9）：64-29.

[231] 王晓姝，范家瑛.交通基础设施PPP项目中的关键性风险识别与度量[J].工程管理学报，2016，30（4）：57-62.

[232] 王昕，徐友全，高妍方.基于贝叶斯网络的大型建设工程项目风险评估[J].工程管理学报，2011，25（5）：544-547.

[233] 王艺璇.昆明轨道投资PPP模式研究[D].云南：云南大学，2017.

[234] 王弈桥，刘宁，邹昊，等.基于SEM的PPP项目关键风险实证研究[J].建筑经济，2016，37（1）：41-45.

[235] 王迎发，程合奎，程世特.PPP+EPC模式在建设领域中应用的探讨[J].东北水利水电，2018，36（5）：20-22.

[236] 王禹.河北省交通基础设施建设项目PPP融资问题分析[D].石家庄：河北经贸大学，2017.

[237] 王泽彩，杨宝昆.中国政府与社会资本合作（PPP）项目绩效目标与绩效指标体系的构建[J].财政科学，2018，35（1）：9-20.
[238] 王志刚，郭雪萌.PPP项目风险识别与化解：基于不完全契约视角[J].改革，2018（6）：89-96.
[239] 王子元.基于风险量化的地下综合管廊PPP项目财政支出动态管理研究[D].扬州：扬州大学，2022.
[240] 温来成，陈青云.政府付费型 PPP 项目绩效评价研究[J].经济研究参考，2019（12）：79-89.
[241] 温来成，刘洪芳，彭羽.政府与社会资本合作（PPP）财政风险监管问题研究[J].中央财经大学学报，2015（12）：3-8.
[242] 温来成，孟巍.政府和社会资本合作（PPP）项目预算管理及风险控制[J].河北大学学报（哲学社会科学版），2017，42（6）：78-85.
[243] 吴绍艳，高缘，张新鑫等.风险态度多元化视角下工程供应链共创价值分配研究[J].土木工程学报，2023b，56（11）：184-194.
[244] 吴绍艳，刘晓峰.工程项目纠纷解决方法进化博弈研究[J].北京理工大学学报（社会科学版），2010，12（4）：70-73.
[245] 吴绍艳，刘晓峰.基于IAHP的项目经济评价群体决策研究——以大型基础设施项目为例[J].北京理工大学学报（社会科学版），2011，13（3）：51-54.
[246] 吴绍艳，于蕾，邓斌超，等.不同公平参照点下总承包工程供应链收益共享契约设计[J].工业工程，2023a，26（4）：52-61.
[247] 吴绍艳，周珊，邓娇娇.中国建筑业信息化发展：政策文本分析的视角[J].工程管理学报，2018，32（3）：7-12.
[248] 吴淑莲，陈炳泉，许叶林，等.公私合营（PPP）项目市场需求风险分担研究[J].建筑经济，2014，35（10）：26-29.
[249] 吴旭丽，张瑞瑜.PPP模式下旅游型特色小镇建设运营阶段行政法律风险分析及应对策略[J].中国商论，2021（12）：30-32.
[250] 吴燕.PPP模式下建设项目全过程投资控制评价[D].南昌：南昌大学，2020.
[251] 吴中兵，徐成彬.中国可用性付费实践误区和完善路径研究[J].宏观经济研究，2018（9）：169-175.
[252] 夏高锋，冯珂，王盈盈，等.PPP项目公众参与机制的国外经验和政策建议[J].建筑经济，2018，39（1）：25.
[253] 夏立明，王丝丝，张成宝.PPP项目再谈判过程的影响因素内在逻辑研究——基于扎根理论[J].软科学，2017，31（1）：136-140.
[254] 向鹏成，张成伟，蒋飞.城市轨道交通PPP项目激励性财政补贴研究[J].华东经济管理，2019，3（2）：102-107.
[255] 项勇，唐艳，郑惠云.PPP项目物有所值评价影响因素剖析——基于网络层次分析法[J].财会月刊，2016（26）：40-43.
[256] 谢作凯，丁瑶.我国特色小镇PPP财务风险评估研究——基于蒙特卡罗法[J].生产力研究，2019（4）：139-144.
[257] 熊伟，袁竞峰，李启明.基础设施PPP项目残值风险的界定研究[J].建筑经济，2011（2）：58-61.
[258] 熊伟.特许经营期末PPP项目残值风险评估研究[D].南京：东南大学，2011.

[259] 徐超悦.PPP模式下的高速公路项目运营期财务风险管理[J].中阿科技论坛，2021（1）：54-57.

[260] 徐成彬.政府和社会资本合作（PPP）项目补贴模式比较研究——基于城市轨道交通PPP项目实践[J].宏观经济研究，2018（5）：94-106，165.

[261] 徐永顺，陈海涛，迟铭，等.PPP项目中合同柔性对项目价值增值的影响研究[J].管理学报，2019，16（8）：1228-1235.

[262] 许亚强.市政工程PPP项目超概问题探究[J].建筑经济，2020，41（S1）：211-213.

[263] 薛琴.城市轨道交通中PPP项目问题及对策研究[D].四川：电子科技大学，2020.

[264] 薛松，张珍珍.基于Fuzzy-DEMATEL的PPP项目协同监管影响因素识别与分析[J].软科学，2021，35（7）：104-109，115.

[265] 杨端阳，于忠彪，魏浩.PPP项目超概算问题及对应控制措施研究[J].建筑经济，2022，43（S1）：176-179.

[266] 杨凤娇.PPP项目绩效影响因素研究[D].重庆：重庆大学，2016.

[267] 杨红雄，刘一颖，王云鹏，等.基于精益建造的装配式建筑可持续发展方向分析[J].建筑经济，2023，44（4）：89-96.

[268] 杨敏芝.PPP基础设施再谈判中的利益再分配研究[D].长沙：长沙理工大学，2017.

[269] 杨铭君.PPP模式在昆明市城市轨道交通建设中的应用研究[D].昆明：云南大学，2019.

[270] 杨晓冰.汕头市政府投资项目PPP融资风险研究[D].汕头：汕头大学，2018.

[271] 姚东旻，朱泳奕，庄颖.PPP是否推高了地方政府债务——基于微观计量方法的系统评价[J].国际金融研究，2019（6）：26-36.

[272] 叶建木.企业财务风险传导路径及传导效应[J].财会月刊，2009（2）：88-89.

[273] 叶晓甦，石世英，刘李红.PPP项目价值创造驱动要素及其作用机理[J].地方财政研究，2017（9）：67-74.

[274] 叶晓甦，于娜莎.基于现金流视角的PPP项目财务预警指标体系构建研究[J].建筑经济，2009（7）：109-112.

[275] 叶晓甦，周春燕.PPP项目动态集成化风险管理模式构建研究[J].科技管理研究，2010，30（3）：129-132.

[276] 尹贻林，穆昭荣，高天，等.PPP项目再谈判触发事件验证研究[J].项目管理技术，2019，17（7）：37-42.

[277] 有维宝，王建波，刘芳梦，等.基于GRA-TOPSIS的城市轨道交通PPP项目风险分担[J].土木工程与管理学报，2018，35（3）：15-27.

[278] 于秋洁.基于SNA的农村水利设施PPP项目关键风险因素研究[D].南昌：江西财经大学，2022.

[279] 袁竞峰，季闯，李启明.国际基础设施建设PPP项目关键绩效指标研究[J].工程技术经济，2012（6）：109-120.

[280] 袁竞峰，季闯，熊伟，等.基于SEM的基础设施PPP项目残值风险评估[J].技术经济，2013，32（1）：75-84.

[281] 袁亮亮，付亮，尹贻林，等.基于ALCM-PPP模型的PPP项目建造阶段资产管理研究——以跟踪审计为核心[J].建筑经济，2020，41（3）：82-86.

[282] 岳小莉.基于实施机构视角的PPP项目建设期风险管控研究——以某体育场馆项目为例[J].建筑经济，2022，43（8）：49-54.

[283] 岳昱博.PPP模式下大型基础设施项目投资风险研究与对策[D].长沙：中南林业科技大学，2019.

[284] 臧健.PPP项目全过程风险管理问题与对策——以LY建设集团为例[J].建筑经济，2021，42（1）：57-61.

[285] 詹雷，王波.上市公司参与PPP的股价反应及其异质性——来自中国沪深两市的经验证据[J].财政研究，2020（8）：101-117.

[286] 张兵，王雅，刘欣，等.PPP项目失败的组态研究——基于30个案例的清晰集定性比较分析[J].公共行政评论，2019，12（4）：65-81，191.

[287] 张芳.PPP项目的造价管理模式选择及要点分析[J].建筑经济，2018，39（7）：75-78.

[288] 张浩波.PPP项目超概的影响与对策研究[J].现代商贸工业，2020，41（14）：105-106.

[289] 张恒，王雪宁，郑兵云.PPP模式下海绵城市项目绩效评价研究[J].西安石油大学学报（社会科学版），2020，29（6）：1-7.

[290] 张泓.世界七大城市地铁投融资实例分析及其借鉴[J].城市轨道交通研究，2007（10）：6-10.

[291] 张牧扬，卢小琴，汪峰.地方财政能够承受起PPP项目财政支出责任吗？——基于2010—2018年PPP项目的分析[J].财政研究，2019（8）：49-59.

[292] 张萍，崔新坤.政府和社会资本合作项目（PPP）成本超支风险与防范[J].沈阳农业大学学报（社会科学版），2020，22（6）：686-691.

[293] 张尚，梁晔华，陈静静，等.PPP项目关键成功要素研究——基于国内外典型案例分析[J].建筑经济，2018，39（2）：62-69.

[294] 张水波，何伯森.工程项目合同双方风险分担问题的探讨[J].天津大学学报（社会科学版），2003（3）：257-261.

[295] 张玮，张卫东.基于网络层次分析法（ANP）的PPP项目风险评价研究[J].项目管理技术，2012，10（10）：84-88.

[296] 张欣.PPP项目政府隐性负债的形成、确认及会计控制分析[J].财会通讯，2022（9）：167-171.

[297] 张鑫旺，李兵，李乐，等.基于地铁PPP项目的前置优化设计分析[J].建筑施工，2021，43（4）：730-731，734.

[298] 张雅婷，蔡宗翰，姚艳.基于社会网络分析的地方PPP项目风险管理研究[J/OL].重庆大学学报（社会科学版），2022：1-12.

[299] 张亚静，李启明，程立，等.PPP项目残值风险系统性风险因素识别及分析[J].工程管理学报，2014，28（4）：77-81.

[300] 张亚静，袁竞峰，程立，等.价格变化下PPP项目残值风险预测研究[J].建筑经济，2019，40（1）：51-57.

[301] 张羽，徐文龙，张晓芬.不完全契约视角下的PPP效率风险因素分析[J].理论月刊，2012（12）：103-107.

[302] 张悦，上官绪红，杨志鹏.公私合作和衷共济：PPP模式发展格局及资本风险管理综述[J].征信，2020（6）：71-78.

[303] 张云华.PPP项目控制权初始分配决策研究[J].软科学，2020，34（2）：44-49.

[304] 张子超.基于ALM模型的PPP项目资产管理研究[D].天津：天津理工大学，2018.

[305] 赵成峰.我国PPP发展历程和法规政策基本取向[J].宏观经济管理，2017（10）：32-35，48.

[306] 赵辉，董骅，屈微璐.构建基于改进系统动力学的环保PPP项目风险动态评价体系[J].财会月刊，2017（27）：65-71.

[307] 赵辉，李志杰，张晶淇，等.城市轨道交通PPP项目运作方式选择研究[J].青岛理工大学学报，2022，43（6）：159-168.

[308] 赵全厚.PPP中隐匿的财政风险[J].经济研究参考，2018（39）：3-25.

[309] 赵晔.我国PPP项目失败案例分析及风险防范[J].地方财政研究，2015（6）：52-56.

[310] 赵振宇，苑曙光，戴同，等.PPP项目物有所值评价系统动力学模型应用[J].华侨大学学报（自然科学版），2020，41（6）：765-771.

[311] 赵周杰.PPP+EPC模式的实现路径及相关思考[J].中国工程咨询，2018（2）：78-82.

[312] 郑卫国，陈晓红，陈容红.PPP——促进城市基础设施的可持续供给与发展[J].城市道桥与防洪，2008（3）：104-108，5，4.

[313] 周国光，江春霞.交通基础设施PPP项目失败因素分析[J].技术经济与管理研究，2015（11）：8-13.

[314] 周国华，彭波.基于贝叶斯网络的建设项目质量管理风险因素分析——以京沪高速铁路建设项目为例[J].中国软科学，2009（9）：99-106.

[315] 周和平，陈炳泉，许叶林.公私合营（PPP）基础设施项目风险再分担研究[J].工程管理学报，2014，28（3）：89-93.

[316] 周靖.建筑企业PPP项目财务管理面临的困境及对策——以M公司为例[J].财务与会计，2019（13）：113-119.

[317] 周晓杰，尹贻林，王翔.PPP项目资产全生命周期管理研究[J].建筑经济，2018，39（10）：45-49.

[318] 周裕倩.城市轨道交通建设成本控制研究[M].上海：同济大学，2006.

[319] 朱方伟，孙谋轩，王琳卓，等.地方政府在存量PPP项目中价值冲突的研究——一个基于网络的视角[J].公共管理学报，2019，16（2）：131-146，175.

[320] 朱晶晶.城市轨道交通经济效益估算与评价[D].兰州：兰州交通大学，2015.

[321] Tamosaitiene J，Sarvari H，Chan DWM，et al. Assessing the barriers and risks to private sector participation in infrastructure construction projects in developing countries of middle east[J]. Sustainability，2021，13（1）：1-16.

[322] 高健，郝佳莹.私营资本参与基础设施PPP项目的风险管理研究[J].工程经济，2016，26（2）：72-74.

[323] 邓娇娇，严玲，吴绍艳.中国情境下公共项目关系治理的研究：内涵、结构与量表[J].管理评论，2015，27（8）：213-222.